UN MONDE DE RELIGIONS

Tome 3
Les traditions de l'Asie de l'Est,
de l'Afrique et de l'Amérique

UN MONDE DE RELIGION
Sous la direction de Mathieu Boisvert

Tome 1 – **Les traditions de l'Inde**
Préface de Nalini Balbir
1996, 202 pages

Tome 2 – **Les traditions juive, chrétienne et musulmane**
Préface de Michel Despland
1999, 242 pages

Tome 3 – **Les traditions de l'Asie de l'Est, de l'Afrique et des Amériques**
Préface de Julia Ching
2000, 248 pages

PRESSES DE L'UNIVERSITÉ DU QUÉBEC
Le Delta I, 2875, boulevard Laurier, bureau 450
Sainte-Foy (Québec) G1V 2M2
Téléphone : (418) 657-4399 • Télécopieur : (418) 657-2096
Courriel : puq@puq.uquebec.ca • Internet : www.puq.uquebec.ca

Distribution :

CANADA et autres pays
DISTRIBUTION DE LIVRES UNIVERS S.E.N.C.
845, rue Marie-Victorin, Saint-Nicolas (Québec) G7A 3S8
Téléphone : (418) 831-7474 / 1-800-859-7474 • Télécopieur : (418) 831-4021

FRANCE
DIFFUSION DE L'ÉDITION QUÉBÉCOISE
30, rue Gay-Lussac, 75005 Paris, France
Téléphone : 33 1 43 54 49 02
Télécopieur : 33 1 43 54 39 15

SUISSE
SERVIDIS SA
5, rue des Chaudronniers, CH-1211 Genève 3, Suisse
Téléphone : 022 960 95 25
Télécopieur : 022 776 35 27

La *Loi sur le droit d'auteur* interdit la reproduction des œuvres sans autorisation des titulaires de droits. Or, la photocopie non autorisée – le « photocopillage » – s'est généralisée, provoquant une baisse des ventes de livres et compromettant la rédaction et la production de nouveaux ouvrages par des professionnels. L'objet du logo apparaissant ci-contre est d'alerter le lecteur sur la menace que représente pour l'avenir de l'écrit le développement massif du « photocopillage ».

UN MONDE DE RELIGIONS

Tome 3
Les traditions de l'Asie de l'Est,
de l'Afrique et de l'Amérique

Sous la direction de Mathieu Boisvert

2002

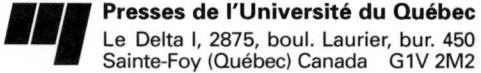
Presses de l'Université du Québec
Le Delta I, 2875, boul. Laurier, bur. 450
Sainte-Foy (Québec) Canada   G1V 2M2

Données de catalogage avant publication (Canada)

Vedette principale au titre :

   Un monde de religions

   Comprend des réf. bibliogr.
   Sommaire : t. 1. Les traditions de l'Inde. – t. 2. Les traditions juive, chrétienne et musulmane. – t. 3. Les traditions de l'Asie de l'Est, de l'Afrique et de l'Amérique.

   ISBN 2-7605-0933-8 (v. 1)
   ISBN 2-7605-0934-6 (v. 2)
   ISBN 2-7605-0935-4 (v. 3)

   1. Religions. 2. Religions – Histoire. 3. Inde – Religion. 4. Asie – Religion. 5. Amérique – Religion. 6. Afrique – Religion. I. Boisvert, Mathieu, 1963-   .

BL74.M66 1997   291   C96-941386-6

Nous reconnaissons l'aide financière du gouvernement du Canada
par l'entremise du Programme d'aide au développement
de l'industrie de l'édition (PADIÉ) pour nos activités d'édition.

Révision linguistique : LE GRAPHE ENR.

Mise en pages : CARACTÉRA PRODUCTION GRAPHIQUE INC.

Couverture : RICHARD HODGSON

Montage photographique : masque-Soleil kwakiutl (Canada) ; masque Shojo tiré du théâtre Nô (Japon) ; masque chanteur We ou Bete (Côte d'Ivoire)

1 2 3 4 5 6 7 8 9 PUQ 2002 9 8 7 6 5 4 3 2 1

Tous droits de reproduction, de traduction et d'adaptation réservés
© 2000 Presses de l'Université du Québec

Dépôt légal – 2ᵉ trimestre 2000
Bibliothèque nationale du Québec / Bibliothèque nationale du Canada
Imprimé au Canada

préface
Julia Ching

Un Monde de religions, que l'on pourrait également appeler « un univers de plusieurs mondes » : le professeur Mathieu Boisvert a dirigé ce collectif de trois tomes dans lequel se situe *Les Traditions est-asiatiques, africaines et amérindiennes*. Le présent volume couvre les traditions chinoises du confucianisme (Robin D.S. Yates) et du taoïsme (Charles Le Blanc), la tradition japonaise shintō (Francis Brassard), les traditions amérindiennes et inuites des Amériques (Frédéric Laugrand) et les traditions africaines (Issiaka-Prosper Lalèyê). Nous y retrouvons une énorme diversité culturelle en passant des traditions orales des Amériques et de l'Afrique noire aux traditions écrites de la Chine et du Japon. De cette diversité émane une richesse que l'on remarque au sein de chacune de ces religions – tout comme un petit univers. Les mythes de création et les rituels dans toute leur splendeur contribuent à la distinction de chacune de ces orientations religieuses. En plus de cette variété, nous remarquons une unité dans la quête de transcendance qui se manifeste, d'une part, dans l'omniprésence de la quête de vision (*vision quest*) dans les traditions amérindiennes et, d'autre part, dans la recherche de la longévité et de l'immortalité dans le taoïsme médiéval. Une autre similarité se retrouve dans la tentative de communiquer avec les défunts ou l'au-delà : dans le shintoïsme japonais, dans les cultures amérindiennes – toutes deux qualifiées de chamaniques – ou encore, dans les cas de possession au sein des traditions africaines.

J'ajouterai quelques mots au sujet des traditions confucéenne et taoïste, que je connais davantage. Dans cet ouvrage, celles-ci paraissent se singulariser par rapport aux trois autres. Le confucianisme est depuis ses débuts une tradition morale. La reconnaissance de son caractère religieux est plus récente. Le chapitre du professeur Yates nous fait parcourir l'ensemble de la tradition, les sacrifices rituels classiques du début de la civilisation chinoise au XXe siècle, sans négliger les développements philosophiques médiévaux. Le professeur Le Blanc, quant à lui, de manière plus spécifique, aborde le thème du pèlerinage dans le taoïsme religieux de la Chine antique et médiévale.

Je suis persuadée que le lecteur sera fasciné, comme je l'ai été moi-même, par cette excellente collection. Je tiens à féliciter Mathieu Boisvert de nous avoir préparé ce délicieux festin intellectuel.

10 juillet 1999
Toronto, Canada

Julia Ching, Ph. D., L.H.D., D.D.
Professeure, University of Toronto
Membre de la Société royale du Canada

Table des matières

Préface	vii
Introduction	1
Le confucianisme	7
L'arrière-plan historique de l'émergence du confucianisme	12
Les débuts de l'âge du bronze	12
Les Zhou occidentaux	13
Les Zhou orientaux	14
La vie de Confucius	15
La voie confucéenne	19
Le noble et le sage	20
Les vertus fondamentales	21
La rectification des noms	21
L'humanité	22
La piété filiale et le deuil des parents	23
Le rituel	23
Les textes sacrés	24
Le *Livre des Odes*	24
Les Histoires	25
Le *Livre des Mutations*	26
Les Livres des Rites	27
La Grande Étude	29
Le Milieu Juste	32

La suite de l'histoire du confucianisme. 32
   Les premières années. 33
   Mengzi et le problème de la nature humaine 33
   Xunzi, la cosmologie et l'importance des rites. 35
   Le développement de la cosmologie confucéenne 36
   Le culte étatique de Confucius 39
   Le néo-confucianisme 40
   L'idéalisme dans la dynastie des Ming. 42
   Le ritualisme et l'école des Han 43
Le statut des femmes dans le monde confucéen. 44
L'expansion géographique du confucianisme 45
   La Corée. 45
   Le Japon. 46
   Le Viêt Nam. 47
Le destin du confucianisme chinois au XXe siècle. 48

Le taoïsme, religion de l'immortalité 53
Introduction. 55
Zhang Daoling : le fondateur 57
Les premières communautés 61
   Organisation 61
   Culte et rites. 62
   Le rite de la confession 65
   La dimension éthique. 66
Les antécédents philosophiques et religieux 68
   Le taoïsme philosophique 68
   Les anciennes techniques savantes et chamaniques 71
Le contexte sociopolitique 73
Le développement du taoïsme après les Han 75
ANNEXE
Daozang : histoire et contenu. 80

Le shintoïsme. 95
Introduction. 97
L'origine du Shintō. 99
Les aspects du Shintō. 109
Conclusion 124

Les traditions religieuses négro-africaines, rites de maîtrise et pratiques de salut ... 127

Cosmologie ... 131
    Éléments de cosmogonie yoruba ... 132
    Éléments de cosmogonie fali ... 133
    Éléments de cosmogonie dogon ... 134
Dogmes et fondements philosophiques de base ... 138
Biographie du fondateur ... 142
Contexte à l'intérieur duquel la tradition émergea ... 145
Historique ... 146
Littérature sacrée ... 147
Problèmes d'authenticité et d'interprétation de ces « textes » ... 151
Pratiques et rituels ... 153
    La personnalité, une clef pour la religiosité négro-africaine ... 153
    La religion aux origines de la personne ... 155
    Les initiations comme contrôle et réarmement des composantes de la personne ... 156
    L'épreuve comme déstructuration et restructuration des composantes de la personne ... 157
    L'adoration ... 159
    La possession ... 161
    La mort ... 162
Le rôle de la femme ... 164
L'expansion géographique ... 167
La situation contemporaine ... 167

Les religions amérindiennes et inuites ... 171

Introduction ... 173
Les grandes aires culturelles de l'Amérique du Nord ... 175
Cosmologies ... 183
Rituels et pratiques cérémonielles ... 188
De l'institution chamanique aux confréries ... 189
Rituels et communication avec les esprits ... 192
La femme ou les pouvoirs de la vie ... 196
L'histoire des religions amérindiennes : des systèmes en constante mutation ? ... 198
L'idéologie de la chasse et ses transformations ... 199
Des mouvements prophétiques au pan-indianisme : la question du salut ... 201

Pan-indianisme et traditionalismes contemporains 206
Conclusion 212

Cartographie 215
   Les religions premières. 216
      L'Asie boréale chamaniste. 217
      Asie du Sud-Est 217
      Océanie. 218
      Amérique autochtone 218
      Afrique noire 218
      Les religions premières et les grandes aires religieuses. 220
   Taoïsme, confucianisme et bouddhisme chinois
   en Chine et en Extrême-Orient 220
      L'Antiquité. 220
      Le Moyen Âge (220-907) 221
      Les temps modernes. 221
      La valse de l'histoire 222
      De Mao Zedong à aujourd'hui 223
      La religion populaire chinoise et sa situation actuelle 223
      Les Chinois d'outre-mer 224
      Viêt Nam et Corée. 224
   Le shintoïsme et le bouddhisme au Japon. 225
      Le pluralisme religieux japonais 226
   Les syncrétismes. 226
      La complexité des identités religieuses
      et l'arbitraire des dénombrements statistiques 226
      Syncrétismes et pluralismes dans le monde 227

Notes biographiques sur les auteurs 235

Introduction

Mathieu Boisvert

Ce troisième et dernier tome d'*Un Monde de religions* aborde cinq traditions religieuses : le confucianisme, le taoïsme, le shintoïsme, les traditions amérindiennes et inuites ainsi que les traditions africaines. Les trois premières proviennent de l'Asie de l'Est, la quatrième, des Amériques et la cinquième, de l'Afrique noire. Le confucianisme et le taoïsme partagent à la fois une terre d'origine commune – la Chine – et une histoire d'échanges à l'intérieur de laquelle les influences mutuelles ont permis de nouveaux développements au sein de chacune de ces religions ainsi qu'un constant enrichissement de leur tradition textuelle. Le shintoïsme, quant à lui, s'est développé au Japon, isolé du continent par sa situation insulaire. Il constitue la religion nationale japonaise. Tout comme le taoïsme et le confucianisme, le shintoïsme propose une recherche de l'harmonie. Il partage avec les traditions amérindiennes et africaines une certaine forme d'animisme ; il s'en distingue, cependant, par ses textes religieux qui font contraste avec les traditions orales des Amériques et de l'Afrique.

Dans l'introduction du deuxième tome, nous avons mis le lecteur en garde relativement à l'appellation « religions du livre », souvent attribuée au judaïsme, au christianisme et à l'islam. Nous aimerions revenir plus profondément sur cette notion de *livre* et de textualité afin de faire ressortir l'existence d'un corpus, d'un canon, dans les traditions que l'on qualifie d'orales. Toute tradition où la parole est le moyen central de transmission de la doctrine – soit la sotériologie et la théodicée (telles que définies dans l'introduction du tome I) – est qualifiée d'orale. Ainsi, les traditions des Amériques et de l'Afrique peuvent se voir attribuer cette caractéristique. Grâce aux narrations de légendes et de mythes, se sont propagés au fil des siècles la signification et l'accomplissement de rituel. Par exemple, la cérémonie birmane du *shin pyu*, par laquelle un jeune garçon devient novice dans la tradition bouddhique, trouve sa signification dans l'hagiographie de Siddhattha Gotama.

L'hindouisme, le bouddhisme et le jaïnisme étaient aussi, à l'origine, des traditions orales : la révélation divine des Védas, les enseignements du Bouddha et de Mahāvīra étaient initialement préservés par la mémoire, et non par l'écriture. Celle-ci n'était pas absente, loin de là, mais elle était plutôt perçue comme matérielle, mondaine. Elle ne pouvait donc pas préserver la pureté d'une révélation divine, transcendantale. L'écriture en Inde n'était par conséquent jamais utilisée à des fins religieuses. La mémoire de l'individu assurait la préservation des « textes » religieux. Cette mémorisation de l'ensemble du corpus – qui n'avait encore jamais été rédigé – assurait au détenteur une compréhension globale de la tradition. Lorsqu'il devait interpréter un passage du canon, il avait automatiquement accès à l'ensemble du corpus qu'il connaissait de mémoire[1]. À titre d'illustration, rappelons-nous que c'est seulement à la suite d'une effroyable famine que les enseignements bouddhistes ont été rédigés, par crainte qu'un second fléau du même genre vienne mettre en péril la pérennité du canon[2]. De même, l'islam n'aurait-il pas été à l'origine une tradition orale ? Jean-René Milot souligne que le terme *Qor'an* signifie « récitation ». De plus, pour que le caractère divin du Coran soit manifeste, celui-ci doit nécessairement être récité en arabe.

Il nous semble que nous avons déjà beaucoup plus de traditions orales qu'au départ...

Mais laissons de côté pour le moment l'oralité et tentons de définir la textualité. Selon Paul Ricœur, le texte est caractérisé « par : 1) la fixation de la signification, 2) sa dissociation d'avec l'intention mentale de l'auteur, 3) le déploiement de références non ostensives, et 4) l'éventail universel de ses destinataires[3] ». Voyons comment ces caractéristiques s'appliquent aux textes religieux hindous, chrétiens et taoïstes, qui sont respectivement le Véda, la Bible et, entre autres, le *Daode jing*. Ils détiennent tous les caractéristiques suggérées par Ricœur. 1) Ils sont tous considérés comme *textes* car leur signification a été fixée – tôt ou tard – par la rédaction, l'inscription sur

---

1. Encore aujourd'hui au Myanmar (ex-Birmanie), quelques moines préservent en leur mémoire l'ensemble des textes bouddhiques pālis, plus de 2,4 millions de mots ! Un examen se tient annuellement afin d'attribuer la très noble distinction de *Tipiṭakadhāra Dhammabhaṇḍā gārika* aux moines qui parviennent à réciter de mémoire l'ensemble du canon.
2. Voir tome I, p. 67.
3. Paul Ricœur, *Du texte à l'action*, Paris, Éditions du Seuil, 1998, p. 199.

papier. Les traditions dites orales sont généralement considérées comme atextuelles en raison de l'absence de textes écrits. 2) L'effacement des auteurs est remarquable. Ces derniers sont très souvent peu connus – voire totalement écartés –, ce qui confère davantage d'autorité aux textes eux-mêmes. Les *is* védiques, tout comme les prophètes bibliques, n'ont pas composé les textes ; ils n'en ont reçu que la révélation. Le texte vient donc prendre plus d'importance que l'intention originale de l'auteur, la connaissance de celui-ci étant rendu facultative – voire indésirable – en raison de l'origine transcendante du texte. 3) Le texte n'est pas déchiffré à l'aide de références communes entre l'auteur et le lecteur. Ceux-ci sont souvent séparés, sinon par une insurpassable dichotomie mondain-divin, au moins par plusieurs millénaires. Le lecteur aborde et conçoit dès lors le texte en fonction de son époque et en rapport avec son environnement socio-religio-culturel :

> De la même manière que le texte libère sa signification de la tutelle de l'intention mentale, il libère sa référence des limites de la référence ostensive. Pour nous, le monde est l'ensemble des références ouvertes par les textes. Ainsi parlons-nous de « monde » de la Grèce, non pour désigner ce qu'étaient les situations pour ceux qui les vivaient, mais pour désigner les références non situationnelles qui survivent à l'effacement des précédentes et qui, désormais, s'offrent comme des modes possibles d'être, comme des dimensions symboliques de notre être-au-monde. Tel est pour moi le référent de toute littérature : non plus l'*Umwelt* des références ostensives du dialogue, mais le *Welt* projeté par les références non ostensives de tous les textes que nous avons lus, compris et aimés. […] Une nouvelle fois, la spiritualité du discours se manifeste par l'écriture, en nous libérant de la visibilité et de la limitation des situations, en nous ouvrant un monde, à savoir de nouvelles dimensions de notre être-au-monde[4].

Un hindou, un chrétien ou un taoïste qui lit les textes religieux de sa tradition ne peut les comprendre sans avoir recours à l'image qu'il se fait des *is* védiques, de Moïse ou encore de Lao zi. Il est restreint et obligé de le saisir à partir de son propre univers de référence. La Bible n'a donc pas la même signification pour un hindou ; tout comme le Véda, pour un chrétien. 4) Le texte réside dans l'universalité de sa destination. Alors qu'un discours s'adresse à un destinataire, un auditoire précis, le texte, lui, détient une potentialité infinie de lecteurs ; quiconque sait (et saura) lire peut éventuellement être saisi par le texte. Comme le souligne Ricœur, « un discours est révélé en tant que discours dans l'universalité de son adresse. En échappant au caractère momentané de l'événement, aux contraintes vécues par

---

4. Paul Ricœur, *op. cit.*, p. 188-189.

l'auteur et à l'étroitesse de la référence ostensive, le discours échappe aux limites du face-à-face[5]. »

Nous sommes d'avis que les quatre catégories utilisées par Ricœur pour définir un texte peuvent tout à fait s'appliquer au *canon* des traditions religieuses dites orales. Premièrement, ce canon est fixe et ne se transforme pas d'une génération à l'autre – ou, tout au moins, pas plus que la Bible ou l'Ancien Testament auraient pu être altérés avant la venue de l'imprimerie ; il est incrusté, figé, dans la mémoire des individus. On rend ces derniers responsables de le verbaliser, de le répéter maintes et maintes fois pour s'assurer qu'une nouvelle inscription s'effectuera dans la mémoire des générations suivantes.

Il importe de noter qu'une telle récitation se distingue d'un discours ; alors que le discours prend place entre un locuteur et son auditoire, la récitation d'un canon oral introduit une tierce partie – souvent plus vague que concrète ; l'orateur n'est pas l'auteur du texte, il ne fait que prêter sa voix à cette transcendance d'où le texte émane. Celui qui récite le texte engravé dans sa mémoire n'en est pas l'auteur, il n'est qu'un outil de transmission s'employant à préserver un ordre établi – celui dicté par les mythes et maintenu, en grande partie, par les rites. L'effacement de l'auteur est tout au moins aussi présent dans la récitation d'un *texte* mémorisé depuis plusieurs générations que dans un texte écrit. En fait, lorsque nous parlons de textes religieux, la notion d'auteur tend même à être absente. Lorsqu'un individu lit à haute voix une œuvre de Victor Hugo, les auditeurs qui connaissent bien la littérature française savent que ce texte n'est attribuable qu'à son auteur. En revanche, lorsqu'un moine bouddhiste récite le canon bouddhique, l'assemblée monastique assujettie à cette récitation, connaissant la source historique, ne l'attribue pas d'emblée au Bouddha ; ces paroles ont toujours existé et existeront pour l'éternité – même s'il arrive qu'elles puissent être oubliées de temps à autre, leur pérennité n'est pas mise en doute. Et cela est encore plus vrai des mythes et des légendes amérindiens et africains dont le caractère atemporel est explicite.

Comment donc retracer un auteur dans cette atemporalité ?

Le texte oral – on remarquera que nous utilisons de plus en plus le terme « texte » pour faire référence au canon oral –, tout comme le texte écrit, doit nécessairement faire fi des « références ostensives ». L'auteur – lorsque la tradition en accepte un – appartient à une époque révolue, reléguée

---

5. Paul Ricœur, *op. cit.*, p. 190.

dans les profondeurs de la mémoire collective ; il n'est pas en dialogue direct avec l'auditeur. Le texte oral ne peut donc utiliser les références ostensives qui, pour Ricœur, étaient un des facteurs distinguant l'oralité de la textualité. Le canon oral établit les bases pour l'interprétation de ses propres textes sur le monde, le *Welt,* qu'il a lui-même construit au fil des générations. C'est par la connaissance de l'ensemble des mythes appartenant à sa tradition qu'un Amérindien peut saisir le sens de tel ou tel mythe. De même, pour comprendre *correctement* – c'est-à-dire dans une perspective traditionnellement admise – l'interprétation de tel passage védique ou bouddhique, l'individu doit nécessairement avoir en mémoire l'ensemble du canon afin de parvenir à la signification juste. D'où l'importance attribuée à la mémorisation – la construction d'un *Welt* – dans certaines traditions religieuses[6].

Enfin, le texte oral échappe aux contraintes du « face-à-face », car la récitation d'un même mythe peut se réaliser en divers endroits – simultanément ou à divers moments – tout comme la lecture d'un livre. En raison de l'absence de l'auteur, un face-à face devient impossible. Ce texte oral demeure accessible à quiconque entend et entendra, pour autant que cet auditeur potentiel comprenne la langue, et qu'il subsiste toujours un orateur qui veuille bien partager ce texte inscrit dans sa mémoire. En ce sens, nous observons ces mêmes conditions dans le cas d'un texte écrit. Le texte doit avoir été rédigé, et le recueil doit toujours nous être accessible... La distinction entre traditions textuelles et traditions non textuelles s'effondre donc. Il serait plus adéquat, croyons-nous, de parler de traditions écrites et de traditions orales, puisque toutes deux possèdent un corpus, mais dans des formes divergentes.

Nous retrouvons ainsi réunies dans ce dernier tome cinq traditions *textuelles* ; certaines sont écrites, d'autres, orales. Ont contribué à cet ouvrage les professeurs Robin D.S. Yates (confucianisme), Francis Brassard (shintoïsme), Charles Le Blanc (taoïsme), Issiaka-Prosper Lalèyê (traditions africaines) et Frédéric Laugrand (traditions amérindiennes et inuites).

Nous espérons que cette série *Un Monde de religions* a su remplir ses objectifs en permettant au lecteur de se forger un monde – *Welt,* comme dirait Ricœur – de religions. Nous n'entendons pas ici un système référentiel permettant de comprendre une religion comme le voudrait la tradition,

---

6. L'importance attribuée à la construction de ce *Welt* en Iran pourrait en étonner plusieurs : certains prisonniers ont la possibilité de raccourcir leur peine d'emprisonnement en mémorisant des chapitres du Coran.

loin de là ! Afin de cerner comment chacune d'elles se définit, se distingue par l'agencement de ses structures, nous avons plutôt tenté de présenter et d'élucider un certain nombre d'éléments que nous retrouvons dans la grande majorité des religions, tels que les forces en présence ayant contribué à l'émergence et à l'évolution de la tradition – tant d'un point de vue historique que mythologique –, le dogme traditionnel, la pratique et le rituel. Notre objectif était d'aborder chaque religion suivant un genre de syntaxe – très préliminaire, et loin d'être exhaustive, nous en convenons – à partir de laquelle chaque tradition articule sa propre identité. Cette syntaxe – ce *Welt* –, nous le souhaitons, permettra de mieux lire, interpréter et comprendre les divers phénomènes religieux.

Le confucianisme

Robin D.S. Yates

Portrait de Confucius. Il porte le bonnet de soie noire des Tcheou, qu'il préférait au chapeau traditionnel des lettrés de son temps, n'étant en aucune façon le traditionaliste obtus qu'on nous présente parfois. (Peinture sur soie, d'époque Ming)

Traduit par Ève Paquette.

Si Confucius n'avait pas existé, la Chine n'aurait pas été la Chine et elle ne serait jamais devenue ce qu'elle est maintenant. L'histoire des autres pays de l'Asie de l'Est – le Japon, la Corée et le Viêt Nam – serait aussi complètement différente si ces pays n'avaient pas, à un moment donné, importé l'idéologie, l'éthique sociale et la pratique religieuse confucéennes de la Chine, dont la culture était toujours la plus dominante dans cette région. Toutefois, le mot « confucianisme », utilisé en Occident pour désigner la tradition confucéenne, est un néologisme inventé par les Jésuites du XVIIe siècle lorsqu'ils voulurent privilégier cette tradition aux dépens de deux autres grands courants religieux : le bouddhisme et le taoïsme. Ces autres traditions composaient alors, avec le confucianisme, « les Trois Enseignements » sur lesquels s'appuyaient les Chinois. Les Jésuites latinisèrent le titre honorifique de Maître Kong, *Kong fuzi*, pour former le nom « Confucius » et créer le « confucianisme ». Les Chinois avaient pour leur part toujours appelé le Maître *Kongzi* et connu ses enseignements sous le nom de « tradition Ru » ou « tradition des savants »[1].

Parler du confucianisme comme d'une religion implique plusieurs problèmes fondamentaux. D'abord, les Chinois ne disposaient d'aucun mot pour identifier un phénomène comme étant une « religion » ; ils l'appelaient plutôt *jiao* (enseignement). Cela ne constituerait pas vraiment un problème si le confucianisme avait été orienté vers le monde des dieux et des démons, ou l'au-delà, plutôt que vers les questions proprement humaines. De plus, le confucianisme sous ses aspects multiples – règles rituelles, philosophie, éthique sociale et économie politique – a imprégné de fond en comble la culture traditionnelle chinoise, à tel point qu'on considère généralement le développement de la culture chinoise comme étant indissociable de celui

---

1. Lionel Jensen, « The Invention of 'Confucius' and his Chinese Other, 'Kong Fuzi' », *positions*, *1*, 2, 1993, p. 414-449. Bien que le « confucianisme » soit une catégorie occidentale, il est plus simple d'éviter la confusion en l'appelant de cette façon que de lui donner le nom, par ailleurs plus précis et approprié, de « tradition Ru ».

du confucianisme. En effet, plusieurs penseurs ont mis en doute le fait même que le confucianisme ait été une religion. J.C. Cleary affirme toutefois que le confucianisme devrait être abordé comme une religion, parce qu'il comporte un « vaste système de croyances qui expliquent la place de l'humain dans l'univers et qu'il fournit des règles de conduite » ; de même, le confucianisme « possède des maîtres exemplaires, des écritures, des temples et des rituels, et il était au centre de la vie des croyants[2] ».

La différence principale entre les traditions confucéenne et chrétienne repose sans doute sur leur vision radicalement opposée du divin[3]. Dans la pensée confucéenne, il n'existe pas de « tout-autre » ni de Dieu transcendant, indépendant et autosuffisant, qui demeurerait au-delà du monde qu'il a créé. Il n'existe pas non plus de moment précis où le monde aurait été créé à partir du néant ; par contre, il y a progrès et changement continuels, sans que cela n'implique aucune notion de téléologie ou de fin du monde. Il n'y a ni le désir ni le besoin de chercher le salut, aucun sauveur ou messie, aucune notion de péché, pas de « paradis » ni d'« enfer » et, enfin, nul besoin de rédemption. En conséquence, il ne s'y trouve pas de distinction claire entre des catégories conceptuelles telles que le « sacré » et le « profane », le « temporel » et l'« éternel », l'« esprit » et la « chair ». En outre, les confucéens ne conçoivent pas le monde en termes de dualités comme « supernaturel » et « naturel », « réalité » et « apparence », « forme » et « substance », « soi » et « autre » : pour eux, il est impossible de parler de coupures ontologiques dans la « continuité de l'être », c'est-à-dire dans le tissu, la fibre et la trame du cosmos. Toutes choses appartiennent ainsi à un tout unique, intégré et continu. Toutes choses, humaines ou non, sont constituées de la même façon et sont autogènes. Elles contiennent le *qi* (substance-énergie) et le *li* (principe)[4]. Ces différences entre les perspectives confucéenne et occidentale, en ce qui a trait à la définition de la religion et du cosmos, nous

---

2. J.C. Cleary, *Worldly Wisdom : Confucian Teachings of the Ming Dynasty*, Boston et Londres, Shambala, 1991. Traduction libre. Voir Herbert Fingarette, *Confucius : The Secular as Sacred*, New York, Harper and Row, 1972 ; Rodney L. Taylor, « The Study of Confucianism as a Religious Tradition : Notes on Some Recent Publications », *Journal of Chinese Religions*, 1990, p. 143-159.
3. Roger T. Ames, « Religiousness in Classical Confucianism », *Asian Culture Quarterly*, XII, 2, 1984, p. 7-23 ; Kirill Ole Thompson, « The Religious in Neo-Confucianism », *Asian Culture Quarterly*, XVII, 4, 1990, p. 44-57.
4. N.D.T. : Le *li*, peut-être plus que le *qi*, est un concept dont la nature et la définition demeurent des plus floues. Étiemble propose une réflexion à ce sujet : « De fait, la dialectique du *li* et du *qi*, que l'on peut essayer de traduire en termes platoniciens (*idée-chose*), ou mieux encore aristotéliciens (*forme-matière*), nul jamais ne pourra la déduire d'un texte confucéen… ». Voir R. Étiemble, article « Confucius et confucianisme », *Encyclopaedia Universalis*, éd. 1995, p. 366.

forcent à modifier notre compréhension du religieux pour y inclure des éléments de la religion confucéenne qui sont étrangers aux autres traditions religieuses, telles que le judéo-christianisme.

Si toutefois nous limitons notre définition de la religion confucéenne au culte de Confucius, alors nous pouvons dire que cette religion était réservée à l'élite masculine. Ces hommes, des lettrés, ont dominé la vie politique et sociale de la Chine des mille dernières années depuis la dynastie des Song (960-1276) grâce aux examens de recrutement des agents d'État, par lesquels ils ont été choisis pour diriger la Chine (surnommée le « Tout-sous-le-Ciel[5] »). Seuls les détenteurs de diplôme et les étudiants de l'école publique étaient autorisés à assister ou à participer aux rites qui avaient lieu dans les temples de Confucius, érigés à tous les niveaux de la hiérarchie administrative à travers le pays. Il était alors strictement interdit à toutes les femmes, de même qu'aux hommes du peuple, d'entrer dans ces temples. Il se trouvait également un temple magnifique dans la ville natale de Confucius, appelée aujourd'hui Qufu et située dans la province de Shandong (dans l'est de la Chine centrale). Cette ville a été la première capitale de l'État de Lu, au temps de la dynastie des Zhou, et c'est là que les descendants de Confucius ont adoré leur ancêtre dans leur propre temple familial (voir plus bas).

Les bases de la religion confucéenne se trouvent principalement dans des textes. Les textes des treize canons (voir Tableau 1) ont été composés dans un langage archaïque dont le sens a dû être interprété par des lettrés érudits. Les canons confucéens constituaient la matière de base pour les examens officiels. Au cours des siècles, les commentateurs n'ont jamais cessé de débattre du sens premier ou original des termes et des idées présentés dans ces textes. Il était essentiel de posséder ce savoir ésotérique, puisque les textes étaient censés contenir les paroles et les enseignements mêmes de Confucius et d'autres sages de l'Antiquité. Les lettrés ont ensuite cru qu'en trouvant le sens vrai des mots et en les mettant en pratique l'utopie qui existait au début de la dynastie des Zhou se réaliserait à nouveau, « ici et maintenant ». Qui plus est, le lettré avait ainsi la chance de réaliser en lui-même une autotransformation ou autotranscendance qui ferait de lui un sage au même titre que le Maître.

Bien que le confucianisme ait été une religion de l'élite, il s'agissait aussi, comme nous le verrons, d'un courant profondément humaniste. C'est pour cette raison qu'il eut un si grand impact sur la société chinoise.

---

5. N.D.T. : « All-under-Heaven ».

Tableau 1
Chronologie des dynasties chinoises

Période pré-impériale

Xia	−2205 à −1766 (dates traditionnelles)
Shang (Yin)	−1766 à −1050 (dates approximatives)
Zhou	−1050 à −256
Zhou occidentaux	−1050 à −771
Zhou orientaux	−770 à −256
Printemps et Automnes	−770 à −469
Royaume Combattants	−469 à −221

Période impériale

Qin	−221 à −206
Han	−206 à 220
Trois Royaumes	220 à 280
Six Dynasties	280 à 589
Sui	589 à 618
Tang	618 à 907
Cinq Dynasties	907 à 959
Song du Nord	960 à 1127
Song du Sud	1127 à 1276
Yuan (Mongols)	1277 à 1368
Ming	1368 à 1644
Qing (Mandchous)	1644 à 1911

L'Ère moderne

République nationaliste	1911 à 1949
République populaire	1949 à aujourd'hui

L'ARRIÈRE-PLAN HISTORIQUE DE L'ÉMERGENCE DU CONFUCIANISME

Les débuts de l'âge du bronze

Enfant, Confucius semble avoir été fasciné par les rituels : il aimait jouer avec les récipients de bronze utilisés pour cuire la viande et chauffer le vin, des aliments offerts en sacrifice aux personnes décédées. Au cours des 1500 années avant la naissance de Confucius, ces récipients de bronze avaient symbolisé l'autorité sociale et politique. Ils servaient aussi aux humains pour établir la communication avec leurs ancêtres décédés et les esprits du monde naturel. Au début de l'âge du bronze, le roi de la dynastie des Shang se déclara « Le Seul Homme » à pouvoir intercéder auprès de Shangdi, le « Souverain d'en Haut » ou « Souverain Céleste », de ses ancêtres et des esprits, et ce, au nom de tous les humains. Il informait les esprits de ses actions à venir par voie de divination – principalement par la scapulomancie ou le craquage des carapaces de tortues et des omoplates de bétail. Il passait la plus grande partie de son temps à déterminer quelle sorte de sacrifice, sous forme d'immolation d'animaux ou d'humains, conviendrait le mieux pour que les esprits acceptent de le soutenir dans l'un ou l'autre de ses projets.

L'organisation du royaume se fondait sur des principes patrilinéaires. Les lignées dirigeantes se divisaient en deux groupes ou « moitiés » ; au sein d'une moitié, le statut de roi se passait entre frères d'une même génération avant d'être transféré à l'autre moitié. Ces lignées étaient établies dans des villes protégées par de hauts murs de pisé. Elles étaient liées à celle du roi par le mariage – il arrivait souvent que le roi prenne plusieurs femmes dans différentes lignées – et ces familles interreliées avaient part au système sacrificiel du roi Shang. L'écriture semble avoir été inventée pour améliorer la communication avec le divin lors de ces sacrifices, alors qu'au Proche-Orient ancien elle servait à compiler les transactions commerciales.

Les Zhou occidentaux

Des sources mythiques ou quasi historiques rapportent que le dernier des rois Shang, aux mœurs dissolues, fut attaqué et détruit par les Zhou en –1050 environ. Ce peuple de la frontière nord-ouest avait auparavant été soumis au roi Shang. Ses meneurs, le roi Wen puis le roi Wu et son frère, le duc de Zhou, fondèrent un ordre basé sur la pureté morale, adorant Tian, ou le Ciel, au lieu du Shangdi des Shang. Le statut de roi se transmettait du père au fils aîné. De plus, le régime politique instauré reposait sur une forme de féodalisme : le territoire conquis fut morcelé en centaines et en milliers de domaines, donnés à ceux qui avaient participé au renversement du régime Shang. En échange, ceux qui reçurent des terres devaient reconnaître le roi Zhou comme le Fils du Ciel et accepter qu'il ait le monopole du culte du Ciel. Bref, les Zhou déclaraient avoir reçu un « Mandat Céleste » leur donnant le droit de gouverner, à la seule condition qu'ils ne s'écartent pas de la droiture morale. Chaque seigneur « féodal » entretenait son propre temple où le droit cultuel se transmettait de père en fils, selon les principes de la primogéniture : c'est le fils aîné qui, pour chaque génération, héritait de la responsabilité du culte – et ce, quelle que soit l'étendue éventuelle de la lignée. Nous verrons bientôt que les érudits confucéens Song ont voulu, deux mille ans plus tard, reproduire ce système d'action rituelle. Ce fut en vain, car leur contexte social n'était plus du tout celui qu'avaient connu les Zhou.

Pour leur part, les seigneurs « féodaux » se devaient de fournir chaque année des produits provenant de leur domaine pour les sacrifices Zhou. Il est également possible qu'ils aient été tenus d'envoyer de l'aide militaire au roi Zhou lorsque celui-ci le demandait. En échange, le roi leur faisait cadeau d'objets très colorés et dotés d'efficacité rituelle, par exemple des morceaux d'équipement de char, des armes, des armures ou des cauris (coquillages), en plus de leur donner le droit de fabriquer leurs propres récipients de bronze pour les sacrifices. Il semble toutefois que le système politique, économique et religieux des Zhou ait ressemblé davantage à une organisation de villes-États réunies dans un « régime galactique » rituel, fondé sur des principes cosmologiques et une hiérarchie rituelle, qu'au modèle « féodal » auquel l'histoire occidentale nous a habitués[6].

Les Zhou orientaux

Le monde dans lequel a grandi Confucius, c'est-à-dire la période de la fin des Printemps et des Automnes qui a précédé celle des Royaumes Combattants, évoluait rapidement. En 771, les Zhou subirent le même sort que leurs prédécesseurs Shang : sous prétexte de l'immoralité de leur roi, ils furent attaqués et défaits par des vassaux qui avaient fait alliance avec des tribus nomades provenant des régions limitrophes du nord et du nord-ouest. Les Zhou se virent obligés de déménager leur capitale, qui se situait au nord-ouest près de l'actuelle Xian, vers les plaines centrales au sud du fleuve Jaune, le Luoyang actuel. Le roi conserva ainsi son titre et ses droits sacrificiels de Fils du Ciel, bien que son pouvoir fût en réalité limité à une très petite partie du territoire.

Les anciens vassaux des Zhou prospérèrent au détriment les uns des autres : les groupes les plus nombreux attaquaient les plus petits groupes et les plus forts usurpaient les droits et les privilèges de ceux qui leur étaient supérieurs sur les plans social et rituel. L'argent fit son apparition, sous forme de pièces de bronze. Les marchands commencèrent à voyager d'un

---

6. Robin D.S. Yates, « The City State in Ancient China », dans Deborah L. Nichols et Thomas H. Charlton (dir.), *The Archaeology of City States : Cross-Cultural Approaches*, Washington, D.C., Smithsonian Institution Press, 1997, p. 71-90.

État à l'autre, colportant leurs marchandises et subvenant aux besoins de cours de plus en plus luxueuses. On découvrit la technique de la fonte du fer pour fabriquer l'équipement agricole. Il s'ensuivit une hausse de productivité dont les profits semblent avoir contribué au développement des villes et des cités : à cette époque, ces villes étaient les plus peuplées du monde[7]. Le monde devenait de cette façon de plus en plus compétitif ; les dirigeants des différents États durent faire appel à des experts pour les aider à gouverner leurs sociétés toujours plus complexes. De même, ils eurent recours aux services d'experts militaires afin de gérer la croissance des armées d'infanterie, composées de paysans. On vit en même temps une baisse de l'utilisation et de l'importance des chars dont l'aristocratie s'était servie, jusque-là, pour faire montre de sa maîtrise du code de conduite chevaleresque ou rituel lors des guerres.

Les dirigeants ont choisi les *shi*, descendants de certaines branches inférieures de l'aristocratie qui contrôlait les différents États du régime Zhou, pour les aider à administrer les nouveaux États. Ils tentèrent également d'attirer dans leur cour des hommes célèbres et compétents, quelle que soit leur origine : Confucius fut de ce nombre. Ces hommes devinrent plus tard la classe dominante de la Chine.

LA VIE DE CONFUCIUS

Qui était Confucius ? À quelle époque a-t-il vécu ? Avait-il l'intention de fonder une religion ? Se présentait-il consciemment comme une figure religieuse, au même titre que Jésus-Christ qui fut proclamé fils de Dieu ?

Comme il est de coutume dans l'histoire des fondateurs des autres mouvements religieux, les faits réels appartenant à la vie de Confucius sont enrobés de mystère. Ces faits ont été l'objet d'une élaboration hagiographique exhaustive qui s'est principalement constituée après que le confucianisme eut été adopté comme orthodoxie officielle impériale. Cela s'est produit sous le règne de l'empereur Wudi de la dynastie des Han (il a régné de 140 à 89 avant l'ère chrétienne) et sous l'impulsion de l'école dite du texte moderne (*jinwen*). La plus ancienne biographie de Confucius, rédigée par Sima Qian, le grand astrologue de l'empereur Wu, affirme que Confucius est né en −551 au village de Zou, district de Changping, dans l'État oriental

---

7. Par exemple, on estime que la population de la capitale de l'État de Qi, dans la province actuelle de Shandong, était d'environ 700 000 habitants quelques générations après la mort de Confucius.

de Lu fondé par le duc de Zhou au début de la dynastie du même nom[8]. Il semble que la famille de Confucius ait été l'une des ramifications de la lignée ducale de l'État de Song, laquelle descendait en droite ligne de la dynastie des Shang des débuts de l'âge du bronze. On se souvient que cette dynastie avait été défaite par les Zhou occidentaux en −1050 (voir Tableau 1).

Pour quelque raison, Kong Fangshu, le grand-père de Confucius, décida d'aller s'installer dans l'État de Lu. À l'époque du père de Confucius, Shuliang He, la famille était devenue pauvre et avait perdu son statut à la suite de diverses épreuves. Le père de Confucius était reconnu pour sa grande force et ses habiletés militaires. Il épousa une femme de la famille Shi, dans l'État de Lu, mais son épouse n'engendra que des filles – neuf en tout. La concubine de Shuliang He eut pour sa part un fils, nommé Meng Pi. Celui-ci souffrait cependant d'une difformité au pied ; en conséquence, il ne fut pas considéré comme rituellement apte à devenir l'héritier de son père[9]. Dans ses vieux jours, Shuliang He prit donc une autre épouse beaucoup plus jeune dans la famille Yan. Il est probable que ce mariage n'ait pas été rituellement irréprochable. La jeune femme adressa ses prières à l'esprit d'une colline, appelé Niqiu, pour avoir un enfant. Confucius reçut à sa naissance le nom honorifique de « Qiu » (colline), d'une part à cause des prières de sa mère, mais aussi parce qu'il portait un signe particulier sous forme d'un léger creux au milieu du crâne. Il fut également désigné par le nom « Zhongni » (« second fils Ni »). Inutile de dire que ces détails sont probablement les résultats tardifs de la spéculation et de la mythification qui ont voulu expliquer les noms donnés à Confucius.

Confucius lui-même se maria. Il eut un fils et une fille. Son fils, Kong Li, mourut alors que Confucius était encore en vie, mais il engendra un fils nommé Kong Jie. Ce dernier passe pour être l'auteur de l'un des chapitres du *Li Ji* (*Les Mémoires sur les bienséances et les cérémonies*), intitulé *Le Milieu Juste*. La famille s'enrichit et se multiplia, produisant au cours des siècles plusieurs savants de renom. À l'époque impériale, différents empereurs privilégièrent le dirigeant du clan Kong en lui offrant des titres de noblesse et de grandes propriétés, afin que les membres du clan puissent célébrer de façon appropriée le culte des ancêtres pour Confucius. Un descendant direct de la soixante-dix-septième génération, le professeur Kong

---

8. Édouard Chavannes (trad.), *Les Mémoires historiques de Se-ma Tsien*, Paris, Leroux, 1905, tome V, p. 283-445.
9. Pour pouvoir participer aux rites ancestraux, les officiants devaient être « complets ». Ainsi, dans la Chine ancienne, les personnes physiquement différentes n'étaient pas considérées comme des humains et n'avaient pas le droit de participer à la religion ancestrale.

Decheng – ancien duc Yansheng –, vit encore aujourd'hui à Taïwan. Il y a, de plus, des dizaines de milliers de Kong vivant en République populaire de Chine[10].

Il est improbable que Confucius ait eu un maître, peut-être parce qu'il devint orphelin très jeune. En fait, il s'éduqua par lui-même tout en travaillant comme scribe dans des emplois d'importance secondaire pour le compte de la famille Ji, qui détenait alors le pouvoir politique au sein de l'administration Lu. Il surveilla des réserves et des pâturages de moutons et de bétail. On dit aussi qu'il fut une fois envoyé par Lu à Luoyang, siège de la cour royale Zhou décadente, pour s'y familiariser avec les rites des Zhou. Là, il rencontra le sage Laozi, auteur présumé du *Daode jing*. Ce dernier se moqua de Confucius en lui prodiguant quelques conseils sur les risques de l'engagement politique. Cette rencontre est sans aucun doute apocryphe. Par contre, il semble que Confucius soit retourné à Lu pour y commencer sa vie de professeur et y rechercher des emplois plus avantageux au sein de l'administration. Il eut peu de succès[11].

Peu après le retour de Confucius de la cour de Zhou, des agitations civiles menées à Lu par les membres de trois familles aristocratiques influentes – incluant la famille Ji à laquelle Confucius avait été lié – eurent raison de l'autorité du duc Zhao. Celui-ci s'exila dans l'État voisin de Qi. De −505 à −502, le gouvernement fut contrôlé par un homme nommé Yang Hu, que l'on suppose avoir été un subalterne de la famille Ji ; il alla jusqu'à comploter pour éliminer les chefs des trois grandes familles, mais en vain : son plan fut découvert et il dut s'enfuir. Cet événement contribua à renforcer la domination de la famille Ji à la cour de Lu. Plusieurs disciples de Confucius trouvèrent un emploi auprès de cette famille ; la plupart s'y conduisirent bien, mais Confucius se vit bientôt obligé de rompre ses liens avec l'un d'entre eux, Ran Niu, qui avait accepté d'extorquer aux habitants des taxes excessives sous les ordres de ses supérieurs Ji.

Inutile de dire que Confucius était profondément navré de l'état de confusion et de déchéance morale qu'il percevait autour de lui : les usurpations internes étaient alors chose courante et les forces militaires étaient

---

10. Jun Jing, *The Temple of Memories : History, Power, and Morality in a Chinese Village*, Stanford, Stanford University Press, 1996, p. 39. Kong Decheng renonça au titre ducal en 1935, sous la pression des nationalistes. Voir également Thomas A. Wilson, *Genealogy of the Way : The Construction and Uses of the Confucian Tradition in Late Imperial China*, Stanford, Stanford University Press, 1995, et « The Ritual Formation of Confucian Orthodoxy and the Descendants of the Sage », *Journal of Asian Studies*, 55, 3, 1996, p. 559-584.
11. Il est possible qu'il soit un jour parvenu au rang de ministre du crime (*Minister of Crime*), ou juge en chef, mais la véracité de ce fait est douteuse.

considérées comme un élément clé pour intimider les États voisins. Confucius résolut donc de mettre de l'ordre dans ce monde. Pour ce faire, il devait trouver un chef d'État qui l'accepterait comme conseiller et qui mettrait en pratique ses préceptes moraux. Entre −496 et −492 environ il voyagea d'une principauté à l'autre, accompagné probablement par ses disciples Yan Hui et Zilu ; il alla à Wei puis à Song, où un dénommé Huan Tui essaya de l'assassiner. Ce dernier, un favori corrompu du duc de Song, se trouvait être le frère aîné de Sima Niu, l'un des disciples de Confucius. On peut croire qu'il voulut assassiner Confucius pour la même raison qui fit accuser Socrate, c'est-à-dire pour avoir corrompu la jeunesse (dans ce cas, le jeune frère de Huan Tui)[12]. Confucius s'en tira indemne. C'est probablement au cours de cet incident qu'il prononça la célèbre remarque par laquelle il suggère que le Ciel l'a choisi pour préserver la civilisation des premiers Zhou :

> Le Maître se trouvait en danger à Kuang. Il dit : « Le roi Wen est mort. Maintenant n'est-ce pas moi qui suis investi du dépôt de la civilisation ? Si le ciel avait juré sa perte, pourquoi l'aurait-il confié à un mortel comme moi ? Et si le Ciel a décidé de préserver ce dépôt, qu'ai-je à craindre des gens de Kuang[13] ? »

C'est ce qui se rapproche le plus, chez Confucius, d'un aveu selon lequel le ciel l'avait investi d'une mission religieuse ; par ailleurs, il est clair qu'il ne se considérait pas comme une figure religieuse, qu'il ne croyait pas fonder une nouvelle secte ni un nouveau culte et, enfin, qu'il ne se voyait pas comme le Fils du Ciel. À son avis, il ne pouvait y avoir qu'un seul Fils du Ciel et ce rôle revenait au roi de la dynastie des Zhou. La mission de Confucius consistait à préserver et à transmettre les enseignements et les rites des anciens rois, à rétablir des relations appropriées entre les supérieurs et les subalternes et, enfin, à former ses disciples pour qu'ils secondent de façon compétente les dirigeants des différents États de l'époque. Confucius concentra donc ses efforts sur la vie humaine terrestre, non pas sur le domaine des esprits ou de l'au-delà. Il faut noter de plus que la Chine n'existait pas alors en tant que concept ni en tant qu'État-nation.

Les pérégrinations de Confucius l'amenèrent encore plus loin, à Chen, à Cai, puis à Chu, situé à l'extrême sud le long du fleuve Yangzi – mais, si intenses que fussent ses efforts, les dirigeants qu'il approcha rejetèrent ses conseils tout en le couvrant d'honneurs et de présents qu'il méprisait[14]. Après que l'un de ses disciples, à la tête de l'armée de Lu, eut défait les

---

12. H.G. Creel, *Confucius : The Man and the Myth*, New York, John Day, 1949, p. 45.
13. Pierre Ryckmans, *Les Entretiens de Confucius*, IX, 5, p. 49-50.
14. Différentes sources suggèrent qu'il occupa divers postes à divers moments, y compris celui de juge, mais il est difficile d'établir la véracité de ces témoignages.

forces de Qi et allégé considérablement le fardeau qui pesait sur Lu, Confucius s'en retourna dans son État natal pour y enseigner. Il y mourut en −479. Il fut enterré au nord de la capitale de l'État et ses disciples en portèrent le deuil durant les trois ans requis par le rituel. Ainsi, malgré qu'il n'ait pas atteint la position politique qui lui eût permis de diffuser ses préceptes moraux et d'influencer l'ensemble de sa société, Confucius fut le premier grand professeur privé de la Chine. Il cherchait à donner à ses étudiants une éducation humaniste englobante, qui les aiderait à devenir des administrateurs justes et équitables dans le système étatique. Depuis lors, les adeptes de la tradition confucéenne se sont toujours démarqués par leur souci de servir le dirigeant et l'État, de même que par l'importance qu'ils accordent au fait d'être autodidactes : ce souci de l'éducation chez les Chinois se perpétue encore de nos jours. En outre, le texte le plus fidèle aux propos du maître – *Les Entretiens*, probablement rédigé par quelques générations des disciples de Confucius et des étudiants de ces disciples[15] – débute par ces mots :

> Le Maître dit : « N'est-ce pas une joie d'étudier, puis, le moment venu, de mettre en pratique ce que l'on a appris ? N'est-ce pas un bonheur d'avoir des amis qui viennent de loin ? Et n'est-il pas un honnête homme celui qui, ignoré du monde, n'en conçoit nul dépit[16] ? »

C'est là une épitaphe appropriée pour l'homme Confucius. L'étude, la réflexion, l'expansion de la culture personnelle puis l'implantation de ces connaissances dans la famille et la société sont demeurées les quatre piliers de la pratique religieuse et de la spéculation philosophique confucéennes[17].

LA VOIE CONFUCÉENNE

Les paroles les plus authentiques de Confucius sont exposées dans *Les Entretiens*, un compte rendu de brèves rencontres entre Confucius et ses disciples et contemporains. Ils contiennent également des propos tenus par les disciples favoris de Confucius, tels que Yan Hui, Zigong, Zengzi, Zilu et les autres. On dit que Confucius eut soixante-douze disciples, peut-être même trois mille, mais ces chiffres sont gonflés et irréalistes : seuls vingt-deux étudiants apparaissent dans *Les Entretiens*, alors que deux autres sont

---

15. Cet ouvrage faisait partie des treize canons et des quatre livres qui constituèrent le noyau de l'éducation confucéenne à partir de la dynastie des Song.
16. Pierre Ryckmans, *op. cit.*, I, 1, p. 13.
17. Philip J. Ivanhoe, *Confucian Moral Self Cultivation*, New York, Peter Lang, 1993.

mentionnés par Mengzi (Mencius) quelque cent ans plus tard. Au moins la moitié de ces étudiants obtinrent des postes administratifs dans la fonction publique ou le domaine militaire de différents États, ajoutant ainsi à la renommée de Confucius en tant que professeur.

Les contextes entourant les propos contenus dans *Les Entretiens* demeurent en revanche des plus flous ; le sens précis des mots utilisés est sujet à diverses interprétations, sur lesquelles se sont penchées plusieurs générations de commentaires érudits. Cependant, l'aspect le plus important des *Entretiens* est peut-être le fait qu'ils montrent Confucius comme un professeur empathique, attentif aux forces et aux faiblesses de ses étudiants, et qui enseignait différemment selon les capacités et le potentiel d'apprentissage de chacun – non sans une certaine touche d'humour et de lucidité. Par exemple, il aurait un jour dit : « Je n'ai jamais vu quelqu'un qui aimât la vertu autant que le sexe[18]. »

Bref, Confucius n'a pas développé une religion ni une philosophie globale, il n'a pas non plus inventé un nouveau vocabulaire ni de nouvelles définitions pour satisfaire aux préceptes moraux qu'il suivait lui-même en toute circonstance : il a tout simplement adapté ses propos à la situation et à la personne à laquelle il s'adressait. Cette façon de faire a imprégné toute la tradition confucéenne, laquelle a toujours préféré appliquer les préceptes moraux de façon flexible plutôt que d'appliquer un ensemble de règles écrites de façon rigide.

Confucius désirait par-dessus tout revenir au mode de vie des anciens sages-rois, en particulier celui des rois Wen et Wu et du duc de Zhou, parce qu'il croyait que ces gens avaient instauré un Âge d'Or duquel sa société s'était ensuite détachée. Bien qu'il se soit considéré comme un simple messager de la culture des premiers Zhou occidentaux, et non pas comme un inventeur, il reste que Confucius a contribué à élargir grandement le sens de certains termes ou concepts qui devinrent ensuite le fondement de la voie confucéenne.

Le noble et le sage

C'est en enseignant à ses étudiants les « six arts » qui faisaient probablement partie à cette époque des aptitudes de tout jeune noble – c'est-à-dire le tir à l'arc, la conduite des chars, les mathématiques, la musique, la danse

---

18. Pierre Ryckmans, *op. cit.*, *IX*, 18, p. 51.

et la calligraphie[19] – que Confucius a changé la définition même de ce que devait être un noble. Dans cette perspective, un noble ou *junzi* (« fils d'un seigneur »), au lieu de n'être qu'un aristocrate par voie héréditaire ou un simple membre d'une classe sociale, serait dorénavant quelqu'un qui a acquis la stature morale proposée par Confucius. Ceux qui allaient le plus loin sur le chemin de la perfection morale étaient des « sages ». Bien que ses adeptes l'aient proclamé sage, Confucius ne s'est jamais considéré comme tel. Il disait plutôt que seuls quelques anciens sages-rois avaient atteint cette vertu avec un tel degré de perfection, par exemple Yao et Shun : ceux-ci sont des héros culturels appartenant au passé mythologique, et non pas des personnages historiques. Quoi qu'il en soit, il croyait que tout le monde avait la capacité de devenir sage, quelle que soit sa condition sociale. Il fallait néanmoins étudier et travailler fort pour y arriver. C'était là une idée révolutionnaire.

Les vertus fondamentales

Comment pouvait-on atteindre la sagesse ? Il était avant tout nécessaire de cultiver la bienveillance et la qualité dite d'humanité (*ren*) ; de se comporter selon les règles rituelles ou l'étiquette en toute circonstance (*li*) ; de faire preuve de droiture et de se conformer aux critères absolus de l'obligation morale (*yi*) ; d'avoir du discernement pour comprendre le dessin du Ciel (*zhi*), en plus d'être digne de confiance et fidèle à soi et aux principes moraux (*xin*) ; d'être loyal envers son chef, ses supérieurs et sa famille (*zhong*), respectueux et déférent envers ses aînés (*jing*), de pratiquer la piété filiale (*xiao*) et d'être consciencieux et altruiste (*shu*).

La rectification des noms

Confucius a également proposé une doctrine appelée « rectification des noms » (*zhengming*), selon laquelle toute terminologie devrait refléter de façon exacte la réalité sociale ou philosophique qu'elle désigne. Il croyait que la société pouvait être harmonieuse et ordonnée, à la condition que chaque personne se comporte selon les normes appropriées à son rôle dans chacune des cinq relations paradigmatiques binaires : souverain-sujet, père-fils, mari-femme, frère aîné-frère cadet, ami-ami. Malgré que le pouvoir

---

19. Le *Canon de la Musique* a été perdu très tôt dans l'histoire : le contenu des enseignements confucéens sur la musique n'est pas connu.

n'ait pas été réparti également au sein de chacune de ces relations, les individus y étaient en état de dépendance mutuelle : la personne qui détenait la position de supériorité était responsable du bien-être de la personne en position d'infériorité, alors que cette dernière se devait de respecter son « supérieur ». Pour Confucius, la société se mesurait à l'aune de la famille : si cette dernière fonctionnait bien, alors toute la société pouvait éventuellement être harmonieuse. Plus tard, à l'époque impériale, les savants confucéens ont souvent refusé de prendre part à une administration corrompue et malhonnête et de servir un chef immoral, préférant cultiver la vertu au sein de leur propre famille. Cela constituait bien entendu une menace pour le souverain qui se devait d'attirer des savants, leur absence étant perçue comme une critique à peine voilée de ses défaillances morales.

L'humanité

Le concept clé de la pensée de Confucius, c'est-à-dire la bienveillance ou l'humanité (*ren*), est devenu le centre de la morale et de l'éthique confucéennes. En quoi cela consistait-il ? Confucius a donné plusieurs réponses à cette question, dont la plus célèbre stipulait qu'on ne devrait pas faire à autrui ce qu'on ne voudrait pas qu'autrui nous fasse – la même chose, en quelque sorte, que disaient les paroles de Jésus de Nazareth. Confucius croyait qu'on ne pouvait se permettre aucun écart à l'humanité, ne serait-ce même que le temps d'un repas, et que la richesse et l'honneur gagnés au détriment du principe d'humanité ou de la morale ne devaient être conservés sous aucun prétexte. Selon lui, un homme supérieur ne pensait qu'à la vertu, alors qu'un homme moralement inférieur était centré sur son profit personnel[20]. Dans cette perspective, rien n'est plus facile que de faire preuve d'humanité – c'est aussi simple que de mettre un pied devant l'autre ; cependant, il est incroyablement difficile d'être parfaitement humain de façon constante. Confucius lui-même ne connaissait qu'une seule personne capable d'une telle chose : son disciple Yan Hui, qui pouvait demeurer humainement bon pendant trois mois entiers sans entretenir aucune pensée,

---

20. Cette remarque de Confucius a fait l'objet du discours le plus célèbre de toute l'histoire de la Chine. C'est celui qu'a prononcé Lu Xiangshan (1139-1193), à la demande de Zhu Xi (1130-1200), à l'Académie du Cerf blanc en 1181. Voir *Wing-Tsit Chan, Chu Hsi, Life and Thought*, Hong Kong, Chinese University Press, New York, St. Martin's Press, 1987, p. 178 ; voir également John W. Chaffee, « Chu Hsi and Nan-k'ang : *Tao-hsüeh* and the Politics of Education », dans Wm. Theodore de Bary et John W. Chaffee (dir.), *Neo-Confucian Education : The Formative Stage*, p. 414-431.

aucun désir mauvais. Néanmoins, tous devaient essayer d'être bienveillants et de communiquer cette bienveillance, cette humanité, à autrui. C'était là la vertu cardinale de la voie confucéenne.

La piété filiale et le deuil des parents

La vertu d'humanité allait de pair avec une certaine forme de sagesse que Confucius définissait comme le devoir de donner à chacun ce qui lui revient et d'honorer convenablement les esprits[21]. Par contre, il a très peu parlé du monde spirituel, la Voie du Ciel, et n'a en aucun cas formulé une cosmologie : cette tâche a été reprise plus tard par les confucéens. Il préférait se concentrer sur les vivants plus que sur les morts, tout en reconnaissant aux esprits une place dans l'ordre des choses : ceux-ci devaient être honorés mais maintenus à leur place, à une certaine distance. Par ailleurs, il était primordial pour Confucius qu'un fils offre la meilleure sépulture possible à ses parents et qu'il en porte le deuil durant trois ans (en réalité 25 mois, jusqu'au début de la troisième année). De cette façon, le fils se trouvait à « rembourser » à ses parents les soins qu'ils lui avaient prodigués durant les trois premières années de sa vie. Pendant la vie de son père, un fils se devait d'obtempérer à toutes ses demandes sans le contredire ni s'y opposer ; s'il voyait son père faire quelque chose de mal, il pouvait doucement le réprimander ; si le père persistait, il devait demeurer respectueux envers lui tout en essayant toujours de le ramener dans le droit chemin, sans se plaindre. De plus, un fils ne devait pas essayer de changer la façon dont son père avait fait les choses après la mort de ce dernier. C'étaient là des exemples de piété filiale véritable. Par ailleurs, les générations ultérieures de Chinois insistèrent tellement sur l'importance de pratiquer les rituels funéraires appropriés que certains fils privaient leurs parents de nourriture et de vêtements convenables, pendant leur vivant, pour être en mesure de leur offrir des funérailles somptueuses.

Le rituel

En effet, Confucius et les confucéens des générations ultérieures voyaient l'exécution correcte des rituels (*li*) comme la meilleure façon de montrer son adhésion à la voie confucéenne, de traiter les gens comme ils le méritent et de faire régner l'harmonie dans le monde. Alors que ce type de comportement

---

21. Dans un commentaire plutôt hermétique, Confucius dit : « L'homme sage aime l'eau, l'homme bon aime la montagne. L'homme sage est actif, l'homme bon est tranquille. L'homme sage est joyeux, l'homme bon vit longtemps. » Pierre Ryckmans, *op. cit.*, VI, 23, p. 37.

s'associait, à l'origine, à l'attitude et aux gestes respectueux de rigueur lors des sacrifices aux ancêtres et aux esprits, Confucius élargit les rites pour qu'ils englobent tous les comportements, en tout temps. En conséquence, les confucéens eurent plus tard une façon assez particulière de se vêtir, de marcher, de parler, de s'asseoir et de dormir. Souvent, ils imitaient également les manières et l'apparence de l'ancien temps, s'exposant ainsi aux moqueries de leurs contemporains. Cette attention portée aux subtilités du comportement reflétait en fait leur désir d'incarner les vertus de la voie confucéenne dans leurs pratiques quotidiennes. En agissant de façon humaine, conformément au rituel, ils croyaient pouvoir devenir plus humains.

LES TEXTES SACRÉS

Selon la tradition, Confucius aurait rassemblé et édité plusieurs ouvrages qui ont ensuite été considérés comme canoniques ; il se peut que cette attribution soit erronée. Au cours des siècles, des ensembles de textes se créèrent selon que l'accent portait sur tel ou tel élément rituel ou philosophique. À l'époque de la dynastie des Song (968-1278), le nombre de canons fut fixé à treize, parmi lesquels Zhu Xi (1130-1200) en choisit quatre qui lui semblaient former le noyau des enseignements : *Les Quatre Livres*, c'est-à-dire *Les Entretiens*, *Le Milieu Juste*, *La Grande Étude* et le *Mengzi*.

Le Livre des Odes

Le *Livre des Odes* (*Shi*) contient 304 poèmes populaires et chants rituels, de provenance anonyme, qui accompagnaient le déroulement des rites dans les temples des ancêtres des différents États. Ils sont à l'origine de la longue et exceptionnelle tradition poétique chinoise. Bien que plusieurs d'entre eux soient visiblement des poèmes d'amour, Confucius et d'autres interprètes ultérieurs y percevaient un contenu moral caché ; à partir de la dynastie des Han, la poésie fut définie principalement en tant qu'elle « exprimait l'intention ou les idées » (*shi yan zhi*). Ainsi, non seulement elle exprimait les pensées intimes du poète, mais encore elle pouvait servir d'instrument pour critiquer les conditions sociales et politiques contemporaines. Confucius lui-même fit plusieurs commentaires sur le sens des *Odes* :

> Une seule phrase peut résumer les trois cents *Poèmes* et c'est « penser droit »[22].

---

22. Pierre Ryckmans, *op. cit.*, *II*, 2, p. 16.

De même, critiquant le manque d'intérêt de ses étudiants à l'égard du livre :

> Mes enfants, pourquoi aucun de vous n'étudie-t-il les *Poèmes* ? Les *Poèmes* permettent de stimuler, permettent d'observer, permettent de communier, permettent de protester. En famille, ils vous aideront à servir votre souverain. Et vous y apprendrez les noms de beaucoup d'oiseaux, bêtes, plantes et arbres.

Contrairement à ce qui avait cours dans l'Ouest, où la poésie était considérée comme l'appendice d'une bonne éducation, elle devint en Chine un genre esthétique que tout lettré se devait de maîtriser. Durant la dynastie des Tang (618-907), l'écriture de la poésie était obligatoire pour les examens officiels ; la composition de poèmes acquit le statut d'habileté sociale essentielle : dans la plupart des rassemblements, on buvait du vin et on composait de la poésie. La poésie chinoise était donc, en général, relativement courte et circonstancielle : on ne trouve pas en Chine de grandes épopées ni de longs drames en vers comme en comportent les traditions littéraires indienne, grecque ou romaine.

Les Histoires

On attribue également à Confucius l'édition du *Livre de l'Histoire*, ou *Livre des Documents*, qui rapporte les actions et les discours saillants des rois ou hauts gradés des premières dynasties. Ce livre est rédigé dans un langage archaïque comparable à celui qui apparaissait sur les récipients sacrificiels en bronze dont nous avons parlé plus tôt. De même, Confucius est réputé avoir édité les annales historiques de l'État de Lu, *Les Printemps et les Automnes*. Dans ce canon, il aurait posé des jugements historiques et moraux sur les gestes et les personnalités des personnages en cause – et ce, par un choix minutieux de langage. Par exemple, si un souverain avait été injustement tué, la formulation faisait en sorte qu'il ait été « assassiné » ; cependant, si le souverain avait vécu dans la corruption morale, alors on ne lui accordait que les mots « est décédé ». Grâce à cette méthode de « louange et de blâme », Confucius aurait donné le coup d'envoi à une tradition historiographique chinoise hautement complexe et sophistiquée. En fait, les écrits historiographiques chinois n'ont jamais perdu cet aspect didactique : en rapportant les défaillances et les succès moraux, les savants-fonctionnaires voulaient s'assurer que le dirigeant, le Fils du Ciel, s'attacherait à la tâche sacrée de gouverner dans l'intérêt des gens et qu'il s'acquitterait de ses fonctions religieuses avec minutie et sincérité.

Plus tard, à la fin de la période des Royaumes Combattants, trois commentaires furent ajoutés aux *Printemps et Automnes*. Ces commentaires devinrent à leur tour des canons : ce sont respectivement ceux de Zuo Qiuming (le *Zuo Zhuan*), de la tradition *Gongyang* et de la tradition *Guliang*. Les deux derniers analysent en détail les nuances subtiles du langage des annales de Lu, alors que le premier, le *Zuo Zhuan*, pourrait avoir été à l'origine un ouvrage d'histoire narrative, ou une romance littéraire, que les savants auraient coupé pour l'adapter au contenu des annales de Lu. Cet ouvrage propose au lecteur moderne un récit détaillé et éclairant des paroles et des actions des figures éminentes de la première période des Zhou orientaux (environ −720 à −469). Bien qu'on ait cru que Zuo Qiuming avait été un disciple de Confucius, il est plus probable que ce texte ait été rédigé à la fin du IVe siècle (avant l'ère chrétienne) et qu'il ait été inspiré par des récits oraux plus anciens. Le philosophe confucéen Dong Zhongshu (environ −179 à −104), de la période Han, a pour sa part utilisé le commentaire *Gongyang* comme répertoire de précédents pour légiférer sur les questions légales douteuses.

Le Livre des Mutations

Le *Livre des Mutations*, beaucoup plus connu en Occident, est un autre texte du canon confucéen. Utilisé à l'origine par les experts comme ouvrage ésotérique pour prédire l'avenir, il proposait la manipulation d'une série de chiffres qui furent ensuite réduits, avant l'époque des Royaumes Combattants, à une série de huit trigrammes contenant chacun trois lignes pleines ou brisées. Les lignes pleines étaient lues comme étant fortes et *Yang*, tandis qu'on interprétait les lignes brisées comme étant faibles et *Yin*. Chaque trigramme se voyait associé à chacun des autres trigrammes, l'ensemble des combinaisons donnant un total de soixante-quatre hexagrammes qui comportaient tous leur explication et leur verdict. Chacun des huit trigrammes correspondait à une puissance naturelle, à une orientation, à une qualité morale, etc. Ainsi, le premier trigramme, *Qian* (☰), « le Ciel », représentait la quintessence du Yang, la masculinité et la force, tandis que le second, *Kun* (☷), « la Terre », représentait la quintessence du Yin, la féminité, la soumission, et ainsi de suite. On considérait que les hexagrammes se transformaient perpétuellement et se muaient les uns en les autres ; ainsi le premier principe cosmique, le Faîte Suprême (*taiji*), aurait engendré le Yin et le Yang, puis tous les motifs, systèmes, concepts, toutes les civilisations, situations et institutions qui ont existé ou existeront. Il s'agirait en quelque sorte, comme le dit Joseph Needham, d'un « classeur » cosmologique complexe dont la véracité ne peut pas être mise à l'épreuve[23].

Cet ouvrage provient probablement de l'époque néolithique et de ses pratiques mantiques, quelque 1500 ans avant Confucius, et il aurait été transmis oralement. Bien que le Maître n'y ait été pour rien, les confucéens en vinrent à considérer que l'ouvrage comportait quelques sources importantes : ils croyaient que Fu Xi avait créé, au début des temps, les huit trigrammes ; que le roi Wen (de Zhou) avait découvert les soixante-quatre hexagrammes ; que le duc de Zhou avait ajouté les explications de tous les hexagrammes et les interprétations de chacune de leurs lignes ; enfin, que Confucius était l'auteur des « dix ailes », c'est-à-dire des commentaires sur les explications énigmatiques. Le texte était objet de vénération à la fois pour les confucéens et pour les taoïstes, s'accroissant ainsi d'une impressionnante tradition de commentaires spéculatifs. Depuis que Deng Xiaoping a déclaré l'ouverture économique de la Chine à la fin des années 1970, le *Livre des Mutations* a bénéficié d'un renouveau d'intérêt : la raison en est peut-être que les gens ordinaires considèrent maintenant que la possibilité de devenir riche relève tout autant du hasard et de la chance que du travail...

Les Livres des Rites

Cette courte présentation des treize canons se termine par un aperçu des trois livres de rituels : le *Zhou Li* ou *Les Rites des Zhou*, le *Yi Li* ou *Cérémonial* et le *Li Ji*, *Mémoires sur les bienséances et les cérémonies*. Le premier, les *Rites des Zhou*, se présente comme une liste aride des divers fonctionnaires qui sont censés avoir travaillé dans l'administration de la cour des premiers Zhou occidentaux. Le système de classement est basé sur les quatre saisons de l'année : printemps, été, automne, hiver. Les noms, les tâches et le nombre de chaque sorte de fonctionnaire, religieux ou non, y sont exposés dans les moindres détails. Ainsi, tout le fonctionnement de la bureaucratie était conçu dans le cadre des processus cosmiques naturels de façon à être en harmonie avec eux. La dernière partie du texte a été perdue durant l'Antiquité et remplacée par un ouvrage appelé *Mémoire sur l'examen du travail des ouvriers* (*Kaogong ji*), probablement composé dans l'État de Qi au Ve siècle (avant l'ère chrétienne). Cet ouvrage qui forme la

---

23. Joseph Needham, *Science and Civilisation in China*, vol. 2, Cambridge, Cambridge University Press, 1955.

Tableau 2
Les treize canons

1.	*Yi* ou *Yi Jing*	Le *Livre des Mutations*
2.	*Shu* ou *Shang Shu*	Le *Livre de l'Histoire* ou *Livre des Documents*
3.	*Shi* ou *Shi Jing*	Le *Livre des Odes*
4.	*Zhou Li* ou *Zhou Guan*	Les *Rites des Zhou* ou le système d'administration des premiers Zhou
5.	*Yi Li*	*Cérémonial* : explication des rites pour les petits officiers
6.	*Li Ji*	*Mémoires sur les bienséances et les cérémonies pour toutes occasions*, y compris *La Grande Étude (Daxue)* et *Le Milieu Juste*, deux des *Quatre Livres*
7.	*Chunqiu Zuoshi Zhuan*	*Les Printemps et les Automnes*, histoire des ducs du royaume de Lu avec Commentaire de Zuo Qiuming
8.	*Chunqiu Gongyang Zhuan*	Commentaire de Gongyang sur *Les Printemps et les Automnes*
9.	*Chunqiu Guliang Zhuan*	Commentaire de Guliang sur *Les Printemps et les Automnes*
10.	*Lun Yu*	*Les Entretiens de Confucius*, conversations et bons mots de Confucius et de ses disciples
11.	*Xiao Jing*	Le *Canon de Piété filiale*, un texte qui considère la famille comme le gabarit de la société et la piété filiale comme la vertu cardinale confucéenne
12.	*Er Ya*	Dictionnaire sur les phrases difficiles dans les Canons
13.	*Mengzi*	Le *Livre du philosophe Mengzi* (−370 à −290), un des *Quatre Livres*

dernière partie des *Rites des Zhou* est l'un des rares manuels techniques qui décrivent en détail qui était responsable de la fabrication du matériel et des armes rituels, de même que la taille, la forme et la composition de chacun de ces articles. Malgré le manque de contenu flagrant des *Rites des Zhou*, plusieurs réformistes ont essayé – en vain –, au cours de l'histoire chinoise, d'en récupérer le système de titres et de tâches afin que la bureaucratie soit conforme aux pratiques des anciens sages-rois.

Le *Yi Li*, ou *Cérémonial*, a probablement été composé et élaboré au cours de la dynastie des Han (−206 à 220) à partir de l'idée qu'on se faisait des pratiques rituelles caractéristiques des officiers subalternes, ou *shi*, au sein de la dynastie des Zhou. Dans ce texte, on trouve la description des rituels accompagnant différents événements sociaux, comme la cérémonie de l'imposition du bonnet viril qui marque le passage à l'âge adulte, le mariage, les funérailles, le tir de l'arc, les rencontres entre officiers et l'accueil des invités, les présentations en signe de respect pour les aînés, les banquets et les différents sacrifices (voir Tableau 3).

Le *Li Ji*, ou *Mémoires sur les bienséances et les cérémonies*, est un compendium encore plus vaste qui contient plusieurs informations de diverses sortes. Élaboré également durant la dynastie des Han, ce livre comprend deux ouvrages philosophiques, *La Grande Étude* et *Le Milieu Juste*, qui ont été commentés par Zhu Xi. Celui-ci les associa aux *Entretiens* et au *Mengzi* pour former *Les Quatre Livres* en 1190. Ces quatre ouvrages devinrent la base de l'éducation chinoise et le noyau de textes essentiels aux concours d'entrée dans la fonction publique : ils le demeurèrent durant 600 ans, du XIVe siècle au début du XXe.

La Grande Étude

Alors que *Les Entretiens* ne présentent que des remarques disparates faites par Confucius, sans être un exposé systématique de sa philosophie *La Grande Étude* propose une explication claire et simple des étapes nécessaires à l'implantation de la voie confucéenne – et ce, autant dans les sphères particulières de l'éducation, de la morale et de la politique que dans la fusion de ces trois sphères. On y trouve aussi un exposé sur l'application du principe d'« humanité », de même qu'une description des processus fondamentaux par lesquels il est possible de corriger l'esprit pour atteindre l'autotranscendance. Le processus devrait débuter en « scrutant les choses », ce qui veut dire, en fait, étudier les faits de l'esprit : cela amène un élargissement de la connaissance, qui amène à son tour une volonté plus honnête

Tableau 3
Séquence des étapes pour les quatre rites familiaux selon le *Yi Li**

Imposition du bonnet viril

Divination de la date
Invitations
Choix d'un assistant étranger par divination et invitation
Informer les intéressés de l'heure de la cérémonie
Accueillir l'assistant étranger
La première imposition du bonnet
La deuxième imposition du bonnet
La troisième imposition du bonnet
Donner une coupe de vin au jeune homme et présenter du vin et de la viande aux esprits
Le présenter à sa mère
Lui donner un nom d'adulte (*zi*)
Divertir l'assistant étranger
Présenter le jeune homme qui a reçu le bonnet
Le présenter à ses supérieurs sociaux et politiques
Récompenser l'assistant étranger et les autres assistants

Mariages

Envoi des cadeaux de fiançailles
Demander le nom de la fille
Envoi du rapport de la divination favorable
Envoi des cadeaux de mariage
Demander l'heure de la cérémonie
Escorter personnellement la mariée
Le repas et le vin sont partagés
Le mari et la femme sont laissés seuls dans une chambre
L'épouse est présentée à ses beaux-parents le lendemain

Funérailles

Rappeler l'âme
Mettre entre les dents du mort une cuiller de corne qui tient les mâchoires ouvertes ; attacher les pieds du mort aux pieds d'un escabeau qui les tient en repos
Tirer les rideaux autour de la salle
Envoyer les avis de décès
Prendre les places pour les lamentations
Recevoir les condoléances et les vêtements funéraires
Laver le corps

Tableau 3
Séquence des étapes pour les quatre rites familiaux selon le *Yi Li**

Mettre de la nourriture et des objets de valeur dans la bouche du mort
Habiller le mort avec des vêtements funéraires
Installer la table des libations et la bannière portant les inscriptions
Première toilette du corps
Recevoir les cadeaux
La toilette finale
La mise en bière
Porter les vêtements de deuil le troisième jour
Lamentations le matin et le soir
Divination du lieu d'inhumation
Divination de la date de l'enterrement
Sortir le cercueil de la fosse et le présenter aux ancêtres
La libation d'adieu
La lecture de la liste des contributions et des cadeaux
La procession
L'enterrement
Retourner se lamenter
Le sacrifice du repos
Placer la plaque dans la salle des ancêtres
La présentation d'offrandes quelque peu de bon augure
La présentation d'offrandes tout à fait de bon augure

Sacrifices

Divination de la date
Divination de l'imitateur du mort**
Informer cette personne et les invités
Inspecter les animaux et les ustensiles
Préparer et arranger la nourriture
L'imitateur entre et mange
Le président échange des toasts avec l'imitateur, puis offre du vin à la personne en charge de la liturgie et à l'assistant
La présidente donne une coupe de vin au président, qui fait de même pour elle
Autres échanges de coupes de vin avec les invités, la parenté et l'héritier principal
Consommation de boisson générale
L'imitateur s'en va
Le banquet

* Selon Patricia Buckley Ebrey (1991), p. 19-21.
** Cette personne jouait le rôle du mort qu'on honore. Normalement, un petit-fils jouait le rôle de son grand-père ; l'imitateur ne disait pas un mot durant la cérémonie.

et corrige l'esprit. L'esprit n'est « droit » que lorsqu'il est libre de toute colère, de toute peur, de tout désir et de tout souci. Lorsqu'on a l'esprit droit, alors on peut corriger sa famille ; de même, lorsque la famille est bien ordonnée, alors on peut penser mettre un certain ordre dans l'État, ce qui apporte éventuellement la paix sur terre.

Le Milieu Juste

Le Milieu Juste est plus religieux et plus mystique que *La Grande Étude*. Il aborde la nature humaine et la Voie du Ciel, deux sujets à propos desquels Confucius n'aurait pas révélé ses pensées à ses étudiants. Ces enseignements se comparent aux sutras du bouddhisme Mahayana, qui ont émergé plusieurs siècles après la mort du Bouddha. Wing-tsit Chan explique que, selon cet ouvrage, « la Voie du Ciel transcende le temps, l'espace, la substance et le mouvement, en même temps qu'elle est infinie, éternelle et observable[24] ». De plus, lorsqu'un homme est en mesure d'atteindre l'équilibre et l'harmonie, c'est par ses efforts pour devenir droit et atteindre le juste milieu (l'équilibre) qu'il permet au Ciel et à la Terre de trouver la place qui leur convient et à la multitude des phénomènes[25] de se renforcer.

D'autres textes du *Li Ji* présentent notamment les règles détaillées des rituels funéraires et des comportements à adopter envers ses parents, en ce qui concerne la musique, etc. L'un des textes, les règlements pour chaque mois de l'année (*Yue Ling*), décrit les gestes et le maintien personnel qu'un dirigeant doit adopter à chaque mois de chaque saison pour s'assurer d'être en harmonie avec les processus cosmiques. S'il ne se conforme pas aux règlements, sa négligence aura un effet direct et immédiat sur le monde naturel : par exemple, la neige tombera en été, détruisant ainsi l'harmonie cosmique et bouleversant la vie des gens.

LA SUITE DE L'HISTOIRE DU CONFUCIANISME

La suite de l'histoire du confucianisme peut se diviser approximativement en cinq périodes de créativité : 1) la période qui suit immédiatement Confucius, à l'époque des Royaumes Combattants et de l'émergence des

---

24. *A Source Book in Chinese Philosophy*, Princeton, Princeton University Press, 1963, p. 95. Traduction libre.
25. N.D.T. : L'expression « multitude des phénomènes » traduit l'anglais *myriad things*. Elle a été choisie pour des raisons de clarté. L'expression exacte se rapportant à la doctrine est probablement « les dix mille êtres », y compris toutes les choses animées ou non animées.

Cent Écoles de philosophie ; 2) les débuts de l'époque impériale, qui ont vu l'adoption du confucianisme comme orthodoxie de l'État impérial ; 3) le renouveau néo-confucéen sous la dynastie des Song, après que les grandes religions du bouddhisme et du taoïsme eurent accaparé la foi des intellectuels et du commun des mortels pendant plus de 600 ans ; 4) la réaction à l'orthodoxie néo-confucéenne de « l'Apprentissage de la Voie » prônée par un État impérial de plus en plus autocratique – cette réaction eut lieu au milieu du règne des Ming ; 5) le rejet de l'« École des Song » au profit de l' « École des Han », mouvement philologique dont le but a été de retrouver le sens véritable des anciens canons.

Les premières années

Après sa mort, la mission de Confucius fut reprise par son petit-fils, Zisi, ainsi que par d'autres disciples. Ils se butèrent toutefois à une forte opposition de la part des autres penseurs religieux, tel Mozi, et d'autres philosophes qui décriaient amèrement les idées et les pratiques confucéennes. Au cours des 200 années suivantes, durant les Royaumes Combattants, les « Cent Écoles » de philosophie luttèrent, mais les confucéens firent piètre figure dans cette ambiance d'intrigues et de combats. Plusieurs écoles réussirent, mieux que les confucéens, à attirer l'attention des chefs des États combattants : les disciples de Mozi ou mohistes, les « légistes » comme Wei Yang (Prince Shang), les disciples de Yang Zhu (considéré comme un « égoïste » pour avoir nié qu'il y ait un lien nécessaire entre le Ciel et l'Homme et pour avoir accordé plus d'importance à la survie de son corps qu'à celle de l'État) ; même les taoïstes, les spécialistes des arcanes du Yin-Yang et les autres sortes d'astrologues eurent plus de succès que les confucéens. Pourquoi ? Parce que les rois cherchaient des moyens de renforcer leur État, de se battre à la guerre et d'envahir les États voisins. Ils ne s'intéressaient tout simplement pas aux savants confucéens qui portaient des vêtements archaïques, discouraient à propos de la moralité et leur affirmaient qu'ils pouvaient unir le monde rien qu'en agissant de façon rituellement correcte.

Mengzi et le problème de la nature humaine

Cette période chaotique de changements rapides sur les plans social, économique et politique a vu naître deux confucéens, Mengzi (Mencius) (−371 à −289) et Xunzi (environ −310 à après −221), qui y développèrent tout de même certains aspects de l'enseignement de Confucius ; ils eurent une énorme influence sur l'évolution ultérieure du confucianisme. Mengzi prit de front la question philosophique de la nature humaine, qui n'avait pas été abordée au temps de Confucius. Il est connu pour avoir affirmé, d'une part, que la nature humaine dont le Ciel nous a dotés était fondamentalement bonne et, d'autre part, que le sentiment de droiture et l'humanité ne pouvaient être imposés de l'extérieur puisqu'ils étaient inhérents à l'homme. Il proposa que les « Quatre Germes ou Commencements » habitaient tous les gens à leur naissance : le sentiment de compassion envers autrui, commencement de l'humanité ; le sentiment de honte, commencement de la droiture ; le sens de la modestie et de la courtoisie, commencement de l'équité et de la bienséance ; enfin, la notion du bien et du mal, commencement de la sagesse.

Il était toutefois primordial que l'homme cultive et éduque ces quatre « possibilités » au cours de sa vie, sans quoi les désirs associés à la nourriture et au sexe auraient noyé la bonté originelle pour faire émerger le mal. Mengzi illustrait cette opinion en racontant la parabole suivante : toute personne, quel que soit son degré de méchanceté, ressentirait instantanément de la détresse et de l'inquiétude à la vue d'un bébé risquant de tomber dans un puits. Ce sentiment surgirait spontanément et immédiatement, sans qu'on puisse l'attribuer à d'autres facteurs comme l'espoir de gagner l'amitié des parents du bébé, le désir d'améliorer sa réputation auprès des voisins et amis, ou encore la peur d'être accusé de manque d'humanité si l'enfant n'était pas sauvé.

Mengzi s'opposait à ses adversaires philosophiques, les mohistes, d'abord parce que ceux-ci mesuraient l'action à son utilité ou à son profit pour l'ensemble de la société, mais également parce qu'ils ne différenciaient pas les divers niveaux d'intimité dans l'expression de l'amour d'autrui. En outre, Mengzi croyait que le manque le plus grave à la piété filiale était de ne pas donner à ses parents un héritier pour perpétuer les sacrifices aux ancêtres ; qu'il était préférable de mourir plutôt que de renoncer à ses valeurs morales ; enfin, que ceux qui travaillent avec l'esprit devaient diriger ceux qui travaillent avec leurs mains. La seule façon de gouverner était de diriger moralement, pour le bien des gens, puisqu'alors les gens accueilleraient le dirigeant et se tourneraient vers lui. En effet, si un chef s'avérait trop dur ou agissait au détriment du bien-être général, les gens avaient le droit de le remplacer puisqu'il aurait alors perdu son « Mandat Céleste » : cette perspective divergeait entièrement de celle des légistes, pour qui les dirigeants ne devaient contrôler leurs sujets qu'à l'aide de rares récompenses et de punitions sévères fréquentes. Les positions de Mengzi allaient demeurer le noyau central de toute la suite de l'histoire du confucianisme. À partir de la dynastie des Han, chaque dynastie suivante proclama avoir gagné le « Mandat ». Les confucéens méprisaient les marchands et les entrepreneurs qui se préoccupaient plus de leur gain personnel que du bien de la communauté. Ils tentèrent de perpétuer une hiérarchie sociale stricte dans laquelle eux-mêmes, les savants, étaient en haut, dirigeant les trois autres classes de gens : paysans, artisans et marchands.

Xunzi, la cosmologie et l'importance des rites

Xunzi s'opposait aux idées de Mengzi sur la nature humaine, qualifiant celle-ci de fondamentalement mauvaise. Il ne voyait pas le Ciel comme étant moral, mais plutôt comme une force abstraite, contenant des principes et des processus constants, certains, accessibles à la connaissance. En conséquence, il était pour lui impensable que les humains puissent influencer le Ciel par l'intermédiaire des sacrifices ou d'un bon gouvernement, non plus que le Ciel puisse révéler ses voies aux gouvernements humains sous forme de présages comme le croyaient ses contemporains : Xunzi affirmait qu'il était impossible que les phénomènes terrestres ou célestes inusités, tels que les comètes, les éclipses ou la régression des planètes, puissent être des mauvais présages, des dénonciations des pratiques du gouvernement ou encore des révélations sur la moralité douteuse du chef. Xunzi a toutefois introduit dans le confucianisme une cosmologie qui ne faisait pas alors partie de la tradition, en s'inspirant probablement du Yin-Yang et du discours taoïste HuangLao de l'époque. Il affirmait que « le Ciel et la Terre engendrent l'homme de qualité (*junzi*), lequel apporte le principe organisateur du Ciel et de la Terre », et que « l'homme de qualité est le partenaire triadique du Ciel et de la Terre, la somme de la multitude des choses et le père et la mère des humains[26] ». En d'autres mots, le parangon de la morale confucéenne participait en parts égales, avec le Ciel et la Terre, à la génération de l'ordre dans le cosmos.

Puisqu'il croyait que la nature humaine était fondamentalement mauvaise, Xunzi attachait énormément d'importance aux enseignants, à leur capacité de contrôler et de réduire les désirs humains et de faire progresser les étudiants vers la transformation de soi. Ces désirs issus des sensations devaient être contrôlés au moyen du rituel, lui-même instauré par les

---

26. John Knoblock, *Xunzi : A Translation and Study of the Complete Works*, 3 volumes, Stanford, Stanford University Press, 1988-1994, vol. 2, p. 103. Traduction libre.

anciens sages. Xunzi élabora donc un exposé théorique de la fonction cosmique et sociale du rituel, le premier de toute la tradition chinoise : le rituel établissait des différences entre les humains et les animaux et entre les différentes catégories de choses et de personnes, clarifiait les distinctions d'ordre éthique, créait l'harmonie au sein des vivants, apaisait les sentiments des participants et, dans le cas des rituels de mort, rendait hommage et témoignait du respect au disparu.

Le développement de la cosmologie confucéenne

La seconde période, soit celle du début de l'Empire chinois, s'est déroulée dans un environnement politique et social stable, ce qui a permis aux confucéens de gagner enfin la bataille qu'ils avaient perdue jusqu'alors pendant 200 ans. D'une part, l'État amorça le long processus de politisation du culte des ancêtres de la lignée de Kong lorsque Liu Bang, le premier empereur des Han, offrit le grand sacrifice d'un bœuf, d'un mouton et d'un cochon à Confucius : cela eut lieu à Shandong, en −195. D'autre part, en intégrant plusieurs éléments des autres théories, les confucéens purent se tenir au centre du discours intellectuel de leur temps. Le plus grand penseur d'alors se nommait Dong Zhongshu (environ −179 à −104). Ce philosophe et homme d'État semble avoir été influencé par le taoïsme dans sa jeunesse, mais il acquit sa renommée en liant l'éthique confucéenne aux théories cosmologiques et numérologiques des spécialistes du Yin-Yang et des théoriciens des Cinq Phases (Éléments)[27]. Il influença l'empereur Han Wudi dans sa décision de faire du confucianisme l'idéologie et l'orthodoxie officielles de l'État ; cela se fit en −136 et le confucianisme devait conserver cette position jusqu'en 1905. À la même époque, l'État commença à engager des savants de renommée en tant qu'enseignants officiels des canons confucéens, instaurant par le fait même un système scolaire et universitaire étatique qui devait avoir un effet considérable sur l'histoire chinoise ultérieure.

La plus grande contribution de Dong se trouve toutefois dans son développement de la cosmologie confucéenne. En effet, il énonça ce qui, jusqu'alors, n'avait été qu'esquissé : l'homme était le microcosme, alors que le Ciel et la Terre étaient le macrocosme, au sein de la totalité du Tao unitaire, omniprésent, primitif et créateur. Au niveau « macro » supérieur se manifestaient les deux grandes puissances cosmiques, le Yin et le Yang, qui

---

27. Les Cinq Phases (Éléments) étaient le Bois, le Feu, la Terre, le Métal et l'Eau. Elles étaient associées à d'autres ensembles de cinq phases (éléments), par exemple les orientations (l'est, le sud, le centre, l'ouest et le nord) et les couleurs (vert, rouge, jaune, blanc et noir).

reculaient et qui avançaient au fil des saisons dans une complémentarité constante, perpétuelle et mutuelle, générant ainsi la multitude des choses du monde visible. Ces dernières étaient intégrées et harmonisées au tout organique, dans des catégories où chaque objet énergisait un autre objet ou groupe d'objets et y réagissait. Chaque chose était faite de la même substance, le *qi*, une sorte d'énergie-substance-force psychophysiologique intraduisible et vitale, dont le degré de concentration et les qualités pouvaient varier : le *qi* circulait partout et à travers toutes choses. Cependant, Dong accordait plus d'importance au Yang masculin qu'à la force Yin féminine. L'accent qu'il mit sur l'asymétrie au sein de cette paire, en soumettant le Yin à l'hégémonie du Yang, devait s'incruster dans les pratiques et les valeurs chinoises au point d'avoir de sérieuses conséquences sur le statut des femmes dans la Chine traditionnelle (voir plus bas)[28]. Établissant d'autres parallèles entre l'homme et le Ciel, ou encore entre les parties du corps humain et les attributs du Ciel, il remarque : « dans le corps de l'homme, sa tête est droite et ronde et a une forme semblable à celle du ciel. Ses cheveux ressemblent aux étoiles et aux constellations. Ses yeux et ses oreilles, dont la capacité de perception est rapide, ressemblent à la lune et au soleil...[29] »

En conformité avec cette croyance selon laquelle l'homme est le microcosme et le Ciel et la Terre, le macrocosme, Dong expliqua aussi le sens caché et implicite des présages ou des événements naturels inusités : ils annonçaient la chance ou la malchance, ils étaient également une façon de prévenir le chef qu'il devait s'amender sur le plan moral. Cette approche fut à l'origine d'une école dite du texte moderne, parce que ses adeptes produisirent une vague de nouveaux travaux portant sur le sens caché, plutôt que sur le sens littéral, des canons confucéens. Pour cette raison, on les connaît sous l'appellation de textes de « trame » (*weft texts*) ou « apocryphes », en opposition à la « fibre » (*warp texts*), c'est-à-dire les canons eux-mêmes[30]. Les rituels familiaux et étatiques furent ainsi rassemblés dans des canons pour normaliser les pratiques de la classe intellectuelle, les lettrés.

---

28. P. Steven Sangren, « Orthodoxy, Heterodoxy and the Structure of Value in Chinese Rituals », *Modern China*, *13*, 1, 1987, p. 63-89.
29. Wing-tsit Chan, *A Source Book in Chinese Philosophy*, Princeton, Princeton University Press, 1963, p. 281. Traduction libre. Les tenants de l'école de « l'ancien texte » rejetaient les tendances mystiques de leurs adversaires, se fiant plutôt aux interprétations littérales des textes – et, plus particulièrement, à celles qui avaient été retrouvées dans une cavité de ce qu'on croyait avoir été la maison de Confucius au début du Ier siècle.
30. Martin J. Powers, *Art and Political Expression in Early China*, New Haven, Yale University Press, 1991, p. 233-236.

Au milieu du IIe siècle de l'ère chrétienne, l'empire des Han devait faire face à la corruption et à l'incompétence de son administration centrale et locale, de même qu'à la menace de troupes nomades aux frontières nord. Alors que la plupart des propriétaires terriens instruits qui convoitaient des postes de fonctionnaires dans la bureaucratie centrale ou locale adoptaient le confucianisme, une nouvelle religion commençait à faire son apparition, apportée par les marchands et les missionnaires des oasis de l'Asie centrale et de la côte de l'Asie du Sud-Est : le bouddhisme. Les Han s'écroulèrent à la suite de guerres sauvages, sous l'impulsion des paysans mécontents qui instaurèrent une nouvelle société utopique millénariste, inspirée par les révélations religieuses taoïstes : les sectes des Turbans Jaunes et des Cinq Boisseaux de Riz. La société et l'économie s'effondrèrent. Les religions bouddhiste et taoïste se révélèrent de bons substituts au confucianisme, lequel était tombé en disgrâce à cause de ses liens avec le système administratif central corrompu de l'État.

Pendant près des 800 ans que dura la domination politique et sociale des grandes familles aristocratiques, les religions bouddhiste et taoïste, celle-là étrangère et celle-ci autochtone, inspirèrent autant la foi des intellectuels que celle des gens du commun. Le confucianisme survécut pourtant grâce à son association avec l'État, puisque les dirigeants des nombreuses petites dynasties qui divisaient le territoire entre les années 220 et 589 – moment où les Sui unifièrent le pays – aspiraient encore à l'idéal de stabilité et d'unité de l'empire des Han. Leurs successeurs, les Tang (618-907), mirent sur pied un modèle culturel imposant que plusieurs États périphériques voulurent imiter. Les dirigeants de la Corée et du Japon, entre autres, envoyèrent des délégations pour rendre hommage à la cour des Tang ; ils y envoyèrent aussi des moines instruits afin qu'ils rapportent dans leur pays les textes et les idées prônés par les Tang[31]. Ces émissaires en rapportèrent plus particulièrement les doctrines bouddhistes, mais également la brillante culture littéraire et artistique des Tang ainsi que les codes de loi et le système bureaucratique qui étaient encore fortement imprégnés de confucianisme. C'est durant cette période d'effervescence culturelle que le confucianisme commença sa remontée intellectuelle.

---

31. Les Sui et les Tang échouèrent lamentablement dans leurs tentatives de contrôler la péninsule coréenne par la force des armes : leurs invasions contribuèrent plutôt à consolider l'État et à établir un sentiment d'identité nationale chez les Coréens.

Le culte étatique de Confucius

Le système d'examens préparatoires pour les candidats aux tâches bureaucratiques, visant à évaluer la connaissance des canons confucéens, fut mis sur pied par les Sui. Sous la dynastie des Tang, la cour avait ordonné la construction d'un réseau de temples liés au culte de Confucius dans toutes les écoles de préfecture et de comté de l'empire. C'était là une décision cruciale : désormais, ces « temples de la culture » (*Culture Temples*) allaient être physiquement liés aux écoles d'État et servir de lieu de propagande pour l'orthodoxie étatique[32]. À l'origine, on y honorait à la fois Confucius et le duc de Zhou, ou encore Yan Hui, avec le rite d'hommage *Shidian* fait de façon semestrielle, au printemps et à l'automne[33] ; plusieurs des membres les plus importants de la cour y assistèrent, tel le prince héritier, accompagné de dignitaires étrangers comme le roi coréen de l'État de Silla en 648. Cela contribua grandement au prestige de cette cérémonie. À partir de ce moment, l'État permit qu'on érigeât, à l'intérieur des temples de Confucius, les images des personnes qui avaient été influentes dans la tradition confucéenne : les disciples, les adeptes, ainsi que les exégètes qui les suivirent. L'État accorda à ces individus des titres de noblesse ; l'importance relative de ces titres et leur position dans le temple variaient pour refléter l'importance changeante des différentes doctrines et des principes rituels[34]. Confucius se vit attribuer le titre de « Roi promoteur de la culture » par l'empereur des Tang en 739, au moment où l'État essayait de contrôler la production symbolique et les valeurs religieuses. Plus tard, à l'époque impériale, le culte de Confucius fut reconnu au sein de la religion officielle de l'État et occupa le palier du milieu du système liturgique, dans tous les temples qui se trouvaient à l'intérieur des murs de la Cité. En d'autres mots, Confucius y était vénéré au même titre que les souverains des anciennes dynasties : il se trouvait en dessous des Grands Sacrifices aux ancêtres de l'empereur régnant, aux grands prédécesseurs impériaux et aux grands guerriers ou hommes d'État, mais au-dessus des Sacrifices Communs à Guandi (le dieu de la guerre), aux trois Empereurs du Ciel, de la Terre et de l'Homme, aux dieux du Feu et du Dragon et, enfin, aux dieux de la Cité[35].

---

32. T. Wilson, « The Ritual Formation » dans *Genealogy of the Way*, p. 567.
33. Ce rite apparaît dans le *Li Ji* des Han. Il se pratiquait depuis les Wei (220-264).
34. David McMullen, *State and Scholars in T'ang China*, Cambridge, Cambridge University Press, 1988, p. 29-66 ; Wilson (1996). À partir du XVIe siècle, les images furent remplacées par des plaques où l'on inscrivait le nom et les titres de noblesse accordés par l'État : ces plaques imitaient celles des ancêtres qui se trouvaient dans les salles ancestrales.
35. Stephan Feuchtwang, « School Temple and City God », dans G. William Skinner (dir.), *The City in Late Imperial China*, Stanford, Stanford University Press, 1977, p. 581-608. Les rites célébrés dans les banlieues de la cité s'adressaient au Ciel, à la Terre, à l'esprit du Sol et des Moissons, au Soleil, à la Lune, au dieu de l'Agriculture, à l'esprit local du Sol et des Moissons et aux morts non honorés.

Le néo-confucianisme

L'hégémonie réelle du confucianisme dut cependant attendre la troisième période, celle de la dynastie des Song, pendant laquelle de brillants intellectuels rejetèrent la religion et la philosophie bouddhistes qui avaient tenu le haut du pavé si longtemps. Les plus importants se nommaient Zhou Dunyi (1017-1073), les deux frères Cheng, Cheng Hao (1032-1085) et Cheng Yi (1033-1107), Zhang Zai (1020-1077), Shao Yong (1011-1077), Liu Xiangshan (1139-1193) et Zhu Xi (1130-1200). Ces intellectuels appartenaient à une nouvelle classe, les lettrés, de laquelle provenait le personnel bureaucratique qui était recruté à travers un système d'examens amélioré portant sur les canons confucéens. De son émergence sous les Song du Nord jusqu'à l'effondrement du système impérial en 1911, cette classe lettrée de fonctionnaires érudits domina la vie sociale, politique et économique.

On attribue en particulier à Zhu Xi le mérite d'avoir résolu les contradictions intellectuelles de ses prédécesseurs et d'avoir établi une doctrine cohérente et complète, laquelle fut adoptée comme orthodoxie officielle de l'État peu après sa mort : de 1315 à 1905, seules les interprétations de Zhu sur les canons confucéens furent acceptées dans les examens. Les efforts de cet érudit portèrent sur plusieurs domaines différents. Nous ne mentionnerons que ceux qui étaient directement liés à la revivification du confucianisme. Il se concentra sur les ouvrages qu'il considérait comme le noyau des enseignements confucéens, soit *Les Entretiens*, *Le Milieu Juste*, *La Grande Étude* et le *Mengzi*, en produisit des commentaires et publia le tout sous le titre *Les Quatre Livres*. Ceux-ci finirent par être acceptés comme fondement de l'éducation confucéenne. Il publia également une anthologie nommée *Jinsi Lu* (*Réflexions sur ce qui nous touche de près*), contenant les extraits les plus importants des propos et des écrits des maîtres néo-confucéens[36]. Une partie de ses objectifs ou contenus éducatifs reposait sur l'idée que la voie confucéenne avait été perdue depuis Mengzi et retrouvée seulement par Cheng Hao : c'était là le *Dao Tong*, ou transmission de la Voie, une notion qu'il a pu emprunter à celle de la transmission de la lampe dans le bouddhisme Chan (voir le tome 1 sur les traditions de l'Inde).

Zhu consacra plusieurs années de sa vie à enseigner dans différentes académies, dont la plus célèbre était l'Académie du Cerf blanc. Il prépara pour cette académie un ensemble fort simple de règles, semblables aux

---

36. Wing-tsit Chan (trad.), *Reflections on Things at Hand*, Princeton, Princeton University Press, 1963. Zhu commanda également une autre compilation de base à l'usage des étudiants débutants : *Rudiments d'instruction*.

règles monastiques de saint Bernard, qui ont ensuite été adoptées par plusieurs autres académies. Les retraites étaient conçues pour les professeurs qui y donnaient des cours sur la voie confucéenne, pour les étudiants qui y méditaient tranquillement sur le sens des canons, de même que pour la pratique du culte de Confucius et des grands héritiers de la voie confucéenne.

Sur le plan social, Zhu remodela les rites familiaux pour la nouvelle élite de la dynastie des Song, composant ainsi les *Rites familiaux*[37]. Cette liturgie connut une énorme popularité : elle fut réimprimée et circula longtemps dans les régions et les pays. Bien qu'elle fût un produit de la culture de l'élite, elle eut un effet sur la pratique des rituels familiaux de base dans la culture populaire également : elle réaffirmait les distinctions sociales, telles que les différences paradigmatiques entre les hommes et les femmes (voir plus bas) ou entre les personnes âgées et les jeunes, contribuant de cette façon à uniformiser les pratiques et les discours rattachés aux rituels dans tout le domaine culturel chinois[38].

La contribution la plus importante que fit Zhu Xi au domaine de la religion fut d'établir le néo-confucianisme comme moyen d'atteindre l'autotranscendance : cela se faisait en s'asseyant dans le silence et en « scrutant les choses », c'est-à-dire en examinant le principe ou le motif fondamental du cosmos. Cela pouvait mener, croyait-il, à l'élaboration d'un système qui eût fait compétition aux complexités de la cosmologie bouddhiste. Selon Wing-tsit Chan, son interprète moderne, Zhu « donna au néo-confucianisme un aspect totalement nouveau... en décidant de l'orientation du néo-confucianisme, en redéfinissant le concept de *li* (rituel, étiquette, "forme" ou essence), en clarifiant la relation entre *li* (principe fondamental) et *chi* (*qi*) (force matérielle), en développant la notion de Faîte Suprême (*Taiji*) et en portant à son apothéose la doctrine de *jen* (*ren*) (humanité)[39] ». Pour Zhu, le *li* préexistait au Ciel et à la Terre et il existait en tout temps

---

37. Patricia Buckley Ebrey, *Confucianism and Family Rituals in Imperial China : A Social History of Writing about Rites*, Princeton, Princeton University Press, 1991. P.B. Ebrey (traductrice), *Chu Hsi's Family Rituals : A Twelfth-Century Chinese Manual for the Performance of Cappings, Weddings, Funerals, and Ancestral Rites*, Princeton, Princeton University Press, 1991.
38. Zhu Xi tenait fermement à débarrasser les rituels familiaux, et particulièrement les rituels funéraires, de la présence des moines bouddhistes, des prêtres taoïstes et des autres experts semi-professionnels divers comme les maîtres de *fengshui*. Il voulut également rétablir le système de la primogéniture pour la pratique des rituels familiaux, ainsi que cela se pratiquait au début de la dynastie des Zhou : les rituels devaient être faits par le fils aîné du fils aîné. Cette tentative échoua, puisqu'à l'époque des Song la primogéniture était devenue moins importante que le statut lié au niveau d'éducation, au succès dans les examens et à la sélection pour une tâche bureaucratique : la personne en charge des rites d'une famille ou d'une lignée était celle qui détenait la position la plus élevée au sein du gouvernement.
39. « What is new in Chu Hsi ? », dans Chan, *op. cit.*, 1987, p. 47. Traduction libre.

et en toutes choses, malgré qu'il fût invisible : on ne pouvait le saisir que par l'esprit. Zhu établit une identité entre le *li* (principe) et le Faîte Suprême, en tant que générateur du Yin et du Yang, et ainsi de toutes choses dans le monde : cette idée est énoncée dans le *Livre des Mutations*. Zhou Dunyi, un autre érudit, est celui à qui un prêtre taoïste avait transmis le Tableau du Faîte Suprême et qui en avait fourni une explication mystique ; Zhu alla encore plus loin en l'identifiant au *li*, parce qu'il voulait rattacher le *li* au *qi*, c'est-à-dire à l'énergie vitale éthérée et matérielle qui constitue toutes choses. Selon Zhu, chaque chose possède un principe structurant, qui lui donne sa nature particulière, et un *qi* constituant. Chaque chose est donc à la fois une manifestation et une transformation particulières de la source unique, le Faîte Suprême. Ainsi, pour Zhu, tout ce qui existe dans le monde est le microcosme du macrocosme et tout est, ultimement, « un ».

En ce qui concerne le concept d'humanité, Zhu accepta la définition de Cheng Yi, selon laquelle l'humanité serait la vertu originelle créatrice de toutes les autres vertus ainsi que la caractéristique principale de l'esprit et la base de l'amour. C'est de cette façon que Zhu Xi intégra toutes les vertus confucéennes dans un système hiérarchique. De plus, il précisa les moyens par lesquels un érudit pouvait s'entraîner lui-même, ainsi que toute sa communauté, à diffuser la morale et la voie confucéennes sur la terre : en réfléchissant pour lui-même au *li*, en étudiant sa présence dans les actions des sages rapportées dans les canons confucéens et, enfin, en montrant qu'il a compris sa présence universelle. Cela se faisait en incarnant et en transmettant les valeurs et les significations du *li*, notamment à travers une pratique des rituels des plus sincères et respectueuses. Zhu fut le plus grand penseur chinois des mille dernières années. Son influence s'est étendue partout où vivent des Chinois et partout où le confucianisme s'est développé : on peut le comparer aux plus importants Pères de l'Église dans le christianisme.

L'idéalisme dans la dynastie des Ming

Au cours de la quatrième période, c'est-à-dire au milieu de la dynastie des Ming, un bureaucrate, vigoureux soldat nommé Wang Yangming (1471-1529), menaça la suprématie de l'orthodoxie Cheng-Zhu. Il proposait de mettre l'accent sur l'esprit et sur le fait que la voie de l'amélioration de soi était accessible à tous, quel que soit leur statut social, et par d'autres moyens que l'étude de livres écrits dans un langage archaïque et incompréhensible. Il croyait qu'on pouvait se contenter de réfléchir sur soi-même, puisque le « principe » (*li*) de toutes choses y est logé : rien n'oblige alors à scruter les choses qui sont extérieures à soi. On dit qu'il arriva à cette constatation après avoir regardé un bambou pendant une semaine, dans l'espoir d'en comprendre le *li* – il tentait ainsi de suivre le conseil de Zhu Xi et de « scruter la nature des choses ». Son approche, avec son accent sur le développement du sens spontané (*liangzhi*), en tant que moyen d'écarter les désirs qui assombrissent l'esprit et empêchent d'atteindre la sagesse, peut être illustrée par certaines de ses paroles : « Le sens spontané est présent en chacun : qu'importe ce que vous êtes, vous ne pouvez l'oublier. Même un voleur sait qu'il ne devrait pas voler. Si vous le traitez de voleur, il aura l'air honteux. » « Le sens spontané *est* le Dao (la Voie). Le sens spontané se trouve dans l'esprit humain : ce n'est pas le cas pour les sages seulement, mais aussi pour les gens ordinaires. Si vous n'êtes pas entraîné ou aveuglé par les désirs matériels, si vous suivez simplement la fonction et le sens spontané, alors rien n'est étranger au Dao[40]. »

Ses disciples propagèrent activement ses doctrines au sein de la culture populaire, attirant lors de leurs discours des centaines, sinon des milliers de personnes. Son approche fut toutefois vivement critiquée : on lui reprochait d'avoir été influencé par la pratique et la croyance Chan (Zen). Après la chute de la dynastie des Ming, cette approche se vit accusée d'être responsable de la corruption des lettrés et de la cour qui a mené à la perte de la Chine aux mains des Mandchous ; en effet, elle avait opéré une séparation entre, d'une part, l'étude et, d'autre part, les pratiques concrètes au sein du gouvernement.

Le ritualisme et l'école des Han

Les Mandchous, qui fondèrent la dynastie des Qing en 1644, prônaient une interprétation rigide de l'orthodoxie Cheng-Zhu dans le cadre du système d'examens. Cela mena à la création d'un nouveau mouvement intellectuel, l'école des Han ou l'école des vérifications et des preuves. Les savants rejetèrent les interprétations de Zhu Xi, de l'école des Song et de l'idéalisme de Wang Yangming pour se tourner vers les commentaires des canons qui avaient été produits sous la dynastie des Han, plus de 1500 ans auparavant. Ils croyaient que ces commentateurs, ayant vécu à une époque moins éloignée que la leur de celle de Confucius et des autres sages, étaient davantage en mesure de comprendre le sens réel des textes sacrés. De plus, en développant leurs talents philologiques, ils commencèrent à délaisser les grands

---

40. J.C. Cleary, *Worldly Wisdom : Confucian Teachings of the Ming Dynasty*, Boston et Londres, Shambala, 1991, p. 39. Traduction libre.

schémas cosmologiques qui avaient fait figure de vérité pendant des siècles ; ils se plongèrent plutôt dans les études rituelles, élaborant un nouveau discours pour renouveler la pratique des rituels[41].

LE STATUT DES FEMMES DANS LE MONDE CONFUCÉEN

Selon l'idéologie confucéenne des genres, sur le plan cosmologique – c'est-à-dire au sein du grand Dao englobant, dans lequel opèrent les forces créatrices complémentaires du Yang mâle et du Yin femelle –, les femmes étaient le Yin par rapport au Yang de leur mari. C'est la force du Yang qui était privilégiée. Sur le plan social, on apprenait aux femmes à tenir leur rôle d'épouse et de mère. Ainsi, le rôle primordial dans la vie d'une femme consistait à se marier et à engendrer un fils pour perpétuer la lignée de son mari. Comme dans la plupart des sociétés patriarcales et patrilinéaires, les femmes de la Chine traditionnelle se devaient d'être obéissantes et de respecter les règles de piété et de loyauté filiales. Les textes servant de base à l'éducation féminine étaient le *Traité sur les Femmes* (*Nü Jie*), de la célèbre savante Ban Zhao (environ 49 à 120), et les *Biographies des Femmes Éminentes* (*Lienü zhuan*) de Liu Xiang (−77 à −6). Ces deux ouvrages prônaient la soumission des femmes par rapport aux hommes ; le second ouvrage glorifiait des exemples individuels de sacrifice de soi, d'abnégation et de dévouement dans l'éducation des fils, conformément aux principes moraux confucéens. Certains propos de Confucius lui-même, rapportés dans le texte *Mémoires sur les bienséances et les cérémonies de Dai l'aîné* produit au cours de la dynastie des Han, confirment cela :

> Confucius a dit : « La femme est un être qui se plie à la volonté de l'autre. Sa droiture vient donc de son refus de suivre sa propre volonté. Son précepte moral est celui des Trois Obéissances : au foyer elle suit son père ; lorsqu'elle est mariée, elle suit son mari ; lorsqu'il meurt elle suit son fils. Elle ne prend jamais le risque d'agir selon sa propre volonté[42] ».

---

41. Benjamin A. Elman, *From Philosophy to Philology : Intellectual and Social Aspects of Change in Late Imperial China*, Cambridge, Harvard University Press, 1984 ; John Henderson, *The Development and Decline of Chinese Cosmology*, New York, Columbia University Press, 1984 ; Kai-wing Chow, *The Rise of Confucian Ritualism in Late Imperial China*, Stanford, Stanford University Press, 1994.
42. Bettine Birge, « Chu Hsi and Women's Education », dans Wm. Theodore de Bary et John W. Chaffee, *Neo-Confucian Education : The Formative Stage*, p. 341 (traduction libre) ; l'attribution de ces paroles à Confucius ne se trouve qu'en un seul endroit, dans le *Kongzi Jiayu* : traduit par R.P. Kramers, *K'ung Tzu Chia Yü, the School Sayings of Confucius*, Leiden, E.J. Brill, 1950.

Selon la définition de son statut légal dans la Chine médiévale puis impériale, une femme n'avait pas le droit de divorcer de son mari, alors que celui-ci pouvait divorcer d'elle si elle commettait l'une des sept fautes suivantes : désobéir aux ordres de son beau-père ou de sa belle-mère ; être stérile et incapable d'engendrer des enfants mâles ; faire preuve de mœurs légères ; être jalouse, plus particulièrement des concubines de son mari ; être atteinte d'un mal incurable qui la rendrait « contaminante » et donc inapte à participer au culte des ancêtres de son mari ; être bavarde ; enfin, voler. Ces fautes mettent bien en évidence l'importance, dans le rôle de la femme, de perpétuer la lignée du mari et de conserver la pureté de son sang. Par contre, il était moralement et légalement très difficile, sinon impossible, pour un mari de divorcer de sa femme dans les cas où elle avait engendré un héritier mâle, avait servi ses beaux-parents avec respect et application et avait consciencieusement fait son devoir dans la pratique du culte des ancêtres.

Dans la société chinoise impériale tardive, les corps des femmes étaient le lieu où s'inscrivaient la moralité et l'éthique confucéennes ; l'attitude favorable à l'égard de la chasteté des veuves avait alors atteint des proportions presque démesurées[43]. Les veuves qui demeuraient chastes pour une très longue période après la mort de leur mari pouvaient ainsi mériter une place au sein des archives historiques locales ou de l'index géographique. Elles pouvaient même se faire ériger à grands frais une voûte funéraire, appelée *pailou* : l'État, dans son désir d'être perçu comme un instrument de promotion de la moralité confucéenne et de légitimer ainsi ses prétentions au « Mandat Céleste », honorait de cette façon les personnes méritantes. La compétition devint intense, puisque c'était une grande marque de prestige pour une lignée que d'avoir une telle femme dans ses rangs.

L'EXPANSION GÉOGRAPHIQUE DU CONFUCIANISME

La Corée

Les idées confucéennes furent probablement introduites en Corée par les colons chinois à Lolang, à l'époque de la dynastie des Han. Au cours des siècles suivants, alors qu'émergeaient les États de Paekche et de Silla, le confucianisme s'étendit encore vers le sud. Toutefois, puisque les coutumes

---

43. Mark Elvin, « Female Virtue and the State in China », *Past and Present, 104*, 1984, p. 111-154. Voir Dorothy Ko, *Teachers of the Inner Chambers : Women and Culture in Seventeenth-Century China*, Stanford, Stanford University Press, 1994 ; Danielle Elisseeff, *La femme au temps des Empereurs de Chine*, Paris, Stock/Laurence Pernoud, 1988.

des autochtones de la péninsule coréenne étaient très éloignées de celles que prônaient les canons confucéens et que, de surcroît, le bouddhisme se montrait plus complaisant envers les traditions chamaniques, le confucianisme n'eut de véritable influence qu'au niveau de l'État – c'est-à-dire dans la formation des fonctionnaires au service du gouvernement. C'est seulement lors de la fondation de la dynastie des Choson (1392-1910) par Yi Song-gye (1335-1408) que les réformistes néo-confucéens, enflammés par les idées de Zhu Xi, purent ébranler les institutions monastiques bouddhistes et transformer la Corée en une société fondée sur le principe des lignées (*lineage-based society*), dans laquelle étaient appliquées les règles de mariage et de descendance chinoises. Auparavant, les mariages intergénérationnels étaient permis, de même que les mariages des cousins croisés. De telles pratiques étaient anathèmes pour les confucéens radicaux. Au cours des 700 années suivantes, on peut dire que la Corée fut encore plus confucéenne que la Chine, en particulier dans son adhésion à une hiérarchie sociale rigide. La Chine vivait beaucoup plus de mobilité sociale et elle n'a jamais pratiqué l'esclavage à une aussi grande échelle que le fit la Corée.

Le Japon

L'entrée des enseignements confucéens au Japon peut avoir eu lieu en 285 lorsque Wani, originaire de l'État coréen de Paekche, rendit visite à l'empereur Onin et apporta avec lui *Les Entretiens* ainsi qu'un autre livre de base, le *Canon des Mille Mots*. Les Japonais s'intéressaient toutefois plus à la cosmologie, au Yin-Yang et aux enseignements des Cinq Éléments qu'aux enseignements éthiques de Confucius. À la fin de la première moitié des périodes Sui et Tang, c'était le bouddhisme chinois, particulièrement les enseignements Chan (Zen) et Tiantai (Tendai), qui attirait le plus l'attention – et ce, malgré que la cour japonaise eût adopté les statuts légaux des Tang empreints de la morale sociale confucéenne[44]. Les Japonais éprouvaient beaucoup de sympathie à l'égard de l'éthique confucéenne et de son accent sur l'humanité, quoique les idées concernant la loyauté envers les supérieurs et l'harmonie familiale ne faisaient que renforcer les traditions et les pratiques autochtones. Le néo-confucianisme de Zhu Xi trouva certes un public dans les monastères Zen, mais c'est seulement au début du XVIIe siècle, au commencement du règne des shoguns Tokugawa, que les

---

44. Les Japonais modelèrent également leur capitale, la Kyoto moderne, sur la capitale des Tang, Changan, qui était construite selon un patron « quadrillé ». Cette dernière représentait d'ailleurs un espace sacré sur la Terre : les Chinois croyaient que le Ciel était rond et la Terre, carrée.

dirigeants découvrirent les vertus des enseignements confucéens – en particulier les formes développées sous les dynasties des Yi coréenne et des Ming chinoise. Ces enseignements servirent de légitimation au régime et de moyen pour « civiliser » le *ronin* ou samouraï « sans maître » : *Les Quatre Livres* demeurèrent le noyau de l'éducation littéraire de base jusqu'à la restauration Meiji en 1868. Le discours confucéen pénétra jusque dans la culture populaire. Cependant, puisque le bouddhisme a gardé sa force et qu'une tradition autochtone puissante est née, le confucianisme n'a jamais connu au Japon une hégémonie comme celle qu'il eut en Corée.

Le Viêt Nam

Au IIe siècle, la Chine pénétra la partie nord du Viêt Nam par la force des armes ; elle le considéra comme un de ses empires du Sud et le contrôla jusqu'à l'effondrement de l'ordre Tang au Xe siècle. Par conséquent, la culture chinoise et les valeurs confucéennes semblent avoir rejoint l'élite vietnamienne, alors que leur influence sur la culture populaire paraît moins certaine. Initialement, sous les Ly, une connaissance du taoïsme, du bouddhisme et du confucianisme était nécessaire pour les examens de sélection des fonctionnaires ; les dynasties vietnamiennes ultérieures adoptèrent toutefois le système d'examens chinois. Yoshihara Tsuboi[45] fait remarquer que le confucianisme vietnamien possédait trois points de divergence majeurs par rapport à ses contreparties en Chine, en Corée et au Japon. D'abord, puisque les femmes au Vietnam occupaient une place plus grande dans la société, la piété filiale (*hieu*) devait être respectée par les enfants envers les deux parents et non pas exclusivement dans le cadre de la relation père-fils. La seconde valeur privilégiée, c'est-à-dire la loyauté (*trung*) envers le chef d'État, prit des proportions exceptionnelles. Sur le plan social, la société vietnamienne était clairement divisée en deux classes, puisque les pratiques rituelles et les mœurs sociales du confucianisme n'étaient de rigueur que pour les élites. Enfin, ces élites confucéennes ne s'intéressaient pas au confucianisme en tant que moyen d'expression de la foi ou de voie vers la transformation personnelle, mais bien en tant que moyen d'accroître leur pouvoir sur la scène politique.

---

45. « Politique et confucianisme dans le Viêt Nam du XIXe siècle : Le cas de l'empereur Tu Duc (1847-1883) », dans Yuzo Mizoguchi et Léon Vandermeersch (dir.), *Confucianisme et sociétés asiatiques*, Paris, Éditions de l'Harmattan/Tokyo, Sophia University, 1991, p. 140-141.

LE DESTIN DU CONFUCIANISME CHINOIS AU XXE SIÈCLE

La Chine, grâce aux premiers dirigeants mandchous de la dynastie des Qing, eut beaucoup plus de succès que les États-nations émergents de l'Ouest pour sortir de la dépression qui sévit à l'échelle mondiale aux XVIe et XVIIe siècles : le XVIIIe siècle, sous le long règne de l'empereur Qianlong, connut une richesse et une stabilité sociale inégalées. Cependant, la Chine vit sa population tripler et passer de 120 millions à 400 millions d'habitants entre les années 1600 et 1800 : on reconnaît là une conséquence de l'arrivée de nouvelles cultures agricoles en provenance des Amériques, telles que le maïs et les arachides, ainsi que de la réclamation de terres demeurées jusque-là incultivées[46]. Vers la fin du règne de Qianlong, des nuages commencèrent à pointer à l'horizon. À l'extérieur, les puissances de l'Ouest se mirent à revendiquer des traités équitables à la Chine pour pénétrer ses marchés, alors qu'à l'intérieur les paysans mécontents commencèrent à se tourner vers les religions hétérodoxes et à se rebeller, sapant ainsi la force du Pays du milieu.

Malgré l'explosion de la population, l'administration centrale ne voyait aucune raison d'augmenter le nombre de ses bureaux pour faire face à la densité croissante des villes et des campagnes. De plus, avec la montée du fait de savoir lire et écrire et les avancées dans les domaines de l'imprimerie et de l'édition, un nombre croissant d'étudiants fréquentaient les écoles privées et gouvernementales dans l'espoir de passer les concours confucéens d'entrée dans la fonction publique, le seul moyen d'atteindre la réussite sur les plans social et politique. En conséquence, la compétition devint toujours plus féroce et les étudiants se sentirent de plus en plus frustrés de ne pouvoir dépasser les derniers échelons des gouvernements local et provincial – sans parler des examens métropolitains dans la capitale. En outre, le gouvernement vendit des titres officiels à de riches parvenus pour renflouer ses coffres, commercialisant et dévalorisant ainsi ce qui avait auparavant été réservé à ceux qui étaient instruits et spirituellement éduqués. Un gros noyau de candidats semi-instruits grouillait dans les marges de la vie sociale et culturelle, cherchant à participer au système hégémonique confucéen.

---

46. Susan Naquin et Evelyn S. Rawski, *China in the Eighteenth Century*, Stanford, Stanford University Press.

Cet état de choses provoqua une insatisfaction croissante à l'égard du confucianisme. Au lieu d'honorer Confucius et les personnages reconnus comme étant dignes d'un culte, plusieurs se tournèrent vers Wenchang, le dieu de la Littérature, qui passait pour l'incarnation d'une divinité astrale : plus précisément, l'une des étoiles de la Grande Ourse. Ils prenaient des raccourcis pour apprendre plus facilement, mémorisaient les condensés des canons et des *Quatre Livres*. Bref, ils ne s'absorbaient pas dans l'apprentissage de tous les canons, pas plus qu'ils ne cultivaient leur esprit pour atteindre la transformation de soi. Leur seul intérêt se trouvait dans les avantages mondains qu'apportait le succès aux examens officiels, non pas dans les avantages spirituels ou littéraires qu'eût apportés l'étude.

À partir de 1839, les puissances colonialistes et impérialistes de l'Ouest, avec à leur tête la Grande-Bretagne, forcèrent les Chinois à accepter la culture d'une drogue pernicieuse, l'opium, avec toutes ses conséquences désastreuses sur le tissu social de la Chine. Elles leur firent également ouvrir des voies d'accès pour la drogue le long de la côte, depuis Canton dans le sud jusqu'à Weihaiwei au nord-est en passant par Shanghai ; elles leur arrachèrent des droits extraterritoriaux pour leurs citoyens et l'impunité pour les missionnaires chrétiens ; enfin, elles annexèrent le territoire de Hong Kong. L'État mandchou ne put pas les arrêter. En réponse aux problèmes sociaux causés par l'arrivée de l'Ouest, on vit naître une nouvelle idéologie semi-chrétienne au sein du peuple Hakka dans le sud de la Chine. Dirigée par Hong Xiuquan, qui se disait le frère cadet de Jésus-Christ, la rébellion Taiping du milieu du XIXe siècle fut la guerre civile la plus sanglante de l'histoire : vingt millions de personnes y perdirent la vie et le centre et le sud de la Chine en furent dévastés.

Les fonctionnaires et les lettrés ne trouvèrent rien dans le confucianisme qui puisse les aider à pallier rapidement leurs défaillances techniques et scientifiques sur le plan militaire, pas plus que sur le plan économique, mais ils s'accrochèrent à l'idée que l'« esprit » confucéen conservait sa valeur. Vers la fin du siècle, l'intellectuel dirigeant du mouvement réformiste, Kang Youwei, espérait revivifier le confucianisme en ressuscitant l'école du « texte moderne » de la dynastie des Han et en proposant de créer une monarchie constitutionnelle qui serait guidée par la religion confucéenne. Il échoua. En 1905, le système d'examens de recrutement pour la fonction publique fut aboli et de nouvelles formes d'éducation, inspirées par la connaissance occidentale et en particulier celle des sciences, firent leur apparition. Ainsi disparut ce qui avait servi à maintenir l'hégémonie du confucianisme dans la sphère publique chinoise et dans l'activité intellectuelle privée pendant quelques millénaires. Alors que la Chine continuait d'être humiliée par les nations occidentales et par l'État restauré de Meiji du Japon, Confucius et le confucianisme furent accusés d'être responsables du retard et de la fragilité de la Chine face à la rapacité des puissances colonialistes.

La dynastie mandchoue des Qing tomba en 1911 au profit de la République chinoise nationaliste, mais le peuple chinois ne connut aucune reprise de l'économie, de la paix ni de la stabilité – loin de là. Les chefs militaires se taillèrent une place et exploitèrent les masses déjà épuisées et affamées. Le parti communiste chinois, fondé en 1921, jura de faire en Chine une révolution marxiste comme celle que Lénine avait menée en Russie lors de la révolution bolchévique en 1917. Après avoir coopéré avec le parti nationaliste Guomindang, ils s'en dissocièrent, pour s'y rattacher finalement en 1936 afin de faire front commun contre la menace des forces japonaises. Celles-ci s'étaient emparées de la Mandchourie, au nord-est de la Chine, et voulaient envahir le reste du pays.

Durant les années 1930, le généralissime Tchang Kaï-chek (Jiang Jieshi), à la tête des nationalistes, essaya avec peu de succès de combiner des éléments des éthiques confucéenne et chrétienne pour former une nouvelle politique sociale – alors que dans un même temps il veillait à la saisie des propriétés rituelles ancestrales de la famille Kong et au renoncement du chef de la lignée Kong au titre de duc de Yansheng. À la fin de la Seconde Guerre mondiale et après l'expulsion des Japonais, après la brève mais dévastatrice guerre civile, les communistes, dirigés par Mao Zedong, repoussèrent les nationalistes jusqu'à Taïwan et établirent la République populaire de Chine en 1949.

Pendant plus de trente-cinq ans, Confucius fut conspué sur le continent chinois ; néanmoins, peut-être la situation ne fut-elle jamais pire qu'au cours des « quinze mauvaises années » de la grande révolution culturelle prolétarienne et des campagnes anti-Confucius et anti-Lin Biao de la fin des années 1960 au milieu des années 1970, campagnes menées par madame Mao (Jiang Qing) et sa « Bande des Quatre ». Aucun savant du continent ne pouvait alors exprimer son intérêt pour le confucianisme. Les membres de la lignée Kong souffrirent horriblement, ainsi que Jun Jing l'a si bien exposé[47].

---

47. Jun Jing, *The Temple of Memories : History, Power, and Morality in a Chinese Village*, Stanford, Stanford University Press, 1996.

Deng Xiaoping, de retour au pouvoir, décida toutefois de promouvoir un capitalisme mêlé d'aspects socialistes. Les temples confucéens de Qufu furent restaurés et un groupe de recherche sur le confucianisme fut fondé. À l'extérieur du continent chinois, le Japon, Taïwan, Hong Kong, Singapour et la Corée ont pour leur part connu un succès phénoménal sur le plan économique : plusieurs experts attribuent la montée de ces nouvelles puissances du Pacifique à leur utilisation de la tradition confucéenne, laquelle met l'accent sur l'éducation, l'ardeur au travail, la famille et la solidarité sociale. Seuls quelques savants contemporains, tels que Tu Wei-ming de l'université Harvard[48], essaient de réinterpréter, de revivifier et d'adapter le confucianisme pour le monde postmoderne. Qui sait ? Peut-être y parviendront-ils !

Bibliographie

AMES, Roger T. et David L. HALL (1987). *Thinking through Confucius*, Albany, State University of New York Press.

BIOT, Edouard (trad. 1851). *Le Tcheou-li ou Rites des Tcheou* (2 tomes), Pékin, Wen Tien Ko.

CHAN, Wing-tsit (1987). *Chu Hsi, Life and Thought*, Hong Kong, Chinese University Press, New York, St. Martin's Press.

CHENG, Anne (trad. 1981). *Les Entretiens de Confucius* (traduction du *Lunyu*), Paris, Éditions du Seuil.

CHENG, Anne (1985). *Étude sur le confucianisme Han : L'élaboration d'une tradition exégétique des classiques*, Paris, Collège de France, Institut des Hautes Études chinoises.

CHOW, Kai-wing (1994). *The Rise of Confucian Ritualism in Late Imperial China : Ethics, Classics, and Lineage Discourse*, Stanford, Stanford University Press.

COUVREUR, Séraphin (trad. 1914). *Tch'ouen ts'iou et Tso Chuan*, Ho Kien fu, Imprimerie de la mission catholique.

COUVREUR, Séraphin (1951). *I Li : Cérémonial* (republié), Paris.

COUVREUR, Séraphin (1913). *Li Ki : Mémoires sur les bienséances et les cérémonies*, Ho Kien fu, Imprimerie de la mission catholique.

---

48. Tu Wei-ming, *Centrality and Commonality : An Essay on Confucian Religiousness*, Albany, State University of New York Press, 1989.

DE BARY, Wm. Theodore et John W. CHAFFEE (dir.) (1989). *Neo-Confucian Education : The Formative Stage*, Berkeley et Los Angeles, University of California Press.

DEUCHLER, Martina (1992). *The Confucian Transformation of Korea : A Study of Society and Ideology*, Cambridge, Harvard University Press.

EBREY, Patricia Buckley (1991). *Confucianism and Family Rituals in Imperial China : A Social History of Writing about Rites*, Princeton, Princeton University Press.

ÉTIEMBLE (1986). *Confucius (Maître Kong) : Édition revue et augmentée d'un chapitre sur Confucius en Chine de −551 (?) à 1985*, Paris, Gallimard.

HENDERSON, John B. (1991). *Scripture, Canon, and Commentary : A Comparison of Confucian and Western Exegesis*, Princeton, Princeton University Press.

KO, Dorothy (1994). *Teachers of the Inner Chambers : Women and Culture in Seventeenth-Century China*, Stanford, Stanford University Press.

MIZOGUCHI, Yuzo et Léon VANDERMEERSCH (dir.) (1991). *Confucianisme et sociétés asiatiques*, Paris et Tokyo, Éditions L'Harmattan et Sophia University.

NOSCO, Peter (dir.). (1984). *Confucianism and Tokugawa Culture*, Princeton, Princeton University Press.

RYCKMANS, Pierre (trad. 1987). *Les Entretiens de Confucius*, Paris, Gallimard.

SHRYOCK, John L. (1966 [1932]). *The Origin and Development of the State Cult of Confucius*, New York, Paragon Reprint Corporation.

TAYLOR, Rodney L. (1990). *The Religious Dimensions of Confucianism*, Albany, State University of New York Press.

WILSON, Thomas A. (1995). *Genealogy of the Way : The Construction and Uses of the Confucian Tradition in Late Imperial China*, Stanford, Stanford University Press.

Le taoïsme
Religion de l'immortalité

Charles Le Blanc

Temple taoïste Jindian *(« Palais d'or ») ou* Jinding *(« Cime d'or ») construit en 1416 sur le sommet du mont Wudang, près de Junxian (Hubei).*

INTRODUCTION[1]

On peut parler de « deux sources » du taoïsme religieux : d'une part, un ensemble d'idées, de croyances et de pratiques religieuses remontant au −IVᵉ siècle qui s'amalgamèrent lors des bouleversements marquant le déclin et la chute du grand empire des Han au IIᵉ siècle de notre ère ; ces idées (par exemple, le *Tao*, le retour à l'origine, l'immortalité) et ces pratiques (par exemple, les rites sacrificiels, l'hygiène corporelle, la méditation, les bonnes œuvres) fournirent plusieurs éléments essentiels du taoïsme religieux, comme nous le verrons ci-après ; d'autre part, une suite de révélations, commençant par celle de Lao zi à Zhang Daoling en 142, s'étalant sur plusieurs siècles, dévoilant, à chaque étape, des divinités de rang supérieur, c'est-à-dire de plus en plus près du *Tao*, cœur ineffable de cette tradition religieuse et objet d'une vénération infinie. Chaque révélation offrait une vision nouvelle et totale de l'univers, des rites, de la méditation et de la morale. Les révélations forment la quintessence de la religion taoïste ; on ne doit pas hésiter à parler, à propos du taoïsme, de « religion révélée ». Mises par écrit et abondamment commentées, les révélations donnèrent naissance, au cours des âges, à un immense corpus d'ouvrages taoïstes formant une partie importante du *Daozang* (« Trésor du *Tao* » – sorte de bible et de patrologie taoïstes)[2]. Certains auteurs ont comparé cette collection de

---

1. Remarques préliminaires :
   a) La transcription *pinyin* est utilisée pour tous les mots chinois. Nous avons cependant conservé l'usage sinologique français en écrivant Tao, taoïsme et taoïste.
   b) Les références aux ouvrages dans les notes de bas de page sont données dans leur forme brève ; les titres complets apparaissent dans la bibliographie.
   c) Un lexique des noms propres et des mots techniques avec les caractères chinois est donné en annexe.
   d) Les années ou siècles avant l'ère chrétienne sont précédés du signe − et, si nécessaire, du signe + pour l'ère chrétienne.
2. Sur la formation et le contenu du *Daozang*, voir Annexe.

quelque 1200 volumes (divisée en trois parties appelées *Sandong*, « Trois Cavernes » ou « Trois Grottes ») à la célèbre collection d'ouvrages bouddhistes connue sous le nom de *Tripitaka*, « Trois Corbeilles ».

Le *Daozang* est sans conteste la source principale et le point de référence incontournable pour connaître la manière dont les croyants taoïstes ont compris et comprennent encore aujourd'hui, de l'intérieur, leurs propres traditions religieuses. C'est ce point de vue « émique » que nous tâcherons de faire valoir dans cette présentation, même s'il sera souvent nécessaire d'avoir recours à des sources indépendantes et à des notions plus générales du phénomène religieux pour faire ressortir les similitudes et les spécificités des croyances et des pratiques taoïstes.

Les écrits du *Daozang* gravitent autour de quelques idées directrices : la longue vie (*chansheng*) et l'immortalité (*xian*, *busi*), la purification par la prière, la confession, les rites et les exercices (purification comprise comme un procédé alchimique), l'union au *Tao* par la méditation et la contemplation. L'immortalité, c'est essentiellement l'union parfaite au *Tao*, union entendue comme un retour à l'origine. Ces idées varieront considérablement, parfois à s'y méprendre, au gré des événements et des courants intellectuels et politiques de l'histoire chinoise. Les discussions porteront sur la nature des moyens internes et externes d'unir le microcosme qu'est l'être humain au macrocosme qu'est l'univers du *Tao*.

Nous nous arrêterons d'abord à la révélation faite à Zhang Daoling, considéré par les taoïstes comme le « patriarche » ou l'« ancêtre » (*zu*) de la religion taoïste (*daojiao*). Cette révélation initiale et fondatrice ne saurait se comprendre en dehors du contexte historique de la Chine au IIe siècle de notre ère. En effet, la « révélation venue d'en haut », appelée *Tianshi dao*, « Voie des Maîtres célestes », s'enracine profondément, tant par son message doctrinal que par son organisation hiérarchique et sa pratique éthico-rituelle, dans les mouvements sociopolitiques et culturels qui marquèrent la fin de la dynastie des Han (−206 à +220). La deuxième partie sera consacrée aux grandes révélations qui, au Ve, puis au XIIe siècle, renouvelèrent le taoïsme religieux dans le sens d'un intériorisation de la pratique rituelle. Il est important, d'entrée de jeu, de souligner l'importance du ritualisme dans le cadre religieux taoïste. Car le rite, aux yeux des taoïstes, est la réactualisation, à l'échelle du microcosme que sont l'homme et la société, de l'acte créateur primordial du macrocosme, émanation mystérieuse du *Tao*. Sous cet angle, il n'est pas faux de considérer la révélation faite à Zhang Daoling comme une « réforme » ou même une « révolution » rituelle. Cela explique en partie pourquoi, malgré les transformations majeures que connut le taoïsme religieux tout au long de l'histoire, c'est la tradition rituelle des Maîtres célestes, instituée par Zhang Daoling, qui fut acceptée comme la norme[3].

ZHANG DAOLING : LE FONDATEUR

Si nous devions nous limiter à l'historiographie chinoise officielle, nous saurions très peu de choses du fondateur accrédité du taoïsme religieux, Zhang Daoling. Les sources historiographiques les plus importantes, le *Hou Han shu*, « Histoire des Han postérieurs », et le *Sanguo zhi*, « Traité historique des Trois Royaumes », le présentent simplement comme un guérisseur et un exorciste parmi bien d'autres. Par la prestidigitation et l'éloquence, il savait séduire les foules. Son mouvement, appelé habituellement *Tianshi dao*, « Voie des Maîtres célestes », mais aussi *Zhengyi jiao*, « Doctrine de l'Un orthodoxe », ou *Wudoumi dao*, « Voie des Cinq Boisseaux de Riz », est assimilé à d'autres mouvements millénaristes et messianiques de la même époque ; ces derniers, en particulier le *Taiping dao*, « Voie de la Paix suprême », ne survécurent pas à l'assaut des armées impériales, à la suite de la célèbre Rébellion des Turbans Jaunes (*Huangjin*) en 184. Les sources hagiographiques rédigées beaucoup plus tard par des adeptes du taoïsme religieux, elles, regorgent de détails sur la vie de Zhang Daoling ; les éléments extraordinaires et surnaturels s'y mêlent indistinctement avec des données sinon vérifiables, du moins, dans certains cas, vraisemblables : naissance miraculeuse, intelligence précoce, formation de lettré, fonction publique, recherche de l'immortalité, dévotion à Lao zi, érémitisme, pratiques yogiques et alchimiques, refus répétés de servir l'Empire, thaumaturgie et exorcisme, révélations, ascension au Ciel, etc. Certaines hagiographies sont construites sur le modèle des biographies contenues dans les histoires dynastiques et donnent au récit un semblant d'exactitude chronologique et géographique.

Le premier Maître céleste fut un descendant à la neuvième génération de Zhang Liang (m. −185), un célèbre ministre de la dynastie des Han ; Daoling (ou simplement, Ling) est un nom posthume et honorifique, son nom personnel étant Fuhan ; il serait né, après une conception miraculeuse (« astrale ») sur le mont Tianmu (« Œil du Ciel »), dans l'ancien pays de Pei,

---

3. Voir, par exemple, M. Strickman (1979), p. 165.

à environ 75 km à l'ouest de Hangzhou, au Zhejiang, le premier mois lunaire de l'an 34. À sept ans, il lut et comprit le *Daode jing*, « Classique de la Voie et de sa vertu ». Il reçut une formation de lettré, maîtrisa les cinq classiques confucéens et occupa un poste de fonctionnaire dans son pays natal de Pei. Cependant, il ne trouva ni dans l'enseignement confucéen ni dans son travail d'administration réponse à sa quête anxieuse de la longue vie et de l'immortalité. Il quitta donc famille et emploi, se fit ermite itinérant dans les montagnes (lieu où, depuis l'Antiquité, ont résidé les saints et les immortels) et consacra le reste de sa vie à découvrir les recettes qui lui permettraient de s'unir au *Tao* et de vaincre les maladies et la mort. Il se tourna dès le début vers l'alchimie et la méditation, sous des maîtres des monts Minyang, à quelques dizaines de kilomètres d'Anyang, au Henan. Par la suite il passa dix ans dans les monts Yuhang, juste au nord de Hangzhou. Reconnu dès cette époque pour son enseignement et ses pouvoirs extraordinaires, il comptait plusieurs disciples et était courtisé par les puissants, même par les empereurs. Les raisons de son départ pour le Sichuan sont obscures : la recherche d'un auditoire indépendant et plus vaste, l'attrait des nombreux monts sacrés qu'on y trouve, la recherche de nouvelles plantes et de nouvelles substances minérales propices à la longue vie, la volonté d'éliminer la pestilence des « Six Cieux » (*Liu Tian*, une secte offrant des sacrifices sanglants, dont les membres buvaient le sang), sont autant de motifs donnés par les sources.

Au Sichuan, Zhang séjourna dans de nombreuses montagnes ; il y découvrit de nouvelles herbes et de nouvelles substances qui lui permirent de pousser plus avant ses expériences alchimiques ; il trouva dans les cavernes des montagnes des écrits taoïstes ésotériques (*chanwei*) qui le menèrent à approfondir la pratique de la méditation (*jingsi*) et à purifier sa volonté (*lianzhi*). On doit noter que le mot *lian* est l'une des expressions consacrées pour désigner le processus alchimique. Déjà la purification intérieure est conçue comme un procédé analogue à la transmutation des métaux vulgaires en or pur et à la concoction de l'élixir ou pilule d'immortalité, *jindan*. C'est dans les montagnes du Sichuan que Zhang reçut à plusieurs reprises la révélation de Lao zi ; la principale, en l'an 142, marque un tournant décisif dans la vocation religieuse de Zhang, soit l'établissement d'une véritable communauté taoïste appelée *Tianshi dao*, dont les traditions théologiques, rituelles et organisationnelles se sont perpétuées jusqu'à nos jours. Il écrivit plusieurs ouvrages sur des sujets divers (alchimie, rituels, talismans, récit des révélations, commentaires sur le *Daode jing*. Au terme de son existence terrestre de 123 ans, il s'envola au ciel sur un nuage en compagnie de son épouse, dame Yong, en l'an 157, transmettant à son fils, Zhang Heng, le titre de « Maître céleste », et à ses disciples, Wang Zhang et Zhao Sheng, les secrets de l'alchimie et des textes sacrés.

La comparaison des différents récits hagiographiques de Zhang Daoling contenus dans le *Daozang* laisse penser que leurs auteurs voulurent présenter le fondateur à la fois comme un sage dans la plus pure tradition du taoïsme classique (*zhenren*, « homme véritable »), comme un immortel (*xianren*), transcendant la vie et la mort par l'union au *Tao*, et comme le souverain d'une dynastie céleste, *Tianshi* (« Maître céleste ») étant l'équivalent de *Tianzi*, « Fils du Ciel », titre des empereurs chinois. Son église se transmettrait par conséquent, comme l'empire, par l'hérédité. Le célibat, même sacerdotal, n'était donc pas préconisé par les Maîtres célestes, comme il le sera plus tard par d'autres sectes taoïstes, sans doute influencées par le monachisme bouddhiste.

On trouve le même schéma traditionnel de sage, d'immortel et de saint-souverain dans l'un des principaux récits que donne le *Daozang* de la révélation fondatrice du taoïsme religieux[4] :

> Il [Zhang Daoling] retourna au mont Heming[5]. À la première année de la sous-période dynastique [Han] An[6], au jour renwu et shangyuan, il eut la révélation de l'Être suprême[7]. Celui-ci descendit dans un char tiré par cinq dragons blancs et proclama :

---

4. L'ouvrage particulier d'où est tiré ce texte est le *Han Tianshi shijia*, « Généalogie des Maîtres célestes de la dynastie des Han ». Le contenu de cette œuvre ne correspond plus au titre, car des éditeurs tardifs ont ajouté, souvent artificiellement, les noms de Maîtres célestes pour compléter la série jusqu'à nos jours. La partie portant sur les Maîtres célestes des Han est la plus développée et remonte probablement à des documents anciens.
5. À l'ouest de l'actuelle Chongqing, au Sichuan.
6. Le règne d'un empereur était habituellement divisé en sous-périodes, portant un titre distinctif. L'historien ne mentionnait souvent que l'année de la sous-période, supposant que le lecteur savait identifier la sous-période avec le règne de l'empereur en question. La sous-période Han'an [142-143] appartient au règne de l'empereur Shun [r. 125-144]. La première année de cette sous-période correspondait à l'an 142.
7. « L'Être suprême » : il s'agit de Lao zi divinisé, incarnant le *Tao*. Dans la théologie taoïste, le *Tao* s'incarne périodiquement. Son incarnation la plus parfaite fut dans Lao zi et dans l'œuvre qui porte son nom, le *Lao zi*, aussi connu sous le titre de *Daode jing*, « Classique de la Voie et de sa vertu ». On donne à Lao zi divinisé le titre de *Taishang Lao jun*, « Très vénérable seigneur Lao ». Voir l'étude classique de A. Seidel (1969) sur ce sujet.

Jadis, j'ai transmis le livre sacré à Yin Xi[8].
Aujourd'hui, je vous confère mon autorité et vous confie mon esprit[9].
Aujourd'hui, je vous demande d'établir vingt-quatre districts (*zhi*) et de choisir, au mérite, des officiers responsables des peines et des récompenses, de la vie et de la mort, des gens du peuple[10].
Aujourd'hui, le monde connaît de grandes calamités ; ceux qui suivent les Six Cieux extraient le sang pour nourrir les esprits ; partout où ils exercent leur contrôle, il n'y a plus de distinction entre les esprits et les hommes. Vous devez restaurer l'ordre[11].
Je vous transmets les registres officiels pour les Inspecteurs du mérite (*dugong*) responsables des Trois-Cinq (*sanwu*)[12]. De plus, je vous transmets le sabre bisexué,

---

8. « Livre sacré » : le *Daode jing* en cinq mille caractères. Ce livre deviendra le texte sacré par excellence de la communauté des Maîtres célestes fondée par Zhang Daoling. Les adeptes devaient le réciter quotidiennement. Zhang écrivit, semble-t-il, un commentaire qui nous est parvenu sur le *Daode jing*. – « Yin Xi » : allusion à la légende voulant qu'au moment de quitter la Chine en raison de son déclin moral Lao zi passa une nuit dans une hôtellerie de la frontière ; le gardien, Yin Xi, connaissant la célébrité du personnage, lui demanda un témoignage de son enseignement. Le lendemain, au moment du départ, Lao zi lui remit le *Daode jing* en cinq mille caractères, écrit pendant la nuit. Cette légende paraît liée à une polémique entre taoïstes et bouddhistes ; les taoïstes prétendirent que Lao zi, après son départ de la Chine, se rendit dans les pays de l'Occident pour y convertir les Barbares, dont les peuples de l'Inde et des pays avoisinants. Les bouddhistes sont donc des taoïstes qui s'ignorent, puisque ce qu'il y a de valable dans leur doctrine leur a été enseigné par Lao zi.
9. « Aujourd'hui » : la répétition du mot *jin*, « aujourd'hui », accuse le caractère de rupture et de nouveauté de la révélation. – « Confère mon autorité... confie mon esprit » : à l'instar du mandat céleste, *tianming*, reçu par l'empereur, le mandat divin conféré à Zhang Daoling comporte deux aspects : un aspect de légitimité indiqué par le terme *quan*, « autorité » ; et un aspect de puissance et de charisme, habituellement rendu par *de*, « vertu », mais indiqué ici par *shen*, « esprit ».
10. « Districts » : l'administration de la communauté « primitive » est calquée sur l'administration civile déjà en place, mais inopérante en raison de la corruption et de la désaffectation des fonctionnaires locaux. – « Peines et récompenses, vie et mort » : le pouvoir délégué aux officiers choisis par Zhang Daoling est de nature éthique et spirituelle, et non d'abord politique.
11. « Six Cieux » : les quatre orients, plus le haut et le bas. C'était le nom d'une secte du Sichuan qui s'adonnait à des sacrifices rituels d'animaux. – « Les esprits et les hommes » : l'absence de distinction entre les esprits et les hommes a toujours été considérée comme le désordre suprême dans les traditions philosophiques et religieuses de la Chine ancienne. Il s'agit essentiellement d'une question rituelle. C'est pourquoi le mandat de Zhang Daoling fut d'abord et avant tout d'établir un rituel correct. Rappelons que l'autre nom par lequel est connu le mouvement des Maîtres célestes est celui de *Zhengyi*, qu'on peut traduire par l'« Un orthodoxe », une référence à la pureté doctrinale et rituelle de ce nouveau mouvement.
12. « Registres officiels » : autre indication que l'organisation de la communauté taoïste primitive s'enracinait dans la bureaucratie du gouvernement civil, mais en infléchissant les fonctions dans un sens religieux. – « Inspecteurs du mérite » : d'autres textes du *Daozang* ventilent avec force détails les nombreux rangs de dignité dans la hiérarchie des Maîtres célestes. Chaque district avait sa propre *nomenclatura*, mais il y avait aussi des fonctions « générales » et « transversales », qui dépendaient du Maître céleste. – « Trois-Cinq » : dans les anciens écrits chinois, l'expression *sanwu*, « Trois-Cinq », servait à classifier des entités appartenant à des registres très différents : astronomie, politique, histoire, etc. Ici, elle semble s'appliquer à l'ordre rituel, moral et cosmologique, soit, d'une part, l'Unité du Ciel, de la Terre et de l'Homme (*sanyi*, « le Triple Un »), et, d'autre part, les Cinq empereurs des cinq cieux et des cinq éléments. Le syncrétisme, comme on le verra, est l'un des traits les plus accusés des mouvements philosophico-religieux des Han.

qui peut trancher tout ce qui est mauvais, le sceau de jade, le vêtement d'écailles de poisson, le chapeau transcendant qui unit les deux pôles, et la tablette de jade qui communique avec le Ciel[13].

Cette révélation, dont on trouve des versions différentes dans le *Daozang*, est, aux yeux des croyants, l'acte de naissance de la religion taoïste. Elle consacre Zhang Daoling comme l'ancêtre de la lignée sacerdotale des Maîtres célestes[14], comme le théoricien de la théologie de l'Un orthodoxe (*zhengyi*), fondement doctrinal du taoïsme religieux[15], et comme l'autorité commune des nombreuses sectes taoïstes qui essaimeront au cours de l'histoire.

LES PREMIÈRES COMMUNAUTÉS

Dans la foulée de cette révélation, Zhang Daoling établit les premières communautés des Maîtres célestes dans les villages au nord-ouest de la ville de Chengdu, dans la vallée du fleuve Min. On connaît peu de choses sur l'organisation et les activités de ces premières communautés, mais on peut déjà discerner certains éléments de base encore présents aujourd'hui dans le taoïsme religieux.

Organisation

D'abord, sur le plan organisationnel, on établit, comme il est décrété dans la révélation, vingt-quatre districts (*zhi*), divisés en trois groupes de huit[16], dont chacun était structuré hiérarchiquement sur le mode ternaire des trois cieux (*San Tian*) et des trois souffles (*sanqi*). Ces derniers étaient sous-divisés en vingt-quatre souffles. Les trois souffles formaient le corps de Lao zi

---

13. La panoplie d'objets rituels énumérés ici représente autant de symboles du prestige et du pouvoir impériaux. Ils évoquent le pouvoir absolu et universel du Maître du Ciel dans le domaine religieux.
14. Le soixante-quatrième Maître céleste, dans une succession prétendument ininterrompue, vit présentement à Taïwan.
15. L'expression *zhengyi*, « Un orthodoxe », semble se référer à la conception que les Maîtres célestes se faisaient de l'« Un suprême » (*Taiyi*), première hypostase du *Tao*. On trouve déjà cette vue dans le *Huainan zi*, au –IIe siècle : « Le *Tao* engendra l'Un ». Chez les Maîtres célestes, le Ciel, la Terre et l'Homme ont chacun leur unité distincte et de plus ils sont tous trois subordonnés, tout comme les cinq empereurs et les cinq éléments, à l'Un suprême.
16. Selon certaines traditions retenues par le *Daozang*, on ajouta par la suite quatre nouveaux districts pour se conformer au système astronomique des vingt-huit mansions célestes (*xiu*), dont le symbolisme était important pour les taoïstes. Le mot *zhi* fut emprunté au vocabulaire administratif des Han, où il signifiait « district ». Certains sinologues le traduisent par « paroisse » ; si l'on veut adopter un vocable religieux d'origine chrétienne, « diocèse » conviendrait sans doute mieux.

divinisé, corps du cosmos, corps de la communauté, corps de l'individu[17]. Chaque district était dirigé par un « chef de district » (*zhitou*), aidé par un « officier des immortels » (*xianguan*), un « responsable des morts » (*yinguan*) et un « libateur » (*jijiu*), qui suivaient les directives du Maître céleste et lui rendaient des comptes. Ces trois derniers officiers semblent s'être partagé les tâches de la formation spirituelle et morale des croyants, de l'inscription de l'état civil des adeptes et des principaux événements de leur vie, de la comptabilité des actes méritoires et délictuels, de la sépulture des morts ainsi que des sacrifices (non sanglants) offerts aux nombreuses divinités régionales, tout particulièrement aux dieux des montagnes. La fonction la plus importante était celle de *jijiu* : l'incombant gérait, sur le modèle des fonctionnaires d'État, les aspects matériels et spirituels de la communauté. Sous chaque *jijiu*, on trouvait des « recruteurs des délinquants » (*jianling*), qui semblent avoir eu pour tâche d'amener les gens du peuple à joindre les rangs de leur secte. Les « catéchumènes » s'appelaient « revenants corvéables » (*guizu*) ; une fois incorporés à la secte, ils s'appelaient « peuple des revenants » (*guimin*). Les membres de la secte étaient répartis en différentes catégories dans une hiérarchie basée sur le sexe, l'âge et le mérite : les « hommes du *Tao* » (*daonan*) et les « femmes du *Tao* » (*daonü*). Les femmes semblent avoir eu un statut et des fonctions égaux à ceux des hommes.

Culte et rites

Les principaux rites gravitaient autour de la vénération de Lao zi (récitation du *Daode jing,* méditation, offrande d'encens), de la confession des péchés (liée à la guérison des maladies, à la préservation de la santé et à l'exorcisme des mauvais esprits), des principaux événements dans la vie des individus et de la célébration saisonnière des fêtes communales. Ces dernières se tenaient trois fois l'an (le 15 du premier, du septième et du dixième mois), dans une année liturgique divisée en vingt-quatre périodes (*jie*).

L'objet principal du culte était la figure divinisée de Lao zi, « le Très Vénérable Seigneur Lao » (*Taishang Lao jun*) comme manifestation suprême du *Tao*. Zhang Daoling enseignait que l'hypostase du *Tao*, dont il avait reçu personnellement la révélation, s'était incarnée à plusieurs reprises, de manière cachée, au cours de l'histoire, avant de trouver sa pleine réalisation

---

17. Voir l'importante étude de K. Schipper, *Le Corps daoïste : corps physique – corps social*, Paris, Fayard, 1982. Noter l'importance des nombres 3, 8, 24, dont la théorie faisait partie du système de correspondances établi vers le –IIe siècle ; leur utilisation était courante au temps des premiers Maîtres célestes.

dans Lao zi[18]. Le culte de Lao zi divinisé fut d'abord et avant tout un culte « en esprit » basé sur la méditation, sur l'alchimie « intérieure », sur des attitudes morales et religieuses nobles, de même que sur la pratique des œuvres de bienfaisance. Il semble que l'offrande d'encens dans le brûle-parfum (*lu*, *xianglu* ou *boshanlu*) constitua un élément important des rites et des pratiques méditationnels[19]. Des textes issus des milieux taoïstes de la fin du IIe siècle, donc contemporains des premiers Maîtres célestes, nous donnent une idée du contenu de la méditation qu'ils proposaient aux fidèles :

> Il [Lao zi] établit le Grand Commencement,
> il circule dans la Grande Origine...
> Il contemple le chaos primordial avant son ouverture,
> il est en harmonie par delà la distinction du pur et du trouble...
>
> Seul et sans compagne
> il s'ébat dans le temps jadis, avant Ciel et Terre.
> Il sort de son état caché pour y retourner.
>
> Il a la bouche grande et les lèvres épaisses,
> au front il a cinq fois trois lignes,
> la protubérance solaire et le croissant lunaire.
> Son nez est à double arête, ses oreilles ont trois conduits.
>
> Sa nature est le non-désir,
> sa conduite est le non-agir[20].

En bref, Lao zi était contemplé comme préexistant à l'univers et s'identifiant au chaos primordial ; il s'incarna dans un corps humain extraordinaire, après une gestation de soixante-douze ans dans le sein de sa mère ; il se réincarna comme sage conseiller des empereurs de l'Antiquité, puis

---

18. D'importants documents datant du IIe siècle de notre ère, dont le *Lao zi ming* (« Panégyrique de Lao zi ») et le *Lao zi bianhua jing* (« Classique des Transformations de Lao zi »), montrent que les croyances des Maîtres célestes au sujet des incarnations successives de Lao zi étaient largement répandues aussi bien à la cour (cultes impériaux en honneur de Lao zi) que dans des groupes populaires distincts des Maîtres célestes – et même opposés à eux. Voir, à ce sujet, l'excellente étude de A. Seidel (1969), p. 43-50 et 58-75.
19. On a parfois pensé que l'offrande rituelle d'encens était d'origine bouddhiste. Il s'agit au contraire d'une très ancienne coutume chinoise liée aux rites de purification de fin d'année. Ce sont surtout les taoïstes qui l'ont préservée et perpétuée. Par ailleurs, le lien de l'encens avec le brûle-parfum semble être une innovation taoïste, ce dernier, symbole du cosmos, étant proposé aux adeptes comme objet de méditation. Voir K. Schipper (1978), p. 56.
20. Extrait du *Lao zi bianhua jing*, traduit par A. Seidel (1969), p. 60-61 ; selon Seidel, le texte serait de « la fin des Han », soit la fin du IIe siècle. La méditation portait sur le corps cosmique et le corps terrestre de Lao zi. La « visualisation » (*kan shen* ou *guan shen*) de Lao zi et des autres divinités du panthéon taoïste devint pratique courante jusqu'à nos jours dans le taoïsme religieux.

quitta la Chine sous la décadence de la dynastie des Zhou (−1121 à −222) et se retira dans l'ouest de la Chine, aux monts Kunlun[21]. Cette manière de se représenter Lao zi permettait aux Maîtres célestes d'intégrer dans leur catéchisme les principes cosmologiques, psychologiques et métaphysiques des philosophes taoïstes, et, d'abord, ceux du *Daode jing*.

Faisaient en effet partie du culte de Lao zi la mémorisation et la récitation du *Daode jing*, l'écriture sainte par excellence, enrichie par d'abondants commentaires, dont certains, peut-être de la main même de Zhang Daoling, dégageaient la portée pratique (diététique, gymnastique, sexuelle, alchimique, méditationnelle, liturgique et éthique) du classique en cinq mille caractères[22]. D'autres cultes furent intégrés, de manière subordonnée, dans la pratique liturgique des premières communautés taoïstes : le culte aux Cinq Empereurs (*wudi*) célestes (essentiellement, un culte des quatre orients et du centre)[23] ; le culte aux Trois Augustes (*sanhuang*)[24] ; le culte aux divinités locales, notamment celles des montagnes et des cours d'eau. Le syncrétisme cultuel que l'on observe dans les premières communautés taoïstes marquera profondément toute l'histoire du taoïsme religieux. Il

---

21. Voir A. Seidel (1969), p. 73.
22. Les Maîtres célestes semblent avoir édité leur propre texte du *Daode jing*, qui, pour des raisons rituelles, comptait précisément 5 000 caractères, alors que les éditions reçues en comptent environ 5 500. On a découvert parmi les manuscrits de Dunhuang l'un des plus anciens commentaires du *Daode jing*, le *Xiang'er zhu* (le fragment couvre les chapitres 3 à 37 des éditions traditionnelles). Rao Tsung-yi (1956), dans son édition critique, attribue ce commentaire à Zhang Daoling. Cependant, des recherches récentes tendent à montrer qu'il fut rédigé dans sa forme finale par le petit-fils de Daoling, Zhang Lu (*fl.* 190-220), peut-être sur la base d'un enseignement oral et partiellement écrit remontant au temps de Daoling. Voir A. Seidel (1969), p. 75-76 ; I. Robinet (1991), p. 65 et 139) ; S. Bokenkamp (1997), p. 58-61. Des auteurs chinois contemporains comme Qing Xitai (1988), p. 183, et Ren Jiyu (1990), p. 37-38, sont du même avis.
23. Ce culte semble remonter au −VIIIe siècle ; il s'agissait, au début, d'honorer les dieux gouvernant les quatre parties du ciel correspondant aux territoires conquis et gouvernés par les rois de la dynastie des Zhou (−1221 à −222) ; il n'y avait à l'origine que quatre dieux, chacun se distinguant par sa couleur : jaune au centre, vert à l'est, rouge au sud, blanc à l'ouest. Le Premier empereur de Qin (r. −221 à −210) conserva ce système lorsqu'il établit l'empire. Cependant, l'empereur Gao zu (r. −206 à −195), le fondateur de la dynastie des Han, ajouta le dieu noir du nord, peut-être pour établir une correspondance avec les Cinq Éléments. Enfin, sous l'empereur Wu des Han (r. −141 à −187) on déplaça le dieu jaune vers le sud-ouest et on le remplaça, au centre, par *Taiyi*, « Un suprême ». C'est ce nouveau schéma que semble avoir adopté Zhang Daoling dans son culte aux Cinq Empereurs.
24. Dans l'historiographie chinoise traditionnelle, l'expression *sanhuang* renvoie aux fondateurs des trois premières dynasties, soit Yu le Grand pour les Xia (−2207 à −1766), Tang pour les Shang (−1765 à −1122) et Wen pour les Zhou (−1121 à −222). Mais, dans le contexte taoïste, *sanhuang* désigne soit les trois puissances du cosmos, le Ciel, la Terre et l'Homme, soit les Trois Un (*sanyi*), l'Un suprême (*Taiyi*), le Ciel et la Terre.

contribuera à constituer un immense panthéon hiérarchique qui comptera quelques siècles plus tard des milliers de dieux, chaque aspect du microcosme comme du macrocosme étant représenté par un dieu. Cette prolifération des êtres divins n'excluait cependant pas une critique parfois acerbe des croyances et des pratiques des groupes religieux hétérodoxes : si certains éléments de ces cultes étaient intégrés à la pratique des Maîtres célestes, ils étaient d'abord soumis à une transformation radicale, pour qu'ils correspondent aux normes rituelles de ces derniers. On connaît, par ailleurs, les interminables polémiques qui sévirent entre les taoïstes et les bouddhistes à partir du IVe siècle à propos du « vrai culte ».

Le rite de la confession

La confession des péchés (*shouzui*) était l'un des rites les plus importants des premières communautés taoïstes. D'après Zhang Daoling, la maladie était la conséquence directe des péchés. En confessant ses péchés, on assurait sa guérison par une forme de purification intérieure. La confession était donc étroitement liée à la quête de la longue vie et de l'immortalité, qui, du point de vue subjectif du croyant, était l'objet final du taoïsme religieux. La confession comportait tout un aspect administratif et bureaucratique. L'une des tâches des *jijiu* était de préparer en bonne et due forme la liste des péchés, de vérifier le repentir des pécheurs et de formuler la requête de pardon ; le tout était adressé aux dieux en suivant une procédure établie comme s'il avait été question d'un mémoire envoyé par un fonctionnaire à un ministre de l'administration civile ou à l'empereur lui-même. Comme rite purificatoire et contractuel, la confession obligeait l'adepte à suivre un code moral rigoureux et l'habilitait, en retour, à recevoir l'enseignement de l'Un orthodoxe (*zhengyi*), à réciter le *Daode jing*, à participer au culte de Lao zi et à s'unir au *Tao*. I. Robinet (1991, p. 67) résume bien l'un des rituels liés à la confession des péchés, le « Jeûne de la boue et du charbon » (*Tutan zhai*) :

> C'est un rituel de contrition mené par les adeptes enduits de boue et de charbon en signe de repentir, couchés, les mains liées dans le dos, une pièce de jade dans la bouche comme les criminels, et destiné à demander le pardon des péchés commis par les membres vivants et morts de la famille des participants, de ceux-ci, du « peuple tout entier », de tous les hommes et animaux sur terre – un rituel de salut universel, par conséquent. On y récite ses péchés en une longue litanie, on y invoque les divinités des cinq et dix directions, et il se termine sur un rite conservé jusqu'à nos jours où le prêtre procède à la « sortie des fonctionnaires » (*chuguan*) : il charge les messagers

que sont les esprits corporels de porter aux divinités célestes sa prière rédigée en forme de mémoire et accompagnée de la confession des pénitents[25].

La dimension éthique

Une bonne part de cette volonté de pureté était liée à la question éthique, qui joua un rôle important dès les débuts, comme le laisse voir le ton moralisateur des commentaires des Maîtres célestes sur le *Daode jing*[26]. Le commentaire *Xiang'er*, en particulier, contient un ensemble de maximes et de préceptes moraux qui, quelques siècles plus tard, furent extraits du commentaire pour former un véritable catéchisme moral : les « neuf pratiques et les vingt-sept préceptes ». À titre d'exemple, les « neuf pratiques » exigeaient que « ceux qui aiment le *Tao* » pratiquent l'absence de fausseté, la souplesse et la faiblesse, la passivité, l'humilité, la pureté et la tranquillité, la bienfaisance, l'absence de désir, le contentement et la déférence. Ce sont, bien sûr, des dispositions fondamentales proposées par le *Daode jing*. Les « vingt-sept préceptes » portaient plutôt sur des prohibitions plus proprement religieuses, par exemple ne pas gaspiller ses essences et ses souffles, ne pas manger d'animaux à sang, ne pas négliger la loi du *Tao*, ne pas tuer ou même parler de tuer, ne pas étudier de textes hétérodoxes, ne pas être leurré par les sens, ne pas être aveuglé par les sentiments, ne pas prier ou vénérer les esprits et les démons, ne pas se disputer avec les autres, etc.[27]. L'enseignement, la méditation et l'examen de conscience qui nourrissaient la vie morale se faisaient au cours de retraites (*zhai*) dans des « maisons de tranquillité » (*jinghu, jingshi*) ou des maisons de purification (*qingshe*) établies dans chaque district. On en comptait trente-six au temps de Zhang

---

25. Cette description est sans doute postérieure au IIe siècle ; cependant, les faits décrits remontent au IIe siècle, comme le montre H. Maspero (1971), p. 357-358, dans un texte comparable : « [L]a maladie était considérée comme la conséquence des péchés antérieurs. Le malade se rendait auprès de sortes de prêtres ou sorciers spéciaux et, s'agenouillant, il se déclarait coupable de fautes en se prosternant et demandait à être délivré de ses péchés. Le prêtre inscrivait son nom et son repentir sur trois fiches destinées au Ciel, à la Terre et à l'Eau : la première était brûlée, la seconde enterrée, la troisième immergée. De plus le maître, tenant en main une baguette de bambou ayant neuf nœuds (9 est le nombre du Ciel), faisait des charmes et récitait des incantations sur l'eau. Il faisait prosterner les malades contre terre et leur disait de se repentir de leurs fautes. Puis il leur faisait boire l'eau charmée. Au bout de plusieurs jours, si les malades guérissaient, on disait qu'ils étaient des fidèles croyants ; ceux qui ne guérissaient pas étaient punis pour manque de foi. Les punitions consistaient à accomplir, sous la surveillance des autorités religieuses, diverses œuvres pies, réparer cent pas de route, fournir le riz et la viande nécessaires pour les auberges publiques gratuites, etc. »
26. Voir la liste de commandements et de préceptes des Maîtres célestes présentée et commentée par S. Bokenkamp (1997), p. 48 et suivantes.
27. Voir A. Seidel (1969), p. 77 ; S. Bokenkamp (1997), p. 49-50.

Daoling. On pense que ces « maisons de prière », attachées à la résidence (*zhi*) des chefs religieux, furent les ancêtres des « temples taoïstes » (*daoguan*), qu'on voit encore de nos jours et dont l'origine remonte aux premiers maîtres célestes[28].

On doit comprendre les croyances et les pratiques des adeptes des Maîtres célestes comme une suite d'étapes rituelles et morales conduisant à l'union à Lao zi, au *Tao* et à l'immortalité. Dans l'esprit des Maîtres célestes, l'union à Lao zi et au *Tao* était synonyme de l'immortalité, un peu comme dans la tradition chrétienne l'union au Christ et à Dieu est synonyme de la vie éternelle. La première étape était la « conversion » (*hua*) : l'adepte s'engageait à « suivre la Voie » (*Tao*) en s'incorporant à la communauté locale d'un district donné, en acceptant l'autorité et les dispositions du Maître céleste et des préposés aux diverses fonctions (formation spirituelle, confession, soin des malades, sépulture des morts, bonnes œuvres, etc.) de chaque communauté et en suivant l'enseignement de l'Un orthodoxe (*zhengyi*), par opposition à d'autres cultes considérés comme aberrants ou hérétiques. La seconde étape consistait dans la confession des fautes, marquée par le repentir et par la promesse (sous forme de contrat écrit adressé aux dieux du Ciel, de la Terre et des Eaux) d'éviter toute récidive.

L'union au *Tao* par l'intermédiaire de Lao zi était la pierre de touche de la longue vie et de l'immortalité. Les étapes de purification par la confession et les bonnes œuvres, l'illumination de l'esprit par l'enseignement du texte sacré de Lao zi et l'union au *Tao* par la méditation constituaient donc une voie mystique. Par ailleurs, l'établissement des communautés ecclésiales sous l'autorité d'un ministère sacerdotal capable de se perpétuer dans le temps, la participation des fidèles à des rites prescrits et l'actualisation sur le plan symbolique d'un message qui se proposait à la foi des fidèles comme un mystère révélé fournissaient les éléments essentiels d'une véritable religion. On ne saurait surestimer l'importance des rites sacrés dans l'implantation et la propagation du taoïsme religieux. À ce propos, K. Schipper (1978), p. 56, écrit : « La liturgie des Maîtres célestes forma l'infrastructure de la religion chinoise... jusqu'à la période actuelle. »

---

28. La première mention du *daoguan* semble être dans le *Baopu zi* (« Le Maître qui embrasse la simplicité ») de Ge Hong (293-343). Cependant, selon Chen Guofu (1963), le *zhi* des Maîtres célestes serait l'ancêtre du *guan* du IVe siècle.

LES ANTÉCÉDENTS PHILOSOPHIQUES ET RELIGIEUX

Le taoïsme philosophique

Du point de vue du croyant, le taoïsme religieux et mystique ne fut pas une invention des Maîtres célestes ; il existait depuis le commencement du monde. Le processus cosmologique puis le processus historique qui en était le prolongement n'étaient que la révélation et la réalisation progressives du *Tao* dans la création. La religion taoïste était pétrie de naturalisme de fond en comble. Lao zi, incarnation du *Tao* et du cosmos, était apparu, sous d'autres noms, à plusieurs reprises au cours de l'histoire, jusqu'à sa pleine manifestation à Zhang Daoling. Mais de nouveaux progrès dans l'approfondissement de cette révélation étaient à prévoir et se produisirent effectivement. Les grands penseurs taoïstes (*daojia*), à commencer par Lao zi, puis Lie zi, Zhuang zi, Wen zi et Huainan zi, étaient des témoins privilégiés qui avaient su exprimer l'enseignement taoïste dans le langage des écoles philosophiques qui naquirent à partir du –VIe siècle. Les Maîtres célestes retrouvaient dans ces écrits les fondements intellectuels de leur propre foi. Ces ouvrages et leurs nombreux commentaires par des auteurs taoïstes furent intégrés et préservés dans le *Daozang,* nouvelle preuve, s'il en fallait, que les taoïstes ne décelaient pas le moindre hiatus entre le taoïsme philosophique et le taoïsme religieux.

La distinction et même l'opposition entre ces deux traditions ne venaient pas des taoïstes, mais des historiens et des penseurs confucéens[29]. Ceux-ci, d'un côté, admiraient les œuvres des philosophes taoïstes et, de l'autre, méprisaient les croyances et les pratiques des communautés taoïstes. Ils distinguaient deux phases dans le développement du taoïsme : d'une part, une phase philosophique, commençant avec Lao zi au –VIe siècle, suivi de Lie zi, Zhuang zi, Wen zi et Huainan zi jusqu'au –IIe siècle, et, à partir du IIIe siècle, les néo-taoïstes Wang Bi (226-249), He Yan (m. 249), Guo Xiang (m. 312) et bien d'autres ; cette tradition, d'après eux, continua comme l'une des principales écoles de philosophie chinoise jusqu'à nos jours. C'est, à proprement parler, l'école du taoïsme philosophique. D'autre part, un développement religieux, commençant au IIe siècle avec l'apparition de véritables sectes dotées d'une organisation ecclésiale, d'une liturgie structurée et d'un enseignement dogmatique. Ces sectes, dont le *Taiping*

---

29. Cette question complexe a fait l'objet de recherches par plusieurs sinologues, par exemple H. Maspero (1971), p. 449-466 ; H.G. Creel (1970), p. 1-24 ; I. Robinet (1991), p. 10-12 ; L. Kohn (1992), p. 6-8 ; S.F. Teiser (1996), p. 8-11 ; S. Bokenkamp (1997), p. 12-13. Du côté chinois, on peut mentionner, entre autres, Wang Ming (1984), p. 1-2 ; Ren Jiyu (1990), p. 12-14.

dao, le *Wudoumi dao* et le *Tianshi dao,* se réclamaient tout particulièrement de Lao zi, qu'elles considéraient comme un dieu. Dans l'esprit des historiographes chinois, le plus souvent d'allégeance confucéenne, le taoïsme religieux, plus tardif, corrompit la pureté de la philosophie taoïste originelle, en la mêlant à des mouvements de rébellion politique, à des superstitions, à la magie, à l'ésotérisme et au charlatanisme.

On peut dire que la sinologie occidentale a d'abord accepté le point de vue plutôt négatif des historiens chinois. Ce sont surtout les travaux de Henri Maspero qui ont donné au taoïsme religieux ses lettres de noblesse en Occident. Les études entreprises en Chine, au Japon et en Occident au cours de ce siècle permettent de corriger les vues traditionnelles sur deux points particuliers. D'abord, la philosophie taoïste n'est pas un système de pensée purement rationnel : sa cosmologie, centrée sur l'union au *Tao,* est liée à une finalité personnelle de puissance, de liberté et d'immortalité (« l'homme véritable », *zhenren*), et à une finalité politique utopiste sous la dominance du saint-souverain (*shengren*). Sur les deux plans, le taoïsme philosophique, malgré son caractère critique, prêtait le flanc à certaines formes de « surnaturalisme » et de « mysticisme » : on n'a qu'à penser au saint-souverain de Lao zi ou à l'homme véritable de Zhuang zi, de Lie zi et de Huainan zi, capables d'exploits qui dépassent les bornes de l'expérience humaine ordinaire et « rationnelle ». Les taoïstes religieux misèrent fortement sur ces aspects extraordinaires du taoïsme philosophique. Par ailleurs, les taoïstes religieux assimilèrent parfaitement la cosmologie du taoïsme philosophique et lui donnèrent des applications inattendues dans leurs pratiques physiologiques et mentales. Il y avait donc, sur le plan des idées, plusieurs points de rencontre, plusieurs « pierres d'attente », entre le taoïsme religieux et le taoïsme philosophique, de sorte qu'on peut parler d'une tradition taoïste présentant tantôt un dosage davantage philosophique, tantôt un dosage davantage religieux. Mais plusieurs éléments fondamentaux se retrouvent des deux côtés.

Parmi les ouvrages du taoïsme classique, le *Daode jing* occupe une place à part. Il s'agit d'un texte sacré révélé, dont la lecture et la récitation entraînent comme par magie la transformation du corps et de l'esprit et établissent un lien direct avec son auteur Lao zi et avec le *Tao.* Les autres textes du taoïsme classique, comme le *Zhuang zi,* le *Lie zi* et le *Huainan zi,* ne jouissent pas d'un statut comparable. Cependant, ils contribuèrent de manière importante à définir la cosmologie d'arrière-plan des croyances et des pratiques du taoïsme religieux. Mais on doit insister sur le fait que cette cosmologie, avant d'être utilisée par les Maîtres célestes, fut remaniée et systématisée par des penseurs des Han antérieurs, notamment par Huainan zi (−179 ? à −122) et Dong Zhongshu (−179 ? à −104 ?)[30].

Ce que les Maîtres célestes et les premières communautés religieuses taoïstes empruntèrent aux philosophes taoïstes, ce fut d'abord une vision globale du monde. Le schéma cosmologique du taoïsme est une boucle ou, mieux, une spirale, flottant dans l'infini, puisqu'elle commence et se termine dans le non-être (*wu*). Émanation mystérieuse du *Tao*, le monde (*yuzhou* : « espace-temps ») est créé et se développe en une série ininterrompue et cumulative d'étapes ou de phases, qui aboutissent au sommet à l'homme, « la plus noble des créatures » (*ren wei gui*) et, plus particulièrement, à l'« homme véritable » (*zhenren*) ; celui-ci est seul parmi les « dix mille êtres » (*wan wu*) à pouvoir faire un retour à son origine (*fan zong*), c'est-à-dire au *Tao*, et ainsi à « boucler la boucle[31] ». Des descriptions de la cosmogenèse taoïste apparaissent dans le *Daode jing*, le *Zhuang zi* et le *Huainan zi*. C'est dans ce dernier ouvrage que les descriptions les plus complètes sont présentées, un reflet de l'intérêt profond des penseurs des Han antérieurs pour une explication naturaliste et « holiste » de l'univers. La création y apparaît comme un processus de fragmentation et de distinction progressives à partir de l'indifférencié originaire, aboutissant à la multiplicité et à la séparation des dix mille êtres. Seul l'homme véritable (*zhenren*, l'idéal taoïste) peut retourner à son origine parce qu'il réactualise en lui-même le processus cosmologique, d'abord à rebours ; par une *via negationis* radicale, il parcourt la grande « chaîne des êtres » en oblitérant les déterminations de son moi empirique et du monde sensible – sensations, perceptions, mémoire, imagination, désirs, pensées, vouloirs –, pour se fondre, en bout de piste, avec l'indifférencié et le non-être, face négative de l'union au *Tao*. L'homme uni au *Tao* reproduit les dispositions de sérénité du *Tao* ; il agit comme le *Tao* : son agir est pur, désintéressé, spontané, créateur ; du point de vue de l'agir délibéré, laborieux, téléologique, eudémonique, des hommes du commun, l'agir taoïste se donne comme un « non-agir » (*wuwei*) qui accomplit tout dans la mouvance du *Tao*. Les notions de spontanéité (*ziran* : « être tel par soi-même, non par autre chose ») et de résonance (*ganying* : « réponse immédiate, spontanée, à l'incitation ») forment, avec le non-agir, le noyau de l'anthropologie taoïste, prolongement en continuité de la cosmogenèse. À l'arrière-fond, on trouve l'idée de « souffle » (*qi*),

---
30. Sur ce dernier point, voir l'étude de J. Henderson (1984), p. 1-58.
31. En ce sens on lit dans le *Daode jing*, 40 : « Aller à contre-courant (ou faire retour) est le mouvement du *Tao* ».

d'abord indifférencié (*yuanqi*), puis se divisant en *yin* et *yang*. Les éléments *yin*, lourds et opaques (*zhuo*), formèrent la terre et les animaux ; les éléments *yang*, légers et limpides (*qing*), formèrent le firmament et les divinités. L'homme, microcosme, est la synthèse du *yin* et du *yang*. C'est en préservant et en cultivant la quintessence du *yin* et du *yang*, les souffles *jingshen*, qu'il s'assure d'une longue vie et se met sur la voie de l'immortalité.

C'est dans cette perspective qu'on doit comprendre l'importance accordée à l'union au *Tao* et à la purification des fautes comme condition de cette union. Car la maladie et le péché apparaissaient comme les dernières ramifications du processus entropique de fragmentation et de séparation, creusant un fossé infranchissable entre les êtres et le *Tao*. Ainsi, le culte à Lao zi, les rites entourant la confession et les préceptes de la vie morale de la Voie des Maîtres célestes s'enracinaient dans une véritable métaphysique et cosmologie taoïste.

Les anciennes techniques savantes et chamaniques

Plusieurs siècles avant la naissance du taoïsme religieux avec la révélation de Lao zi à Zhang Daoling, on trouve un ensemble de traditions religieuses qu'on peut, il semble, en adoptant une définition large, qualifier de « chamaniques ». Les protagonistes s'appelaient *fangshi*, « magiciens » ou « maîtres de techniques », et *wu*, « sorciers » ou « chamans » ; il semble que les premiers furent actifs dans le nord de la Chine, surtout dans la province du Shandong, et les seconds, dans le sud de la Chine, au Sichuan, au Hubei et au Hunan[32]. Souvent, dans les textes, le terme *fangshi* est seul utilisé et englobe les *wu*. Un trait commun à ces deux traditions, c'était la quête de la longue vie, de l'immortalité et du libre accès au monde surnaturel des esprits. Les *wu* et les *fangshi* des Han furent les héritiers d'un vaste corpus de techniques, de recettes, de rites, qui s'était constitué au long des siècles – remontant dans certains cas jusqu'à la dynastie des Shang (−1755 à −1122) : divination (astrologie, physiognomonie, géomancie, numérologie, ostéomancie, achilléomancie, oniromancie, etc.), médecine (acupuncture, moxibustion, pharmacopée, alchimie, diététique, sexualité, gymnastique), religion (purifications, exorcismes, méditation, transes, thaumaturgie, prophéties, voyages astraux, communication médiumnique avec les esprits,

---

32. Voir Gu Jiegang (1954) ; Ngo Van Xuyet (1976) ; K. DeWoskin (1983) ; I. Robinet (1991). Les trois provinces mentionnées formaient dans la Chine ancienne l'immense royaume de Chu, dont la riche culture est représentée par des œuvres taoïstes et chamanistes comme le *Zhuang zi*, le *Chu ci* et le *Huainanzi*.

etc.). Les traditions locales et les besoins du moment déterminaient le choix des moyens à utiliser. Les *wu* semblent avoir favorisé les pratiques liées aux transes et aux extases chamaniques, les *fangshi*, celles relevant du savoir-faire technique et ritualiste.

Ces pratiques, souvent mélangées, n'étaient pas confinées aux couches populaires, mais se rencontraient également chez les lettrés et à la cour. En fait, la plupart des *wu* et des *fangshi* tardifs semblent avoir appartenu à la classe des lettrés. On comprend mieux dès lors comment leurs enseignements purent s'infiltrer dans des ouvrages de philosophie taoïste comme le *Daode jing*, le *Zhuang zi*, le *Huainan zi*. Par exemple, l'un des plus anciens textes à refléter la culture chamanique du sud de la Chine vers le –IVe siècle, soit le *Chu ci*, « Élégies de Chu », fut composé en partie par l'un des plus grands poètes de la Chine, Qu Yuan (–343 ? à –290). À la même époque, plusieurs *fangshi* faisaient partie de la célèbre Académie Jixia, établie par le prince Xuan (r. –332 à –314) près de Linzi, capitale de l'ancienne principauté de Qi, au Shandong, dans le nord de la Chine. On peut penser qu'ils contribuèrent à élaborer les « systèmes de correspondance » et la cosmologie du *yin* et du *yang* et des Cinq Éléments, qui jouèrent un rôle prépondérant dans la pensée des Han antérieurs. On connaît l'importance de ces théories dans la pratique médicale et alchimique chinoise. Par ailleurs, l'histoire nous a transmis le nom de plusieurs *fangshi* du Shandong, du Henan et du Liaoning, qui étaient des érudits, des conseillers ou des maîtres des rites à la cour impériale des Qin et des Han. Plusieurs personnages mis en scène par le *Zhuang zi* et le *Huainan zi* appartiennent à la tradition des *wu* ou des *fangshi*, confirmant la proximité initiale des aspects philosophique et religieux du taoïsme. Les travaux de pionnier de H. Maspero, M. Kaltenmark, A. Seidel, K. Schipper et, plus récemment, de Ngo Van Xuyet, I. Robinet, K. DeWoskin, L. Kohn, D. Harper et S. Bokenkamp ont permis d'éclairer plusieurs aspects importants de cette question, mais une synthèse approfondie reste à faire.

On peut néanmoins conclure que le taoïsme religieux n'est pas une pure invention de la dynastie des Han, mais qu'il plonge ses racines loin dans l'histoire ancienne de la Chine. Les premiers Maîtres célestes, en particulier le fondateur, Zhang Daoling, apparaissent nettement, à la lumière des sources anciennes, à la fois comme des chamans (*wu*) et comme des maîtres de recettes (*fangshi*). Sans tomber dans un déterminisme simpliste, on peut penser que c'est la rencontre de ces anciennes traditions chinoises (qu'il ne faudrait pas identifier aux « religions populaires ») avec la situation très particulière de la fin de la dynastie des Han qui explique historiquement la formation de l'église taoïste.

LE CONTEXTE SOCIOPOLITIQUE

Au temps où la communauté taoïste primitive prend forme, vers le milieu du IIe siècle de notre ère, la Chine traverse l'une des époques les plus sombres de son histoire. Le puissant empire des Han, au pouvoir depuis près de quatre siècles, et qu'on avait longtemps cru invincible, commençait à se désagréger, non pas sous le coup d'une invasion ou d'une conquête venue de l'extérieur, mais en raison d'une corruption généralisée du pouvoir à partir de la cour impériale jusqu'à l'administration locale dans les préfectures et dans les villages. Voici comment Étienne Balazs (1968, p. 75-76) décrit la Chine du milieu du IIe siècle :

> La population agricole, c'est-à-dire la presque totalité de la nation, vivait dans une misère indicible. Le paysan libre était en train de disparaître. Constamment menacé sur son lopin de terre par la famine, les impôts, les corvées et pressuré par les nombreuses demandes des fonctionnaires mal payés, ou encore menacé d'expropriation par quelque grand seigneur désireux d'arrondir son domaine, il était condamné tôt ou tard à aller joindre les rangs du prolétariat agricole, louant les terres d'un grand propriétaire comme métayer ou se louant comme ouvrier agricole, si les dettes ou l'inondation ou la sécheresse ne lui ont pas laissé d'autres ressources. Ou encore il fuit la campagne et mène une vie errante comme marchand ambulant, artisan, domestique, soldat ou bandit. Pour ses enfants, il reste encore un débouché, celui de l'esclavage ou de la prostitution : il les vendra et ils vont remplir les palais dans les villes comme esclaves, chanteuses, acteurs ou eunuques.

C'est dans ce contexte de « fin de dynastie » qu'apparurent de nombreux mouvements de contestation, de révolte et de rébellion, animés par un désir exacerbé de changement prenant souvent des allures messianiques et millénaristes. On voulait non pas un simple remplacement ou une substitution des personnes en gardant la même organisation sociopolitique, mais bien un changement *qualitatif* de structure, un ordre nouveau, un royaume de l'esprit sur terre. Cette vision utopiste s'enracinait dans le *datong*, « Grande Union », et le *taiping*, « Grande Paix », des notions idéalistes déjà présentes dans les plus anciens écrits politiques et philosophiques chinois. Ces mouvements iront s'intensifiant, atteignant leur paroxysme avec la célèbre Rébellion des Turbans Jaunes (*huangjin*) en 184, à laquelle la communauté taoïste primitive des Maîtres célestes fut étroitement mêlée. On n'a peut-être pas à se surprendre si plusieurs de ces groupes militants s'inspiraient idéologiquement des anciens écrits des philosophes taoïstes. Car c'est dans les écrits de ces derniers qu'on évoquait soit un système sociopolitique fondé sur une réalité surnaturelle, le *Tao* (en particulier le *Daode jing* attribué à Lao zi), soit la liberté absolue de l'individu par l'union au *Tao* (en particulier le *Zhuang zi*). Face à l'intolérable misère, ces royaumes de l'esprit à portée de main exerçaient un pouvoir d'attraction puissant sur de larges segments de la population.

À partir du IIe siècle, on peut identifier trois *foyers* taoïstes à peu près contemporains dans différentes parties de la Chine, tous dirigés par des personnages nommés Zhang : le premier foyer s'appelait *Tianshi dao*, comme nous l'avons vu ; fondé par Zhang Daoling autour du mont Heming au sud-ouest de Chengdu, vers 142, son écriture sainte était le *Daode jing* ; le deuxième, le *Taiping dao*, dirigé par Zhang Jue (m. 185) dans l'ouest du Shandong, avait pour écriture sainte le *Taiping jing* (« Classique de la Grande Paix ») ; au début, ce mouvement fut de beaucoup le plus important ; le troisième, établi par Zhang Xiu au nord du Sichuan sous le nom de *Wudoumi dao*, semble avoir utilisé indifféremment le *Daode jing* et le *Taiping jing*[33]. Ces trois mouvements évoluèrent de manière parallèle, chacun étant conscient des activités des deux autres et luttant parfois pour assurer sa prépondérance et grossir sa clientèle. La grande Rébellion des Turbans Jaunes de 184 marqua une date fatidique dans la destinée de ces trois groupes : le *Taiping dao*, principal instigateur de la rébellion, domina quelques années dans tout l'est de la Chine, mais finit par s'effondrer sous l'assaut des armées impériales et perdit son ascendance au profit du *Tianshi dao* ; le *Wudoumi dao*, défait lors d'une lutte armée, fut absorbé par le *Tianshi dao*, dirigé alors par Zhang Lu (fl. 190-220), petit-fils de Zhang Daoling. Après sa victoire, Zhang Lu établit un véritable royaume théocratique, concentré dans l'importante ville de Hanzhong, dans le sud de Shenxi et à la frontière du Sichuan, qui dura de 185 à 215.

Le contexte conflictuel semble avoir exercé une influence déterminante sur la structure organisationnelle de l'église taoïste naissante, mais non pas sur son enseignement, qui est d'essence religieuse. L'influence du bouddhisme, malgré sa présence en Chine depuis au moins le Ier siècle, demeure problématique, en raison de la minceur des sources ; on peut supposer que certains éléments rituels et bibliographiques du taoïsme religieux furent assez tôt empruntés au bouddhisme ambiant, mais de telles influences demeurent superficielles et ponctuelles. Tout laisse croire que le taoïsme religieux fut une institution fortement enracinée dans les traditions culturelles chinoises et qu'il fut, à sa naissance, un produit spécifique de la dynastie des Han. Des trois foyers initiaux du taoïsme religieux, c'est le *Tianshi*

---

33. On compte un grand nombre d'études sur le caractère à la fois politique (révolutionnaire) et religieux (taoïste) de ces mouvements utopistes. Voir, par exemple, H. Levy (1956) ; P. Michaud (1958) ; M. Kaltenmark (1961) ; R. Stein (1963) ; É. Balazs (1968).

dao seul qui émerge des cendres de la dynastie des Han et devient le porte-parole du taoïsme religieux pour les siècles à venir. On ne peut donc surestimer le rôle de Zhang Daoling comme fondateur du taoïsme religieux[34].

Le *Tianshi dao* reçut une sorte de reconnaissance officielle en 215 lorsque, au moment où l'empire des Han se fracturait en trois royaumes, le général Cao Cao (155-220), devenu roi du nouveau royaume de Wei, qui comprenait la ville de Hanzhong, reçut la soumission de Zhang Lu. Celui-ci, en plus de se voir confirmer comme « Maître céleste », reçut le titre prestigieux de « Marquis de Langzhong » à la cour de Cao Cao. On peut penser qu'à partir du IIIe siècle le *Tianshi dao* joua un certain rôle de chef de file officiel dans l'évolution du taoïsme religieux[35].

LE DÉVELOPPEMENT DU TAOÏSME APRÈS LES HAN

Du IIIe au VIIe siècle, le taoïsme religieux connut d'importants développements, en particulier son appropriation par la classe des aristocrates et sa diffusion vers l'est et le sud de la Chine. Cette expansion coïncida avec une forte migration de la population du nord vers le sud après la chute des Han. Une figure domine le IIIe et le début du IVe siècle, celle de Ge Hong (280?– 340?). Appartenant à une famille aristocratique du sud de la Chine (région de Nanjing), celui-ci perpétue la tradition des *fangshi*. L'objet de ses recherches et de ses pratiques est centré sur l'immortalité. Il semble se rattacher aux traditions des Maîtres célestes transmises par Zuo Ci (155-220), un *fangshi* de la cour de Cao Cao ; ce dernier, comme nous l'avons vu, accorda son patronage au Maître céleste Zhang Lu ; Zuo Ci fut le maître de Ge Xuan (fl. 238-250), oncle de Ge Hong. Cependant Ge Hong ne se réclame d'aucune tradition, d'aucune église, et fait œuvre individuelle en remontant aux *fangshi* des Han. On trouve dans son œuvre, le *Baopu zi*, « Le Maître qui embrasse la simplicité », une synthèse originale des aspects religieux et philosophiques du taoïsme. Une importance particulière est accordée à la purification du corps et de l'esprit par la méditation, l'alchimie et le contrôle

---

34. M. Strickman (1979), p. 165, « Je propose d'utiliser le mot *daoïste* seulement pour référer à ceux qui reconnaissent la position historique de Zhang Daoling, qui sacrifient aux pures émanations du dao plutôt qu'aux dieux vulgaires de la populace et – puis-je ajouter – qui gardent et perpétuent leurs propres écrits et pratiques par des rites ésotériques de transmission. En d'autres mots, j'aimerais limiter l'expression [daoïsme] à la "Voie des Maîtres célestes" et aux organisations qui en émanèrent » (trad. C. Le Blanc).
35. Sur la communauté des Maîtres célestes de Hanzhong et sa dispersion à partir de 215, voir S. Bokenkamp (1997), p. 34-37 ; le rôle important de Zhang Lu dans la consolidation de la tradition des Maîtres célestes est traitée par le même auteur, p. 149-155 et 160-161.

du souffle, procédés de choix dans la poursuite de l'immortalité. On peut penser que l'œuvre de Ge Hong représente un important chaînon entre les traditions religieuses du sud et du nord de la Chine à la fin des Han. C'est grâce à son œuvre et au rayonnement de sa famille si les riches enseignements taoïstes du sud fusionnèrent bientôt avec la tradition des Maîtres célestes provenant du nord. En ce sens, l'œuvre de Ge Hong prépara la voie à la deuxième tradition majeure du taoïsme religieux, appelée l'école de la « Pureté suprême » (*Shangqing*)[36].

L'école du *Shangqing* commença avec la révélation-fleuve reçue par le *fangshi* Yang Xi entre les années 364 et 370 dans un monastère taoïste du mont Maoshan au Jiangsu. La révélation fut étroitement liée à la tradition taoïste de Ge Hong, par l'entremise de la famille aristocratique Xu, dont Yang Xi fut un pensionnaire. L'immortalité était l'objet essentiel de cette révélation; l'adepte devait atteindre le royaume des immortels par des formes de méditation axées sur la visualisation, par des randonnées extatiques et, en dernier ressort, par l'absorption d'un élixir alchimique très toxique. C'est encore à un membre de la famille de Ge Hong, appelé Ge Chaofu (fl. 397-402), que nous devons un nouveau développement du taoïsme religieux, soit la tradition *Lingbao* (« Joyau numineux »). Ge Chaofu fondit dans une synthèse originale les écritures révélées *Shangqing*, la philosophie de la dynastie des Han, les pratiques rituelles et alchimiques de sa propre famille et certains aspects de la vision bouddhiste de l'Au-delà. Ce nouveau corpus sacré constituait une simplification des révélations de *Shangqing*: il suffisait aux initiés, tenus au secret, de réciter certains textes et de participer à certains rites pour mériter une place parmi les parfaits. Avec la dissémination de l'enseignement *Lingbao*, le taoïsme apparut pour la première fois comme une religion organisée couvrant toute la Chine, débordant largement la sphère d'influence des Maîtres célestes. On note à partir de cette période des emprunts de plus en plus nombreux aux différentes écoles bouddhistes: les taoïstes érigèrent leurs premiers monastères, compilèrent leur premier canon des écritures sacrées, précisèrent la hiérarchie des fidèles, rédigèrent sermons et commentaires, transcrivirent de nouvelles révélations. Bientôt apparurent les premières encyclopédies et les premières représentations picturales et statuesques des personnages et des divinités taoïstes[37].

---

36. Sur Ge Hong et le *Shangqing*, voir les ouvrages magistraux de M. Strickman (1981) et de I. Robinet (1984), t. I.
37. Voir M. Kaltenmark (1960). Toute représentation physique de Lao zi et du *Tao* était interdite chez les Maîtres célestes primitifs.

On peut voir l'œuvre de Ge Hong, les révélations du *Shangqing* et la synthèse du *Lingbao* comme autant d'étapes dans le développement continu d'une tradition taoïste originale dans le sud de la Chine, tradition qui finalement forma un amalgame avec la grande tradition des Maîtres célestes. C'est cette nouvelle forme de taoïsme qui se répandit par toute la Chine et qui atteignit son apogée sous la dynastie des Tang (618-907). Au VIIIe siècle, le taoïsme continua de produire des textes et des œuvres d'art et joua un rôle grandissant sur la scène politique de l'époque. Son influence sur les différentes couches de la société fut encore augmentée par l'appui des empereurs des Tang, qui, en raison de leur patronyme Li, prétendaient descendre de Lao zi lui-même.

La première tentative d'harmonisation des « trois enseignements » – taoïsme, confucianisme et bouddhisme – fut en bonne part l'œuvre de Kou Qianshi (m. 448). Fort de nouvelles révélations de Lao zi, celui-ci s'empara du titre de Maître céleste, fut reçu à la cour des Wei du Nord (386-534) et parvint à faire déclarer religion officielle du royaume la Voie des Maîtres célestes. L'enseignement de Kou combinait une version purifiée du taoïsme à laquelle se greffèrent des éléments éthiques, politiques et rituels provenant du confucianisme et du bouddhisme. Pour la première fois le taoïsme religieux (*daojiao*, expression forgée, semble-t-il par Kou sur le modèle bouddhiste et confucianiste) était non seulement reconnu officiellement par l'État, mais en formait l'idéologie dominante. La dynastie des Wei du Nord adopta même un titre taoïste pour l'une de ses périodes de règne (*Taiping zhenjun*, « Le Souverain parfait de la Grande Paix », 440-451)[38]. Kou Qianshi compléta le processus de reconnaissance de la Voie des Maîtres célestes par les plus hautes autorités chinoises, obtenant pour son église l'autorité sur les autres groupes religieux non seulement taoïstes, mais aussi bouddhistes.

Un autre personnage du Ve siècle qui marqua profondément l'évolution du taoïsme est Tao Hongjing (456-536), sans doute le plus grand savant taoïste de l'histoire. Sa contribution est double : d'abord, il édita et permit de conserver les révélations du *Shangqing* à Yang Xi, comme nous l'avons vu plus haut ; ensuite, il établit sur une base solide – et même scientifique – les pratiques alchimiques des taoïstes, en particulier celles de Ge Hong. Ses connaissances encyclopédiques en philologie, en histoire, en philosophie, en littérature, en mathématiques, en botanique, en zoologie, en minéralogie, etc., lui permirent d'élever l'enseignement taoïste à un haut niveau théorique et littéraire[39].

---

38. Voir R. Mather (1979).
39. Voir M. Strickman (1979), p. 123-192.

La doctrine *Sanyi*, soit l'harmonisation des trois traditions religieuses, connut un développement accéléré à la suite de la grave crise politique et intellectuelle provoquée par la rébellion du célèbre général An Lushan en 755. À partir du IXe siècle, le taoïsme approfondit et enrichit son enseignement et sa pratique au contact des traditions confucianiste et bouddhiste. En même temps, dans la foulée du travail de Tao Hongjing, la pratique de l'alchimie externe (*waidan*), basée sur la concoction et l'absorption d'élixirs et de pilules en vue d'obtenir l'immortalité, fut graduellement transformée en une alchimie intérieure (*neidan*), qui interprétait l'expérience spirituelle et mystique du taoïsme dans le langage technique de l'alchimie physique. Le *Neidan* infléchit l'évolution intellectuelle et même rituelle du taoïsme jusqu'au XIVe siècle[40].

Sous les Song du Nord (960-1126), le taoïsme bénéficia de la faveur impériale, privilège bientôt annulé par l'imminence de l'invasion de la Chine le long de sa frontière nord par les Jürchen. La chute de la capitale Kaifeng en 1126 entraîna une migration massive des Chinois vers le sud – surtout les familles aisées, aristocratiques et lettrées – et l'éclosion de plusieurs nouvelles écoles taoïstes au XIIe siècle sous les Song du Sud (1127-1276), une période de grande détresse, mais en même temps de modernisation rapide et de nouveaux développements économiques. La plus importante parmi ces écoles fut celle de *Quanzhen* («Perfection complète»), une école monastique et ascétique favorisant l'intégration des trois enseignements et se rattachant au mouvement *Neidan*. Tout en reconnaissant l'autorité rituelle des Maîtres célestes, cette école s'inspira des révélations du *Shangqing*. Le vocabulaire de l'alchimie physique fut transposé sur le mode métaphorique pour décrire la transformation intérieure par la méditation, les rituels et l'hygiène corporelle (contrôle du souffle, diététique, chasteté). Le fondateur, Wang Zhe (1112-1167), enseigna le renoncement au monde; il visait, par l'ascèse (dont le célibat) et la méditation, à retrouver sa nature essentielle et ainsi à prolonger sa vie. Wang forma sept disciples, dont le célèbre Qiu Changchun (1148-1227), qui fut conseiller de Genghis Khan (r. 1206-1227). Fort de l'appui de la cour mongole de la dynastie des Yuan (1277-1368), le taoïsme *Quanzhen* connut une gloire inégalée sous les premiers khans, mais à la suite d'un débat en 1281 à la cour au sujet d'une légende du IVe siècle voulant que Lao zi quittât la Chine pour aller convertir

---

40. Voir I. Robinet (1991), p. 209-247.

les barbares (essentiellement l'Inde, dont les bouddhistes ne seraient que des taoïstes qui s'ignorent), les taoïstes furent vaincus par leurs adversaires bouddhistes, qui les remplacèrent à la cour.

Sous les deux dynasties suivantes des Ming (1368-1644) et des Qing (1644-1911) l'école *Quanzhen* atteignit une position de grande influence. En fait, la pratique monastique de *Quanzhen* et la tradition communautaire des Maîtres célestes sont les deux formes du taoïsme qui survivent encore aujourd'hui[41]. Le rituel de base et la cosmologie qui les sous-tendent remontent à la dynastie des Han et aux premiers Maîtres célestes, alors que l'alchimie intérieure prend sa source dans les révélations du *Shangqing* et du *Quanzhen*. Ces traditions sont encore bien vivantes à Taïwan, à Hong Kong, en Chine populaire et dans les communautés chinoises d'outre-mer, comme l'ont montré les études sur le terrain de Y. Yoshioka, K. Schipper, M. Saso, J. Lagerwey et K. Dean.

---

41. Voir P. Demiéville (1973), p. 169-174 ; H. Schmidt (1988), p. 207-208.

ANNEXE

Daozang : histoire et contenu

Il n'existe peut-être pas d'indice plus révélateur de la vitalité et de la créativité du taoïsme depuis ses débuts que sa prolifique créativité littéraire dans le domaine religieux, philosophique et alchimique. L'écriture jouait un rôle essentiel non seulement dans la *transmission* de l'héritage, mais tout autant dans son *expression* et son *efficacité*. Les révélations, fondement de la foi taoïste, ne devenaient pleinement « réelles » que lorsqu'elles étaient mises par écrit et transmises comme écritures saintes. Dès le IVe siècle, on trouve une première bibliographie d'œuvres taoïstes dans le *Baopu zi* de Ge Hong. Il s'agit d'une première collection transmise et augmentée de génération en génération par la famille Ge. Mais il faudra attendre au Ve siècle pour voir apparaître le prototype des nombreuses collections officielles d'ouvrages taoïstes. Cette première collection, intitulée *Sandong jing shumulu*, « Bibliographie des écritures saintes des Trois Cavernes », fut l'œuvre du célèbre moine taoïste Lu Xiujing (406-477). Il agit sous l'ordre de l'empereur Ming (r. 465-472) de la dynastie des Liu-Song. La division de la collection (comptant 1200 rouleaux, *juan*) en « trois cavernes » (*Sandong*) s'inspire probablement, comme nous l'avons vu, des « trois corbeilles » (*Tripitaka*) bouddhistes. Les Trois Cavernes contenaient essentiellement : 1) des écritures saintes (textes classiques, révélations, commentaires) ; 2) des techniques de longue vie, en particulier des prescriptions d'herbes médicinales ; 3) des formules magiques et des talismans. Les collections cumulatives beaucoup plus considérables qui suivront sous les Tang (618-907) et surtout sous les Song (960-1276) préserveront la division en « trois cavernes », mais le contenu changera considérablement et chaque « caverne » sera sous-divisée en douze catégories. La collection la plus considérable d'ouvrages taoïstes fut réunie, gravée et imprimée en 1244 grâce au travail acharné de deux moines de la secte *Quanzhen*, « Perfection complète », sous le titre de *Xuandu baozang*, « Trésor précieux de la capitale mystérieuse ». Elle ne comptait pas moins de 7000 rouleaux, *juan*. L'empereur Kubilai Khan (r. 1260-1294) fit détruire les collections existantes ainsi que les blocs d'impression en bois. On réussit cependant à sauver une partie de cette collection, qui devint la base de la dernière grande collection qui date de la dynastie des Ming (1368-1644). Intitulée *Da Ming Daozang jing*, « Écritures saintes du Trésor taoïste de la grande dynastie des Ming », mais mieux connue sous le titre de *Zhengtong daozang*, « Trésor taoïste de l'ère impériale Zhengtong (1436-1450) », cette collection comptant 5318 rouleaux fut gravée et imprimée en 1444 et 1445. Elle a été augmentée et réimprimée à plusieurs reprises depuis et est l'édition de référence des chercheurs contemporains. Cette édition reprend les schémas classificatoires déjà établis sous les Song : les Trois Cavernes et les Quatre Suppléments (*Si fu*). La première caverne (*Dongzhen*, « Caverne de la Vérité ») comprend les écrits relatifs à la tradition *Shangqing*, « Pureté suprême » ; la deuxième caverne (*Dongxuan*, « Caverne du Mystère ») comprend les écrits relatifs à la tradition *Lingbao*, « Joyau numineux » ; la troisième caverne (*Dongshen*, « Caverne des esprits ») comprend les écrits relatifs à la tradition *Sanhuang*, « Trois Augustes ». Les ouvrages de chaque caverne sont classifiés en douze catégories : 1) *Benwen*, « Révélations authentiques » ; 2) *Shenfu*, « Talismans divins » ; 3) *Yujue*, « Exégèse précieuse » ; 4) *Lingtu*, « Diagrammes numineux » ; 5) *Pulu*, « Registres généalogiques » ; 6) *Jielü*, « Codes de conduite » ; 7) *Weiyi*, « Protocoles cérémoniels » ; 8) *Fangfa*, « Rituels prescriptifs » ; 9) *Zhongshu*, « Méthodes et techniques » ; 10) *Jizhuan*, « Mémoires et commentaires » ; 11) *Zansong*, « Eulogies et panégyriques » ; 12) *Biaozou*, « Esquisses biographiques et panégyriques ».

Des *Si fu*, « Quatre Suppléments », les trois premiers se rattachent respectivement à chacune des Trois Cavernes. Le Premier Supplément, *Taixuan*, « Mystère suprême », contient, entre autres, les textes et les commentaires du *Daode jing*, « Classique de la Voie et de sa vertu » ; le Deuxième Supplément, *Taiping*, « Paix suprême », contient, entre autres, les textes du *Taiping jing*, « Le Classique de la Paix suprême » ; et le Troisième Supplément, *Taiqing*, « Clarté suprême », contient notamment les diverses méthodes et techniques de l'alchimie extérieure et intérieure.

Le Quatrième Supplément, *Zhengyi*, l'« Un orthodoxe », représente la tradition du *Tianshi dao*, « Voie des Maîtres du Ciel », établie par le fondateur du taoïsme religieux, Zhang Daoling, dont l'enseignement est censé pénétrer l'ensemble du *Daozang*.

Bibliographie

Langues occidentales

Acta Asiatica 68 (1995). *The Basic Structure of Taoism* (numéro spécial sur le taoïsme).

BALAZS, Étienne (1968). *La Bureaucratie céleste. Recherches sur l'économie et la société de la Chine traditionnelle*, Paris, Gallimard.

BARRETT, Timothy (1982). « Taoism », dans Brian Hook (dir.), *The Cambridge Encyclopaedia of China*, Cambridge, Cambridge University Press, p. 312-316.

BOKENKAMP, Stephen R. (1997). *Early Daoist Scriptures*, Berkeley, University of California Press.

BOLTZ, Judith M. (1987). *A Survey of Taoist Literature, Tenth to Seventeenth Centuries*, Berkeley, Institute of East Asian Studies.

CHING, Julia et Hans KÜNG (1991). *Christianisme et religion chinoise* (trad. de l'allemand), Paris, Éditions du Seuil.

CHING, Julia (1993). *Chinese Religions*, New York, Maryknoll.

CHING, Julia (1996). « East Asian Religions », dans Willard G. Oxtoby, *World Religions. Eastern Traditions*, Toronto, Oxford University Press, p. 346-467.

DEAN, Kenneth (1993). *Taoist Ritual and Popular Cults of Southeast China*, Princeton, Princeton University Press.

DEMIÉVILLE, Paul (1973). « La situation religieuse en Chine au temps de Marco Polo », dans P. Demiéville, *Choix d'études sinologiques*, Leiden, E.J. Brill, p. 166-207.

DEWOSKIN, Kenneth (1983). *Doctors, Diviners, and Magicians of Ancient China*, New York, Columbia University Press.

KALTENMARK, Maxime (1960). « Ling-pao, Note sur un terme du taoïsme religieux », *Mélanges de l'Institut des Hautes Études Chinoises*, vol. II, p. 559-588.

KALTENMARK, Maxime (1961). « Religion et politique dans la Chine des Ts'in et des Han », *Diogène*, 34, p. 18-46.

KALTENMARK, Maxime (1965). *Lao tseu et le taoïsme*, Paris, Éditions du Seuil.

KALTENMARK, Maxime (1970). « Le Taoïsme religieux », dans *Histoire des religions* I (Encyclopédie de la Pléiade), Paris, Gallimard, p. 1216-1248.

KIRKLAND, Russell (1992). « Person and Culture in the Taoist Tradition », *Journal of Chinese Religions*, 20, p. 77-90.

KOHN, Livia (1992). *Early Chinese Mysticism : Philosophy and Soteriology in the Taoist Tradition*, Princeton, Princeton University Press.

KOHN, Livia (1992). « Philosophy as Scripture in the Taoist Canon », *Journal of Chinese Religions*, 20, p. 61-76.

KOHN, Livia (1993). *The Taoist Experience. Anthology*, Albany, State University of New York Press.

KOHN, Livia (1995). *Laughing at the Tao*, Princeton, Princeton University Press.

KOHN, Livia (1996). « Laozi : Ancient Philosopher, Master of Immortality, and God », dans D.S. Lopez, p. 52-63.

LAGERWEY, John (1987). *The Taoist Ritual in Chinese Society and History*, New York, MacMillan Publishing Company et Londres, Collier Mac-Millan Publishers.

LEVY, Howard (1956). « Yellow Turban Rebellion at the End of the Han », *Journal of the American Oriental Society*, 76, p. 214-227.

LIOU, Kia-Hway et Benedykt GRYNPAS (trad. 1980). *Philosophes taoïstes. Lao-tseu, Tchouang-tseu, Lie-tseu*, Paris, Gallimard. (Bibliothèque de la Pléiade)

LIU, Ts'un-yan (1970). « Taoist Self-Cultivation in Ming Thought », dans Wm. Theodore De Bary (dir.), *Self and Society in Ming Thought*, New York, Columbia University Press.

LOPEZ, Donald S. (dir.) (1996). *Religions of China in Practice*, Princeton, Princeton University Press.

MASPERO, Henri (1971). *Le Taoïsme et les religions chinoises*, Paris, Gallimard.

MATHER, Richard (1979). « Kou Ch'ien-chih and the Taoist Theocracy at the Northern Wei Court, 425-451 », dans Holmes Welch et Anna Seidel, p. 103-122.

MICHAUD, Paul (1958). « The Yellow Turbans », *Monumenta Serica*, 17, p. 47-127.

NGO, Van Xuyet (1976). *Divination, magie et politique dans la Chine ancienne*, Paris, PUF.

PEERENBOOM, Randall P. (1993). *Law and Morality in Ancient China. The Silk Manuscripts of Huang-Lao*, Albany, State University of New York Press.

ROBINET, Isabelle (1977). *Les Commentaires du Tao Tö King jusqu'au VIIe siècle*, Paris, Institut des Hautes Études Chinoises.

ROBINET, Isabelle (1979). *Méditation taoïste*, Paris, Dervy-Livres.

ROBINET, Isabelle (1983). « Chuang tzu et le taoïsme religieux », *Journal of Chinese Religions*, XI, p. 59-105.

ROBINET, Isabelle (1984). *La Révélation du Shangqing dans l'histoire du taoïsme*, 2 vol., Paris, École Française d'Extrême-Orient.

ROBINET, Isabelle (1991). *Histoire du taoïsme des origines au XIVe siècle*, Paris, Cerf.

ROBINET, Isabelle (1995). *Introduction à l'alchimie intérieure taoïste*, Paris, Cerf.

SASO, Michael (1978). *The Teachings of Taoist Master Chuang*, New Haven et Londres, Yale University Press.

SCHIPPER, Kristofer M. (1978). « Taoïsme », dans *Encyclopaedia Universalis*, p. 51-57.

SCHIPPER, Kristofer M. (1982), *Le corps taoïste : Corps physique – corps social*, Paris, Fayard.

SCHMIDT, Hans-Hermann (1988). « Le taoïsme », dans Roger Goepper (dir.), *La Chine ancienne*, Paris, Bordas, p. 201-215.

SEIDEL, Anna K. (1969). *La Divinisation de Lao tseu dans le taoïsme des Han*, Paris, Publications de l'École Française d'Extrême-Orient.

SEIDEL, Anna (1970). « A Taoist Immortal of the Ming Dynasty : Chang San-feng », dans Wm. Theodore De Bary (dir.), *Self and Society in Ming Thought*, New York, Columbia University Press.

SEIDEL, Anna K. (1995), « Taoïsme, religion non officielle de la Chine » (trad. Farzeen Baldrian-Hussein), *Cahiers d'Extrême-Asie*, VIII, 1995, p. 1-39.

SHIH, Yu-Ying (1964-1965). « Life and Immortality in the Mind of Han China », *Harvard Journal of Asiatic Studies*, 25, p. 80-122.

STEIN, Rolf (1963). « Remarques sur le mouvement du taoïsme politico-religieux au IIe siècle apr. J.-C. », *T'oung-Pao*, *50*, p. 1-78.

STRICKMANN, Michel (1979). « On the Alchemy of T'ao Hung-ch'ing », dans Holmes Welch et Anna Seidel, p. 123-192.

STRICKMANN, Michel (1981). *Le Taoïsme de Mao chan : chronique d'une révélation*, Paris, Collège de France, Institut des Hautes Études Chinoises.

TEISER, Stephen F. (1996). « Daoism », dans D.S. Lopez, p. 7-13.

WELCH, Holmes et Anna SEIDEL (dir.) (1979). *Facets of Taoism. Essays in Chinese Religion*, New Haven et Londres, Yale University Press.

WU, Yao-Yü (1991). *The Taoist Tradition in Chinese Thought* (trad. Lawrence Thompson ; dir. Gary Seaman), University of Southern California, Ethnographics Press.

ZHAO, B. (1979). *Traité d'alchimie et de physiologie taoïste* (trad. Catherine Despeux), Paris, Les Deux Océans.

Langue chinoise

1. Sources

A. Taoïsme philosophique

Baopu zi 抱樸子 (Le Maître qui embrasse la simplicité), ouvrage de philosophie taoïste par Ge Hong 葛洪 [283–343]; éd. *Zhuzi jicheng.*

Chu ci 楚辭 (Élégies de Chu), recueil de poèmes attribué à Qu Yuan 屈原 [*ca.* -343 à *ca.* -290], mais contient plusieurs pièces plus tardives, éd. *Sibu beiyao.*

Chunqiu fanlu 春秋繁露 (Rosée abondante des Printemps et Automnes), traité de philosophie confucéenne attribué à Dong Zhongshu 董仲舒 [-179 à -104]; éd. *Sibu beiyao.*

Daode jing 道德經 (Classique de la Voie et de sa Vertu), ouvrage taoïste attribué à Lao zi 老子 [-VIe s.?], mais probablement du -IVe s.; éd. *Zhuzi jicheng.*

Huainan zi 淮南子, ouvrage taoïste par Liu An 劉安 (-179? à -122); éd. Liu Wendian 劉文典 [1889–1958], Shanghai, Shangwu yinshuguan, 1923; réimpr., Taibei, Shangwu chubanshe, 1978.

Lie zi 列子, ouvrage taoïste attribué à Lie Yukou 列禦寇 [-VIe], mais rédigé dans sa forme actuelle vers le IIIe s.; éd. *Zhuzi jicheng.*

Wen zi 文子, ouvrage de philosophie taoïste attribué à Xin Xing 辛鈃 [-VIe s.], mais beaucoup plus tardif; éd. *Sibu beiyao.*

Zhuang zi 莊子, ouvrage de philosophie taoïste attribué à Zhuang Zhou 莊周 [*ca.* -369 à *ca.* -286], mais rédigé en partie par ses disciples; éd. de Guo Qingfan 郭慶藩 [1844–1896]; éd. *Zhuzi jicheng.*

B. Taoïsme religieux

Han Tianshi shijia 漢天師世家 (Généalogie des Maîtres célestes de la dynastie Han), attribué à Zhang Zhengchang 張正常 (*fl.* 1368–1399); éd. *Daozang.*

Lao zi bianhua jing 老子變化經 (Classique des Transformations de Lao zi), traité sur la divinisation de Lao zi, auteur inconnu, IIe s., découvert à Dunhuang vers 1928); éd. Yoshiyoka Yoshitoyō 吉岡義豐 (1955); reproduit en partie dans A. Seidel (1969).

Lao zi ming 老子銘 (Panégyrique de Lao zi), inscription sur la divinisation de Lao zi attribuée à Bian Shao 邊紹 (*fl. ca.* 165); éd. Kusuyama Haruki 楠山春樹 (1956); reproduit dans A. Seidel (1969).

Lao zi Xiang'er zhu 老子想爾注, commentaire Xiang'er sur le *Daode jing*, attribué à Zhang Lu 張魯 (*fl.* 180–220), éd. Jao Tsung-yi 饒宗頤, Hong Kong, 1956.

Lishi zhenxian tidao tongjian 歷史真仙體道通鑑 (Miroir historique des immortels unis au *Dao*), par Zhao Daoyi 趙道一 (XIVe s.); éd. *Daozang.*

Qingwei xianpu 清微仙譜 (Miettes biographiques des immortels), par Chen Cai 陳采 (*fl. ca.* 1293); éd. *Daozang.*

Taiping jing 太平經 («Classique de la Grande Paix»), ouvrage du daoïsme religieux du IIe s., auteur inconnu; éd. Wang Ming 王明 (1960).

Yunji qijian 雲笈七籤 (Sept tiges dans un fourreau de nuages), encyclopédie taoïste par Zhang Junfang 張君房 (*fl. ca.* 1025), éd. *Sibu congkan.*

2. Études

CHEN Guofu 陳國符 (1963). *Daozang yuanliu kao* 道藏源流考 (Recherches sur la formation du *Daozang*), Beijing, Xinhua shuju.

FU Qinjia 傅勤家 (1968). *Daojiao shi gailun* 道教史概論 (Précis d'histoire du taoïsme religieux), Taipei, Shangwu yinshuguan.

Fu Qinjia (1972). *Zhongguo daojiao shi* 中國道教史 (Histoire du taoïsme religieux en Chine), Taipei, Taiwan shangwu yinshuguan.

Gu Jiegang 顧頡剛 (1954). *Qin Han de fangshi yu rusheng* 秦漢的方士儒生 (Magicien et lettré sous les Qin et les Han), Hong Kong, Yixin shudian.

Han Yangmin 韓養民 (1986). *Qin Han wenhua shi* 秦漢文化史 (Histoire de la culture des Qin et des Han), Xi'an, Shaanxi renmin jiaoyu chubanshe, p. 79–86.

Jao Tsung-yi 饒宗頤 (1956). *A Study of Chang Tao-ling's Hsiang-er Commentary of Tao Te Ching*, Hong Kong, Tong Nam.

Lü Simian 呂思勉 (1962). *Qin Han shi* 秦漢史 (Histoire des Han et des Qin), Shanghai, Kaiming shudian; réimpression, Hong Kong, Taiping shuju, p. 827–832.

Lü Xichen 呂錫琛 (1991). *Daojia, fangshi yu wangchao zhengzhi* 道家方士與王朝政治 (Taoïsme, magie et gouvernement impérial), Changsha, Hunan chubanshe.

Oyanagi Shigeta 小柳司氣太 (1970). *Daojiao gaishuo* 道教概說 (Esquisse du taoïsme religieux); trad. du japonais; Taipei, Taiwan Shangwu yinshuguan.

Qing Xitai 卿希泰 (1980), *Zhongguo daojiao sixiang shi gang* 中國道教思想史綱 (Précis de l'histoire de la pensée taoïste). Chongqing, Sichuan Renmin chubanshe.

Qing Xitai (1988–1993), *Zhongguo daojiao shi* 中國道教史 (Histoire du taoïsme chinois), 3 vol., Chongqing, Sichuan Renmin chubanshe.

Ren Jiyu 仁繼愈 (1990). *Zhongguo daojiao shi* 中國道教史 (Histoire du taoïsme religieux en Chine), Shanghai, Shanghai Renmin chubanshe.

Wang Ming 王明 (1982). «Han mo Zhang Jue zhengquan shishi kaobian 漢末張角政權史實考辯» (Discussion sur la réalité historique de l'autorité politique de Zhang Jue de la fin des Han), dans Wang Ming, *Qin Han shi lunji* 秦漢史論集 (Recueil d'études sur l'histoire des Han et des Qin), Zhengzhou, p. 344–369.

Wang Ming (1984). *Daojia he daojiao sixiang yanjiu* 道家和道教思想研究 (Recherches sur la pensée philosophique et religieuse du taoïsme), Beijing, Zhongguo shehui kexue chubanshe.

YU Songqing 喻松青 (1963). «Daojiao de qiyuan he xingcheng 道家的起源和形成» (L'origine et la formation du taoïsme religieux), *Lishi yanjiu*, V, n° 11.

ZHANG Guohua 張國華 (1994). *Zhongguo Qin Han sixiang shi* 中國秦漢思想史 (Histoire de la pensée sous les Qin et les Han), Beijing, Renmin chubanshe.

ZHOU Shaoxian 周紹賢 (1987). *Daojia yu xianshen* 道家與仙神 (Le Taoïsme et l'immortalité) Taipei, Taiwan Zhonghua shuju.

Glossaire des caractères chinois

Anyang	安陽	*Fangfa*	方法
Baopu zi	抱朴子	fangshi	方士
Benwen	本文	Fuhan	輔漢
Biaozhou	表奏	ganying	感應
Boshanlu	博山爐	Gao zu	高祖
busi	不死	Ge	葛
Cao Cao	曹操	Ge Chaofu	葛巢甫
changsheng	長生	Ge Hong	葛洪
chenwei	讖緯	Ge Xuan	葛玄
Chen Guofu	陳國符	Gu Jiegang	顧頡剛
Chongqing	重清	guan shen	觀神
Chu ci	楚辭	guimin	鬼民
chuguan	出官	Guo Xiang	郭象
Da Ming	大明道	Han	漢
Daozang jing	藏經	Han'an	漢安
dao (tao)	道	*Han Tianshi shijia*	漢天師世家
Daode jing	道德經	Hangzhou	杭州
daoguan	道觀	Hanzhong	漢中
daojia	道家	He Yan	何晏
daojiao	道教	Heming	鶴鳴
daonan	道男	Henan	河南
daonü	道女	*Hou Han shu*	後漢書
Daozang	道藏	Hua	化
Dong Zhongshu	董仲舒	*Huainan zi*	淮南子
Dongshen	洞神	Huangjin	黃巾
Dongxuan	後漢書	Hubei	湖北
Dongzhen	洞真	Hunan	湖南
dugong	都功	Jiangsu	江蘇
fan zong	反宗	jianling	姦令

jie	節	Lu Xiujing	陸修靜
Jielü	戒律	Maoshan	茅山
jijiu	祭酒	Min	岷
jindan	金丹	Ming/ming	明
jinghu	靜戶	Minyang	岷陽
jingshen	精神	Nanjing	南京
jingshi	靜室	neidan	內丹
jingsi	靜思	Pei	沛
Jixia	稷下	*Pulu*	譜錄
Jizhuan	記傳	Qi	齊
juan	卷	qi	氣
Kaifeng	開封	Qin	秦
kan shen	看神	Qing /qing	清
Kong zi	孔子	Qing Xitai	卿希泰
Kou Qianshi	寇謙之	qingshe	清舍
Kunlun	昆崙	Qiu Changchun	丘長春
Lanzhong	閬中	Qu Yuan	屈原
Lao zi	老子	Quanzhen	全真
Lao zi bianhua jing	老子變化經	Ren Jiyu	任繼愈
		ren wei gui	人爲貴
Lao zi ming	老子銘	renwu	壬午
Li	李	Santian	三天
lian	鍊	*Sandong*	三洞
lianzhi	鍊志	*Sandong jing shumulu*	三洞經書目錄
Liaoning	遼寧		
Lie zi	列子	*Sanguo zhi*	三國志
Lingbao	靈寶	Sanhuang	三皇
Lingtu	靈圖	Sanwu	三五
Linzi	臨淄	Sanyi/sanyi	三一
Liu Song	劉宋	Shandong	山東
Liutian	六天	Shanqing	上清
lu	爐	Shangyuan	上元

Shenfu	神符	Wen	文
Shenxi	陝西	Wen zi	文子
shouzui	首罪	wu	無
Shun	順	wu	巫
Sichuan	四川	Wudi	五帝
Sifu	四輔	Wudoumi dao	五斗米道
Song	宋	wuwei	無爲
Taiping	太平	Xia	夏
Taiping dao	太平道	xian	仙
Taiping zhenjun	太平經	xianglu	香爐
Taiqing	太淸	Xianguan	仙官
Taishang Lao jun	太上老君	*Xiang'er*	想爾
Taixuan	太玄	*Xiang'er zhu*	想爾注
Taiyi	太一	xianren	仙人
Tang	唐	xiu	宿
Tang	湯	Xu	徐
Tao Hongjing	陶弘景	Xuan	宣
Tianmu	天目	*Xuandu baozang*	玄都寶藏
Tianshi	天師	yang	陽
Tianshi dao	天師道	Yang Xi	楊羲
tianzi	天子	yin	陰
tutan zhai	塗炭齋	Yin Xi	尹喜
waidan	外丹	yinguan	陰官
Wang Bi	王弼	Yong	雍
Wang Ming	王明	Yu	禹
Wang Zhang	王長	Yuan	原
Wang Zhongyang	王重陽	Yuhang	余杭
wanwu	萬物	*Yujue*	玉訣
Wei	魏	yuzhou	宇宙
Weiyi	威儀	zhai	齋

Zhang Daoling	張道陵	zhi	治
Zhang Heng	張衡	zhitou	治頭
Zhang Jue	張角	*Zhongshu*	眾術
Zhang Lu	張魯	Zhou	周
Zhang Xiu	張修	Zhuang zi	莊子
Zhao Sheng	趙昇	zhuo	濁
Zhejiang	浙江	ziran	自然
Zhengtong	正統	zu	祖
Zhengyi	正一	Zuo Ci	左慈
Zhengyi jiao	正一教		
zhenren	真人		

Le shintoïsme

Francis Brassard

Portails torii délimitant l'enceinte sacrée d'un temple Shintō.

INTRODUCTION

Le shintoïsme, aussi appelé Shintō, est la religion nationale du Japon. D'un certain point de vue, le Shintō n'est pas une religion comme les autres. Il n'a pas de doctrine bien établie, ses textes sacrés ne sont pas révélés – ils n'ont été compilés qu'à une date relativement tardive – et il n'a pas, à strictement parler, de fondateur. Ses mythes sont avant tout l'expression de la culture, de l'histoire et du système de valeurs du peuple japonais ; ses rituels sont une sorte d'hygiène de l'âme. Le Shintō fait tellement partie de la vie quotidienne des Japonais qu'il est parfois difficile de le distinguer de ce qui appartient au monde profane. On fit un jour une enquête pour connaître les croyances religieuses des Japonais. La plupart répondirent qu'ils n'avaient aucune croyance religieuse particulière. Cependant, on leur demanda de décrire leur vie de tous les jours et on se rendit compte qu'elle était constituée d'actes et de rituels que nous, les Occidentaux, qualifions de religieux. Pour le Japonais, tous les actes rituels de la vie journalière expriment le désir d'être pur et sincère. Cet état n'est rien d'autre que celui d'être vraiment homme ; celui qui vit en harmonie avec la nature et qui est fidèle à ses émotions, qu'elles soient marquées de joie ou de tristesse. En ce sens, le shintoïsme célèbre pleinement la vie au lieu de chercher à s'en échapper.

Le Shintō nous propose également une façon différente d'appréhender et d'exprimer les réalités spirituelles. Deux anecdotes permettront peut-être de saisir l'essence de l'attitude et de la pratique rituelle de cette tradition. Lors d'un grand tournoi de Go[1], un des finalistes, à un coup de la victoire, décida de déposer son pion à un endroit qui permit à son adversaire de

---

1. Jeu japonais d'origine chinoise dans lequel deux joueurs disposent des pions blancs contre des pions noirs sur un damier comprenant 19 lignes horizontales et 19 lignes verticales se coupant en 361 intersections, le vainqueur devant placer ses pions de manière qu'ils entourent le plus d'intersections possible.

remporter les honneurs du tournoi. Tous ces partisans lui demandèrent pourquoi il avait agi ainsi. Ce dernier répondit que, s'il avait joué le coup lui donnant la victoire, la disposition des pions sur le damier n'aurait pas été harmonieuse. Cette anecdote exprime bien la grande place que l'art, ou plutôt l'harmonie esthétique, joue dans la vie des Japonais[2], et ce, aussi bien dans la vie quotidienne que sur le plan de l'expression des réalités spirituelles. C'est que, pour le Japonais imprégné de la vision shintoïste, la recherche de la beauté et de l'harmonie, surtout à travers l'expression artistique, est le cœur de sa démarche spirituelle. D'une certaine façon, nous pouvons dire que toutes les religions du Japon, y compris le bouddhisme Zen, participent et contribuent à cette recherche. À cet égard, un orientaliste de renom[3] m'expliqua que pour comprendre le bouddhisme de l'Inde il fallait avant tout connaître la philosophie et la philologie, tandis que pour saisir la spiritualité du bouddhisme chinois et japonais il fallait avoir une grande sensibilité artistique.

Notre deuxième anecdote[4] nous conduira au cœur de ce qui est vraiment particulier au shintoïsme. Il y a quelques années, une entreprise américaine spécialisée dans le domaine de l'alimentation décida de mettre sur le marché japonais son mélange à gâteaux prêts-à-cuire. Il y avait cependant un obstacle majeur : la majorité des foyers japonais n'avaient pas de four. Un responsable de cette entreprise eut par contre ce qui semblait une idée de génie. Comme presque toutes les Japonaises possèdent un cuiseur à riz, le mélange à gâteaux fut adapté à ce dernier. Le résultat ? Ce fut un fiasco complet. On mena donc un sondage auprès des Japonaises pour connaître les raisons de leur peu d'enthousiasme pour un produit qui jouissait d'une grande popularité en Amérique. Leurs réponses étaient unanimes : « Jamais autre chose que du riz dans mon cuiseur. » Cette réponse n'était pas motivée par des raisons pratiques mais plutôt par un souci de pureté. En effet, pour les Japonais, le riz est quelque chose de sacré et il serait un sacrilège de faire partager son sanctuaire (le cuiseur à riz) avec un corps étranger et impur.

---

2. Cette grande importance qu'accordent les Japonais à l'esthétique peut parfois être la cause d'incompréhension de la part des Occidentaux. On me raconta qu'un homme d'affaires canadien travaillant pour une firme japonaise ne pouvait pas comprendre pourquoi ses collègues perdaient un temps fou à parlementer sur la position idéale… du bureau du chef de service !
3. Professeur Lambert Schmithausen.
4. Anecdote rapportée par Victor Hori de l'Université McGill.

L'idée de pureté est sans aucun doute le point central de toute la tradition shintoïste[5]. Comme je le mentionnais plus haut, la recherche de la pureté est la préoccupation qui sous-tend la pratique des rituels quotidiens et la participation aux cérémonies, de sorte qu'il est possible de dire que cette religion est avant tout une religion de purification[6]. Nous verrons plus tard de quoi le Japonais shintoïste cherche à se purifier et quels sont les moyens qu'il utilise. Pour le moment il importe de mentionner que cette recherche de la purification est avant tout une recherche de sincérité ou de pureté du cœur. En effet, « la vie qui perd sa pureté ne plaît pas aux divinités et devient de ce fait une vie anti-shintoïste pleine de péchés, de souillures et de désastres[7] ». De plus, « grâce aux purifications, tant extérieures qu'intérieures et spirituelles, le corps et l'âme sont entraînés dans une vie de pureté qui constitue pour l'homme le moyen qui lui permettra d'embrasser la Réalité Ultime[8] ». Tout comme l'expression artistique, la recherche de la pureté a marqué le développement des autres religions du Japon. Par exemple, il est dit dans le bouddhisme de la Terre Pure que la récitation du nom du Bouddha Amida, si elle est faite avec une foi totale et sincère dans sa miséricorde, peut conduire à elle seule à la libération[9]. Je propose donc de commencer ce chapitre sur le shintoïsme en retraçant les origines mythiques de cette recherche de pureté.

L'ORIGINE DU SHINTŌ

L'origine de cette tradition se confond avec celle des mythes et des pratiques religieuses des différents clans *(uji)* qui formaient la population du Japon des temps anciens. Ces pratiques étaient surtout reliées à l'enterrement

---

5. Cette idée permet en effet de comprendre certaines habitudes des Japonais, par exemple l'utilisation des pantoufles dans la maison. Il y a une paire pour les W.-C., une autre pour les autres pièces, excepté celles où il y a des *tatami* (natte faite de paille de riz). Il est important de ne pas confondre les paires ou de ne pas pénétrer dans une pièce à *tatami* sans se déchausser ; cela risque fort de causer des embarras à l'étranger ou d'entraîner une réprimande pour les habitués de la maison. Tous ces « chichis » reposent justement sur des tabous reliés à cette idée de pureté qu'ont les Japonais.
6. Sokyo Ono (1965), *The Way of Purification : the Shinto Case* (communication au XIe Congrès international d'histoire des religions, Claremont, É.-U.).
7. Naofusa Hirai (1965), *The Way of Purification : the Shinto Case* (communication au XIe Congrès international d'histoire des religions, Claremont, É.-U.) (trad. Rochedieu).
8. *Ibid.*
9. En fait, la récitation du nom d'Amida est déjà l'expression d'un état de pureté du cœur et, par conséquent, de salut. Il ne faut donc pas comprendre ce rituel comme un « acte de nettoyage », mais comme un moyen d'expression d'un état déjà existant puisque le salut d'Amida a été une condition à remplir pour devenir un Bouddha. Cette façon de voir le rituel comme moyen d'expression s'applique également à la pratique du Shintō.

des morts, à la fertilité et au culte des ancêtres. La vision du monde des premiers habitants de l'archipel japonais était animiste, tout objet naturel y étant habité et contrôlé par des êtres invisibles et surhumains *(kami)*. En fait, pas seulement les objets et les phénomènes naturels, mais aussi les ancêtres des clans *(uji-kami)* étaient considérés comme des êtres invisibles et surhumains. La famille impériale actuelle du Japon par exemple se dit descendre de la déesse du soleil Amaterasu.

Le Shintō actuel n'est cependant pas exclusivement issu de ces pratiques ancestrales. Une des caractéristiques principales des religions de l'Extrême-Orient est la capacité à intégrer ou à assimiler les autres traditions avec lesquelles elles sont en contact. Ainsi, le Shintō, tel qu'il apparaît sous ses formes actuelles, est une sorte de syncrétisme[10] avec le bouddhisme et les traditions religieuses et philosophiques chinoises comme le confucianisme et le taoïsme. Il n'en demeure pas moins possible, malgré cette longue histoire d'assimilation, d'y retrouver des éléments propres à cette tradition.

La spécificité du shintoïsme se retrouve en partie dans plusieurs récits mythiques dont deux sont jugés importants. En premier lieu, il y a le *Kojiki* (Récits des choses anciennes) ; ce texte a été compilé par Onoyasumaro. Ce dernier l'aurait reçu sous une forme verbale d'un certain Hiedanone. Vers l'an 712 de notre ère le récit a été présenté de façon formelle à la cour impériale et a été ainsi reconnu comme étant le compte rendu officiel des origines du clan Yamato, celui-là même qui a unifié tous les autres clans et qui dirigeait encore le Japon à cette époque. Nous verrons donc que le *Kojiki*, en plus d'être un récit mythologique et anthropologique, est un document historique concernant les premières luttes politiques de ce pays. Comme deuxième texte important nous retrouvons le *Nihongi* (Chroniques du Japon), qui fut écrit en 720. Tout comme le *Kojiki*, ce texte présente, quoiqu'un peu différemment, l'histoire mythique et politique du peuple japonais et de la maison impériale. À ces deux textes il convient de joindre des textes de prières rituelles, les *Norito,* qui ont été recueillis au début du Xe siècle. Pour les besoins de cette courte présentation, je crois qu'il sera suffisant de se concentrer sur le *Kojiki* ; ce texte a d'ailleurs attiré le plus l'attention des Occidentaux pour son contenu politico-mythique. Avant d'en

---

10. L'idée de syncrétisme n'a pas chez les Orientaux de connotation négative. Dans le bouddhisme, par exemple, elle a été élevée au rang de doctrine afin d'expliquer et de justifier la grande diversité de ses enseignements et de ses pratiques. Chez les Japonais, elle se manifeste également par leur double, voire même triple, allégeance religieuse. À ce sujet il est intéressant de noter que les statistiques relevant l'ensemble des membres des multiples religions révèlent toujours un nombre de fidèles supérieur au nombre de la population totale.

faire un bref résumé, il importe cependant de bien évaluer sa signification religieuse. Semblable aux autres écrits qui lui succédèrent, le *Kojiki* n'a pas aux yeux des Japonais une valeur et une autorité comparables à la Bible des chrétiens ou au Coran des musulmans. Bien que son contenu jouisse d'un respect considérable, ce texte n'est pas une source de références liturgiques ou spirituelles. De plus, le *Kojiki,* étant d'abord une justification du pouvoir de l'élite dirigeante, n'a pas vraiment été populaire parmi les gens du peuple.

Au commencement du ciel et de la terre apparurent cinq grandes déités dont les formes étaient invisibles. Ensuite vinrent sept générations divines comprenant deux divinités isolées et invisibles et cinq couples dont le dernier était constitué d'Izanagi et d'Izanami. Ces deux divinités étaient mari et femme aussi bien que frère et sœur, reproduisant ainsi un mythe chinois et peut-être une pratique ancestrale.

Izanagi et Izanami reçurent l'ordre de créer le monde terrestre avec une lance ornée de bijoux. À ce moment le monde n'était qu'une matière visqueuse et informe ressemblant à une méduse à la dérive. Ils se mirent à brasser cette matière avec la lance et quand ils retirèrent celle-ci les gouttes qui en tombèrent formèrent l'archipel du Japon. Après avoir engendré une sangsue et l'île d'Apa – elles étaient toutes deux considérées comme des échecs parce qu'Izanami, la femme, avait parlé avant son mari lors du rituel d'accouplement –, le couple céleste donna naissance à dix autres divinités dont la dernière fut le dieu du feu qui causa la mort d'Izanami. Dans le shintoïsme, le feu est un agent purificateur mais ce dernier épisode montre bien sa nature ambiguë.

Après la mort d'Izanami, Izanagi, fou de désespoir, trancha la tête de son enfant, dont le sang fit naître d'autres divinités. Puis il descendit au pays des morts pour en arracher sa compagne. Il ne put y parvenir parce que celle-ci avait déjà mangé de la nourriture des enfers. Izanami alla quand même demander aux dieux du pays des morts la permission de revenir en faisant promettre à Izanagi de ne pas la regarder. Après une longue attente, ce dernier décida d'aller à sa rencontre et la vit. À ce moment Izanami dit à Izanagi : « Tu m'as déshonorée » et lança à sa poursuite une horde de soldats. Lorsqu'elle vit qu'il avait réussi à leur échapper, Izanami se mit à son tour à sa poursuite et arrivée face à lui, à l'embouchure du pays des morts, elle lui dit : « Si tu bloques l'entrée avec une grosse pierre, chaque jour je tuerai un millier de personnes de ce pays. » Izanagi répondit : « S'il en est ainsi, je créerai chaque jour un millier et demi de huttes de naissances » et ferma le passage vers le pays des morts. Pour les shintoïstes, cette scène exprime la primauté de la vie sur la mort, une idée qui est à la base de leur vision optimiste du monde.

Aussitôt ressorti, Izanagi dit : « J'ai séjourné dans un endroit horrible et impur, je dois me purifier. » Il se plongea donc dans les eaux d'une rivière. De chacun des vêtements dont il se débarrassa, une nouvelle déité naquit. Toutes ces déités furent ainsi engendrées à partir d'impuretés. Ensuite il lava son œil gauche et la déesse du soleil Amaterasu vint au monde, puis son œil droit, ce qui donna naissance à Tsuki, la déesse de la lune ; enfin, Susano-ō, le dieu de la tempête, naquit lorsqu'il se lava le nez. La naissance de ses trois divinités ouvre un autre chapitre à l'histoire mythique du Japon ; il serait bon de s'arrêter ici et d'analyser les données anthropologiques de cette première partie du *Kojiki*.

Premièrement, la descente dans le pays des morts semble faire référence à la pratique japonaise du double enterrement *(mogari)*. Lorsqu'un chef de clan mourait, on plaçait son corps dans une grotte fermée à laquelle seules les femmes qui avaient eu des rapports sexuels avec le défunt avaient accès. Cette pratique, qui a aussi, comme nous le verrons plus tard, des implications politiques, avait pour but de pacifier l'esprit du défunt en lui procurant une « deuxième mort », cette fois par des rituels. Encore aujourd'hui, les Japonais croient que, si un mort n'a pas fait l'objet de rituels funéraires, son esprit viendra hanter les vivants. Cela est vrai dans le cas d'une fausse couche et même d'un avortement, les parents se sentant alors obligés de faire exécuter un rituel spécifique pour le fœtus.

Le second point important de ce premier épisode du *Kojiki* concerne plus spécifiquement la vision du monde Shintō. Lorsque Izanagi est ressorti du monde des morts il a senti le besoin de se purifier. Cela signifie que l'endroit où séjournent les morts est impur. En effet, dans le shintoïsme, il y a deux formes d'impureté : l'impureté noire *(kuro fujō)*, qui est associée à la mort, et l'impureté rouge *(aka fujō)* qui est causée par le contact avec le sang, de là la création de huttes de naissances par Izanagi. Ces huttes permettaient ainsi chez les premiers Japonais d'isoler du reste de la communauté les femmes qui avaient donné naissance. Il serait approprié ici de présenter les diverses formes de rituels et les agents purificateurs du Shintō.

L'histoire d'Izanagi nous fournit le prototype d'une des premières formes de purification et l'agent utilisé. À sa sortie du monde des morts, Izanagi s'est plongé dans les eaux d'une rivière pour laver ses souillures *(kegari)*. La purification par l'eau appelée *misogi* s'applique aux cas où une personne croit s'être souillée *sans qu'il y ait eu faute de sa part*. Ces cas peuvent être nombreux : en plus du contact avec les femmes qui ont leurs menstruations ou qui ont accouché, il faut ajouter les rapports charnels, la maladie, les coups et blessures comme causes de souillure. Ce genre de purification est surtout effectué avant les cérémonies et les fêtes shintoïstes. Il est aujourd'hui encore possible de voir tous les habitants de certains villages du Japon se jeter nus dans la mer au début d'une de ces fêtes. Dans un espace plus restreint comme celui de la maison, par exemple, on peut utiliser un bain pour se purifier. À noter que l'utilisation du bain est aussi un événement social auquel, si cela est possible, toute la famille participe. Ce bain, il faut bien insister sur ce point, n'est pas un acte d'hygiène, mais un rituel de purification[11]. C'est pour cette raison que l'on ne trouvera jamais, dans une maison japonaise, une baignoire dans la pièce où se trouvent les W.-C., cette dernière étant considérée comme un endroit impur. Comme agents purificateurs dans le contexte du rituel *misogi,* nous retrouvons donc l'eau et, par association, le sel et le sable prélevés au bord de la mer. Le deuxième rituel de purification qui aurait été institué par les premières divinités s'appelle le *harae*. Ce rituel vise à débarrasser l'individu de ses souillures morales et spirituelles. Contrairement au *misogi,* le *harae* est effectué par un prêtre Shintō. Pour comprendre toutes les implications de ce rituel, revenons au récit mythique du *Kojiki.*

Après la naissance d'Amaterasu, de Susano-ō et de Tsuki, Izanagi prit son collier, le secoua pour faire retentir ses grains et le remit à Amaterasu en lui donnant la mission de régner sur le monde. Cette scène contient à elle seule plusieurs informations anthropologiques et politiques. Premièrement, il est possible d'associer le secouement du collier à une ancienne pratique du chamanisme servant à pacifier les esprits. Il faut noter que le mot pour désigner les grains d'un collier *(tama)* est prononcé de la même façon

---

11. Nous n'avons ici qu'à penser aux ablutions des hindous dans le Gange. La problématique de la purification n'a rien à voir avec l'hygiène, de sorte qu'un de mes professeurs d'origine japonaise (Victor Hori) me disait que les Japonais sont « clean but not necessarily hygienic » (calembour sur le double sens du mot « *clean* » qui peut être traduit par « pur » et « propre »). Ce qu'il voulait dire – pour éviter tout malentendu –, c'est que l'obsession qu'ont les Japonais pour l'hygiène ne repose pas sur des bases scientifiques mais plutôt sur des données religio-culturelles comme l'idée de pureté. C'est donc une base de raisonnement tout à fait différente de celle des Occidentaux et il ne faudrait pas par conséquent s'étonner de trouver au Japon des endroits, les plages par exemple, qui choquent les visiteurs de l'étranger à cause de leur état déplorable. Dans certains cas, cependant, les problématiques de la purification et celle de l'hygiène peuvent se manifester par des comportements semblables ; c'est le cas par exemple de la toilette corporelle. Mais il y a toutefois des différences : dans le cadre de la problématique de la purification, la propreté peut facilement devenir une obsession. En effet, « these days the whole Japanese nation sometimes seems obsessed with the "feel clean" factor – to the point of neurosis » (Stanmeyer and Mutsuko, *Asian Time*).

que celui utilisé pour l'esprit ou l'âme. Deuxièmement, le collier est l'un des trois joyaux divins et, aujourd'hui encore, il est utilisé comme symbole du pouvoir par la famille impériale. La remise du collier à Amaterasu équivaut donc à une passation des pouvoirs. Le fait que ce soit Amaterasu, la déesse du soleil, qui reçoive le collier semble faire dire aux anthropologues que le culte du soleil a été fort probablement, pour les Japonais, l'un des plus anciens qu'ils pratiquèrent. Ce mythe solaire nous fournit donc une source importante d'informations sur le Shintō primitif.

Ensuite, Izagami donna à Tsuki le pouvoir sur les royaumes de la nuit et à Susano-ō, il confia les océans. Ce dernier, cependant, ne régna pas sur le territoire qui lui avait été donné. Au lieu de cela, il se mit à pleurer et à hurler, causant ainsi toutes sortes de calamités naturelles. Izanagi lui demanda pourquoi il ne voulait pas régner et celui-ci lui répondit qu'il voulait aller au pays de sa mère. Izanagi en fut grandement offensé et l'expulsa du pays. Susano-ō lui dit alors qu'il devait prendre congé de sa sœur Amaterasu et s'élança vers les cieux en faisant trembler la terre. Amaterasu entendit cela et douta des bonnes intentions de son frère. Pensant que ce dernier voulait usurper son pouvoir, elle adopta une coiffure masculine, s'arma d'un arc et de flèches, prit une armure et, tout en frappant le sol fortement avec son pied, cria : « Pourquoi es-tu venu ? » Susano-ō répondit qu'il n'avait aucune mauvaise intention. Elle lui demanda donc de subir une épreuve pour vérifier si ses intentions étaient vraiment pures. Susano-ō lui dit que ce serait par les enfants qu'ils allaient mettre au monde que sa sincérité pourrait être éprouvée. Ainsi, lors de cette épreuve – qui ressembla beaucoup plus à une joute, – Amaterasu eut cinq fils et Susano-ō, trois filles, ce qui conféra la victoire à ce dernier[12]. Imbu de sa victoire, Susano-ō se livra à toutes sortes de violence : il détruisit les rizières d'Amaterasu, combla les fossés d'irrigation et répandit ses excréments dans le palais d'Amaterasu, l'endroit où les premiers fruits de la récolte étaient amassés, c'est-à-dire le lieu où le festival des récoltes était célébré. Amaterasu s'efforça d'excuser son frère en disant qu'il avait peut-être fait cela parce qu'il pensait que la terre était mal utilisée de cette façon (la culture du riz). Susano-ō redoubla d'ardeur dans ses méfaits et finit par percer un trou au

---

12. Les interprétations de ce passage sont assez diverses. Certains pensent qu'Amaterasu était une déité mâle dont le rôle était assumé par une femme chaman dans les temps anciens et que, lors de la compilation du *Kojiki,* on confondit l'acteur avec le rôle. De plus, dans le *Nihongi,* dont le récit, quoique compilé plus tard, est considéré comme le plus ancien, c'est la naissance d'enfants mâles qui est le gage de la victoire. Pour certains, cela signifie que le *Kojiki* aurait été transmis par des femmes, tandis que, pour d'autres, ce changement de sexe indique que le récit du *Kojiki* témoigne de l'existence d'un système social matriarcal au début de l'histoire du Japon.

sommet de la salle où Amaterasu et les déesses s'affairaient à tisser les vêtements divins. Puis il y laissa tomber un cheval écorché à vif et à rebours[13], ce qui entraîna la mort des tisserandes lorsqu'elles tombèrent, saisies d'effroi, sur les navettes de leurs métiers à tisser. Amaterasu, voyant cela, fut remplie d'horreur et se retira dans une grotte dont elle ferma solidement l'entrée. Selon certains historiens, il est possible de voir dans cette dernière scène la confrontation entre une société agraire basée principalement sur la culture du riz et les hordes nomades et guerrières qui auraient envahi l'archipel du Japon, probablement entre l'an 1000 av. J.-C. et l'an 250 de notre ère. Cette confrontation ne se serait pas résolue par la victoire d'une des deux cultures, mais plutôt – toujours fidèle à l'attitude japonaise – par un syncrétisme qui mit au premier plan la loyauté à l'empereur et le patriotisme[14]. Nous aurons l'occasion plus tard de revenir sur ce point où il sera question de l'influence du Shintō sur les institutions politiques du Japon.

La retraite d'Amaterasu eut pour conséquence d'obscurcir la terre entière et de déclencher toutes sortes de calamités. Alors les 800 myriades de dieux se rassemblèrent et demandèrent à un des leurs de trouver un moyen de ramener Amaterasu hors de la grotte[15]. Ce dieu fit fabriquer un miroir et un collier de perles. Puis il ordonna d'effectuer une divination avec l'omoplate d'un daim. On arracha par la suite un *sakaki* (une sorte de pin) de la montagne *Kagu* ; à ses branches du haut on fixa le miroir et le collier, aux branches du bas des pièces de linge blanc et bleu[16]. Un des dieux se mit alors à entonner une oraison[17], tandis qu'un autre se tint caché derrière la porte de la grotte. Alors, la déesse Ame-no-uzume exposa ses seins et ses organes génitaux et exécuta, comme possédée, une danse rapide tout en frappant avec un seau sur la porte. Le bruit infernal que cela causa fit trembler la terre et les 800 myriades de dieux se mirent à rire. Selon certains ethnologues, cette dernière scène confirme l'influence du chamanisme sur les pratiques religieuses des premières peuplades du Japon. On peut également

---

13. Cette pratique est mentionnée dans le *Norito,* les textes de prières rituelles, comme étant un péché. Selon Philippi (p. 80, note 8), elle pourrait être un rituel de magie noire.
14. On peut également retrouver un exemple de ce syncrétisme dans le *Bushido,* le code d'honneur des anciens samouraïs.
15. Cette consultation des dieux est comparée, par l'ethnologue Torii Ryūzō, aux rencontres de clans chez les Mongols. Elle pourrait également être une mise en scène représentant les coutumes politiques de la cour impériale, où les chefs des puissants clans se rencontraient pour conseiller l'empereur.
16. Suspendre des miroirs et des vêtements sur les branches d'un arbre déraciné était une pratique commune de vénération chez les anciens Japonais. L'arbre ainsi décoré devenait donc le lieu de résidence de la divinité vénérée (Philippi, p. 83, note 13).
17. Cette oraison est probablement une réminiscence des formules magiques utilisées pour préparer certains rituels religieux (Philippi, p. 83, note 15).

y voir une allusion à la pratique japonaise du double enterrement *(mogari)* discutée plus tôt. Lorsqu'il s'agissait de l'enterrement d'un chef de clan, le prétendant pleurait et se lamentait tandis que les autres membres du clan dansaient et se réjouissaient. Ce dernier était en attente de recevoir l'esprit du défunt *(tama),* ce qui se concrétisait par la remise des objets sacrés, symboles du pouvoir (le collier de perles, le miroir et l'épée).

Amaterasu fut intriguée par tout ce bruit et entrouvrit la porte de la grotte. Elle demanda la raison de la danse d'Ame-no-uzume. Celle-ci lui répondit qu'ils avaient trouvé une déité qui lui était supérieure. Au même moment, deux divinités lui présentèrent un miroir. Amaterasu trouvant cela de plus en plus étrange s'avança graduellement vers le miroir. Le dieu qui se tenait caché derrière la porte lui saisit la main et la tira davantage vers l'extérieur, tandis qu'un autre tendit derrière elle une corde de paille tressée et lui dit : « Tu ne dois pas reculer plus loin que ceci ! » Dès qu'Amaterasu fut sortie, tout le pays devint illuminé[18]. Quant à Susano-ō, après délibération du conseil des 800 myriades de dieux, il fut condamné à une amende de mille tables d'offrandes ; on lui coupa la barbe, les ongles des doigts et des orteils, puis il fut exorcisé et chassé de la communauté des dieux pour ensuite errer dans le monde. Selon le *Nihongi,* Susano-ō dut partir pour la Corée tandis que d'autres récits le représentent comme un dieu amendé et lui attribuent des actions généreuses et bienfaisantes. Sur ce point, Edmond Rochedieu, dans son livre sur le shintoïsme, explique :

> *Susanoo,* regardé d'abord comme un dieu vaillant et bon, était en Izumo, au sud de l'île de Honshû, sur la côte face à la Corée, vénéré comme le grand protecteur de la région où son sanctuaire était célèbre. Pendant assez longtemps le pays d'Izumo conserva son indépendance et l'expansion vers l'ouest des futurs empereurs, qui régnaient alors sur le Yamato, fut arrêtée. Or le prestige religieux du sanctuaire d'Izumo était, à cette époque, un sérieux obstacle à l'ambition du mikado qui, de son côté, fondait son autorité sur la suprématie de la déesse solaire *Amaterasu,* ancêtre de la dynastie. Les théologiens du Yamato s'attachèrent donc à discréditer le dieu *Susanoo.* On le chargea de crimes et certains détails le font même apparaître comme une caricature de ces Aïnous que les Japonais méprisaient. Vint une époque où les gouverneurs-prêtres d'Izumo firent acte de soumission à l'empereur. Leur dieu fut alors réhabilité

---

18. Il ne faudrait pas trop se formaliser de l'utilisation d'un subterfuge pour sauver le monde. Ceux qui connaissent bien le bouddhisme, en particulier la doctrine des moyens salvifiques *(upāya),* pourront y voir quelques similarités. Cette doctrine, par laquelle il est possible de justifier n'importe quel moyen pour arriver à une fin, pourvu qu'elle soit honorable, trouva, quoique originaire de l'Inde, un écho très favorable auprès des diverses traditions religieuses de l'Extrême-Orient ; d'un certain point de vue, elle est une grande porte ouverte au syncrétisme.

dans d'autres récits qui lui attribuèrent de nobles actions et le représentèrent faisant hommage à *Amaterasu* d'un sabre merveilleux trouvé dans le corps d'un dragon[19].

On peut voir également dans cette interprétation historique et politique une explication anthropologique. Le fait d'avoir eu à couper la barbe et les ongles de Susano-ō est plus qu'une simple punition : c'est aussi et avant tout une façon de le purifier de ses souillures. Dans la tradition shintoïste, cette façon de purifier se nomme, comme il a été mentionné plus haut, le *harae* et les fautes, qui sont en partie des fautes morales *(tsumi)*, peuvent se classer comme suit :

a) les actions commises pour faire du tort à autrui, comme celles commises par Susano-ō dans le *Kojiki*, c'est-à-dire briser les rizières, combler les fossés d'irrigation, écorcher à vif et à rebours, déposer des excréments au mauvais endroit ; et l'on peut ajouter : tuer les animaux du prochain, pratiquer des sortilèges pour porter préjudice ;

b) des actions contre la morale sexuelle, comme l'inceste, la bestialité ;

c) des actions qui choquent la sensibilité, par exemple couper la peau vive, couper la peau morte[20].

Aux souillures involontaires *(kegari)* et aux fautes morales *(tsumi)* il faut ajouter les malheurs ou les accidents naturels *(wazawae)* parmi les fautes qui demandent un rite de purification. Ces dernières, tout comme les souillures involontaires, n'impliquent pas directement la responsabilité de ceux qui les subissent. Cependant, sans qu'on fasse référence à l'idée d'un « péché originel », ce type de fautes peut avoir son origine dans des actes ou des comportements impliquant un certain degré de responsabilité[21]. Une fois la faute commise ou subie, dans tous les cas l'individu a la responsabilité de faire tout ce qui est en son pouvoir pour recouvrer son état normal

---

19. Rochedieu (1968), p. 95-96.
20. *Ibid.*, p. 108-109.
21. Ce n'est pas non plus l'idée de *karma* qui s'applique dans ce cas-ci. Une catastrophe naturelle serait interprétée, selon la perspective shintoïste, comme un avertissement, voire un châtiment d'un *kami* qui aurait été irrité ou offusqué de la conduite d'un individu ou d'un groupe d'individus. L'exemple de l'avortement mentionné plus haut s'applique très bien ici, puisque cet acte implique, d'une part, une responsabilité d'au moins un des deux parents quant à la conception et, d'autre part, une certaine contrainte, sociale, économique ou même psychologique, obligeant à y recourir. De plus, les conséquences néfastes d'un tel acte ne sont pas à craindre d'un système naturel de rétribution, ni d'un être suprême qui distribue les punitions et les récompenses, mais bien de l'esprit de l'enfant sacrifié.

de pureté. Il y parvient, nous l'avons vu, par le *misogi* et le *harae*[22]. D'une certaine façon, dans sa recherche de pureté, il en viendra à confondre ces deux types de purification puisque la faute est elle-même confondue[23]. En effet, dès le XIe siècle le *misogi* et le *harae* se confondirent graduellement dans le contexte où la purification devient une discipline spirituelle[24]. À cet égard, cette purification, si elle est complète, comporte quatre stades successifs :

a) le *misogi-harae* du corps, véritable hygiène corporelle de tous les organes et de toutes les fonctions ;

b) le *misogi-harae* du cœur, où l'on exerce une discipline mentale qui installe dans l'esprit les concepts de la vie, de l'âme, de l'univers et de la Divinité, afin de s'élever à une conscience plus haute et plus vaste en réalisant l'unité mentale ;

c) le *misogi-harae* du milieu, par lequel, après avoir nettoyé à tous égards le milieu où l'on vit, on s'abstient de le souiller ;

d) le *misogi-harae* de l'âme, dernière étape de purification intérieure et rayonnement personnel d'une âme parvenue à la sainteté[25].

Dans cette perspective de la discipline spirituelle on peut ajouter une troisième forme de purification, l'*imi,* ou l'état d'abstinence, qui est en fait l'un des éléments du *harae* et du *misogi*. L'*imi* indique le fait d'éviter une certaine nourriture, certaines actions, certains contacts, afin que tout ce qui touche au culte soit d'une pureté irréprochable. Non seulement les officiants,

---

22. Il est important de souligner ce fait pour bien comprendre la conception shintoïste de l'homme et de ses actes. On n'attend pas de lui qu'il fasse un acte de contrition, ni une sorte d'analyse psychanalytique pour se débarrasser de ses fautes, mais bien qu'il effectue un rituel de purification. Ainsi, il faut voir la faute, qu'elle soit volontaire ou non, comme une éclaboussure que l'on doit nettoyer une fois qu'on l'a reçue. Bien entendu, chaque faute peut entraîner une réflexion sur la façon de se comporter dans le futur afin d'éviter qu'elle se reproduise, mais encore une fois cette réflexion n'a rien d'un examen de conscience ni d'une introspection.

23. Nous avons vu comment un acte responsable peut entraîner des conséquences néfastes ; il est également possible de concevoir qu'une souillure involontaire puisse conduire un individu à commettre des fautes morales. Il ne faut pas perdre de vue que cette recherche de pureté est aussi une recherche de sincérité, d'authenticité et d'harmonie. Cette sincérité est comparable, du point de vue psychologique, à ce que nous entendons par l'idée de confiance en soi. En fait, ce n'est pas la souillure elle-même qui entraîne des bouleversements, mais plutôt la reconnaissance même d'une action ou d'un événement comme souillure. L'idée de souillure est donc un jugement de valeur qui nous révèle l'essence de la problématique du « salut » de la tradition shintoïste. En d'autres mots, cette idée est ce qui répond à la question du problème de l'homme telle que se la pose le Shintō.

24. Rochedieu (1968), p. 102.
25. *Ibid.*, p. 102-103.

mais ceux qui sont chargés de la préparation des objets du culte doivent être *imi* durant le temps qu'ils consacrent à cette opération ; il en est de même des prêtres qui lisent les prières, les *norito*[26].

Jusqu'à présent, nous avons fait un survol, à travers le *Kojiki,* de l'origine des idées et des pratiques du Shintō. Nous avons vu comment sa vision du monde et sa conception de l'homme sont intimement liées à celles des Japonais d'aujourd'hui, de sorte qu'il peut être parfois difficile de distinguer ce qui est culturel de ce qui est religieux. La tradition shintoïste nous apparaît donc pour le moment comme un mélange de croyances, de pratiques et d'aspirations plus ou moins indéterminées. Cependant, au cours de son histoire, le Shintō en est venu à se structurer en institution, à produire des penseurs qui ont voulu montrer et défendre la spécificité de sa vision, à être l'inspiration et la justification d'une idéologie et d'un système politique qui ont souvent utilisé la répression pour éliminer la compétition venant d'autres traditions religieuses ; enfin, il s'est fractionné en différentes sectes, un peu à l'exemple des grandes religions comme le bouddhisme et le christianisme. Je propose donc maintenant un bref aperçu des différentes formes ou aspects du Shintō ainsi qu'un approfondissement de quelques-unes de ses idées.

LES ASPECTS DU SHINTŌ

Avant d'aborder ce sujet, il serait sans doute approprié d'expliquer la signification du terme Shintō. Ce terme est une adaptation du chinois *Shin-Tao* qui signifie « Voie des dieux ». Il n'a été adopté qu'assez tardivement pour désigner la religion indigène des Japonais en opposition avec celles importées de Chine et de Corée, plus particulièrement avec le bouddhisme. Les Japonais eux-mêmes ne l'ont guère utilisé et lui préfèrent l'expression japonaise de *Kami-no-michi,* dont la signification est identique. Toutefois, ce terme apparaît toujours dans les expressions désignant les différents aspects du shintoïsme.

À présent, on peut relever cinq (quatre selon certains auteurs) formes principales du Shintō, en tant que tradition religieuse. La première est le Shintō populaire ou *Minkan Shintō.* Cette forme du Shintō est la moins structurée et représente, comme nous l'avons vu, la couche la plus profonde de la religiosité japonaise sur laquelle se sont greffées – ou du moins ont

---

26. Rochedieu (1968), p. 103-104.

puisé leur sensibilité – d'autres spiritualités comme celles du bouddhisme Zen et de la Terre Pure. Ce Shintō, souvent dédaigné par les représentants des autres formes plus institutionnalisées, comporte des croyances et des pratiques se rapportant aux divinités protectrices et domestiques, aux esprits qu'il s'agit d'apaiser ou de rendre favorables[27] et aux cérémonies en l'honneur des ancêtres. Il comprend également des rites agricoles et d'autres relatifs à la pêche, des fêtes annuelles et saisonnières, et, finalement, les initiations, les rites comme ceux du mariage et tout ce qui traite de ce que l'on sait de l'autre monde. Les limites de cette présentation ne nous permettent pas de décrire toutes ces croyances et pratiques ; cependant il y en a une qui mérite que nous y revenions. Il s'agit de la croyance en les divinités ou les *kami,* pour employer le mot japonais.

Nous pouvons distinguer deux sortes de *kami*. La première englobe les éléments de la nature, les phénomènes naturels, les objets inanimés ; tout ce qui d'une façon ou d'une autre suscite une attitude de respect[28]. Cette attitude est en quelque sorte le signe qu'une communication s'est établie entre l'homme et la nature. C'est pour cette raison que la pureté, non seulement du corps mais du cœur et de l'esprit, est indispensable pour qui veut entrer en rapport avec un *kami*. Nous pourrions penser que l'origine de cette idée du *kami* fut l'adoration animiste de la nature des premiers Japonais. La crainte religieuse inspirée par des phénomènes naturels tels que le vent, le tonnerre, le feu, le soleil, la lune, les rivières, les montagnes et les arbres les aurait incités à considérer tous ces phénomènes comme des *kami,* des objets d'adoration[29]. Il serait cependant inexact de voir dans cette crainte une simple réaction de peur de l'inconnu – ce qui ne ferait qu'abaisser ou humilier l'homme et le rendrait incapable de toute croissance spirituelle ; il faut plutôt y voir une occasion de devenir plus humble et, par conséquent, plus sensible et plus ouvert au dialogue avec la nature, où un chant d'oiseau, une feuille qui tombe peuvent occuper, pour un instant seulement, tout le champ de la conscience, où un simple geste, lors d'une cérémonie du thé par exemple, peut devenir *kami*. Ainsi, on comprend que tout est susceptible

---

27. Dans le contexte de ces pratiques, les Japonais ne font pas de cas de l'allégeance religieuse des saints auxquels ils adressent leurs requêtes. En fait, s'ils sont insatisfaits des résultats obtenus auprès d'une divinité, ils n'hésitent pas à se tourner vers une autre, ce qui fait dire à certains que la spiritualité des Japonais est très matérialiste et superficielle.
28. En anglais nous pourrions dire « *a sense of awe* », ce qui signifie une crainte révérencielle ou un effroi mêlé de respect et d'admiration.
29. Rochedieu (1968), p. 83.

de devenir *kami*[30]. En effet, dans le cadre de la vie sociale quotidienne, surtout celle du village, les objets qui jouent un rôle prédominant dans cette vie, qui est avant tout communale, sont considérés comme *kami*. On retrouve en premier lieu les trésors du village, comme des sabres et des miroirs, et, par conséquent, les bâtiments qui abritent ces objets. On peut également y compter les objets d'usage personnel et couramment employés par la communauté, tels les annales locales, les registres et les livres de comptes. Certains lieux sont aussi devenus des *kami* en raison de leur fonction communautaire, par exemple un arbre ou une pierre qui servent de lieu de rencontre pour les activités sociales ou les fêtes populaires du village. Enfin, il y a les sources d'eau, les rivières et, bien entendu, les montagnes qui font l'objet d'un culte. Ces dernières ont cependant, en comparaison avec les objets ci-dessus mentionnés, un statut particulier chez les Japonais. En effet, lorsque ceux-ci parlent de la nature, c'est en réalité aux montagnes, à l'eau qui en vient et au vent qui les balaie que s'adressent leurs pensées[31]. Nous n'avons qu'à songer au mont Fuji, qui est probablement la montagne sacrée la plus connue au Japon. Le culte des montagnes fut l'une des formes les plus anciennes du shintoïsme – plusieurs montagnes étaient considérées comme objets de vénération dans les temps anciens –, mais aujourd'hui leur caractère sacré est attribué, en plus de la valeur qu'elles ont pour la vie pratique et journalière, au fait qu'un grand nombre de *kami* y ont, selon la croyance des Japonais, leur lieu de résidence. C'est pour cette raison que la montagne est devenue un endroit privilégié pour leur rendre hommage et aussi un lieu de recueillement et de réflexion spirituelle, et ce, même pour les membres des autres religions[32]. Le culte des montagnes comprend ainsi une deuxième sorte de *kami* qui se rapproche plus de la notion de divinité et dont nous avons déjà eu un aperçu dans le contexte de notre discussion sur le *Kojiki*.

Cette deuxième sorte de *kami* n'est toutefois pas une catégorie réellement distincte de la première. La distinction se fait surtout sur le plan de la représentation du *kami*. Dans le premier cas, nous avons vu que tout pouvait

---

30. En fait, la notion de *kami* déborde largement le cadre explicatif d'une religion dite animiste. Dans cette dernière, on conçoit que tous les objets ont une âme, faisant ainsi une distinction entre l'objet et l'âme qu'il possède. Dans le cadre de l'expérience Shintō du *kami*, une telle distinction n'existe pas : tout l'objet fait partie intégrante de l'expérience. En d'autres mots, c'est la nature même de l'expérience avec l'objet qui fait de ce dernier un *kami*.
31. Rochedieu (1968), p. 72.
32. Il y a aussi des montagnes sacrées chez les bouddhistes et, fidèle à la tendance au syncrétisme des Japonais, une tradition Shintō-bouddhique de sages ascètes vivant dans les montagnes (*yamabushi*).

être *kami*, de sorte que le *kami* avait une forme indéterminée. Dans le second cas, par contre, en partie à cause des pratiques reliées au culte des ancêtres et à la doctrine bouddhique du *bodhisattva*, le *kami* semble avoir une personnalité plus marquée, où il est possible d'établir un rapport de personne à personne avec lui. C'est à ce genre de *kami* que les Japonais adressent leurs prières et leurs requêtes.

Nous avons fait référence au début de notre présentation à la notion d'*uji-kami* (ancêtre-divinité du clan). Le plus remarquable de ces *uji-kami* est sans aucun doute la déesse solaire Amaterasu, qui est l'ancêtre de la famille impériale. Cette prétention à avoir une divinité comme ancêtre s'harmonise très bien avec ce que les récits mythologiques disent à propos de la création du monde : ils ne font aucune allusion à la création de l'homme et de la femme, se bornant à déclarer que les *kami* sont les ancêtres des hommes. À l'exemple de la famille impériale, d'autres familles nobles s'attribuèrent des ancêtres prestigieux. Il y eut des abus et plusieurs édits impériaux au Ve et au VIIe siècle s'élevèrent pour y mettre de l'ordre. Cette pratique eut pour effet de modifier quelque peu l'idée que l'on se faisait des *kami*. En effet, une fois qu'un *kami* était associé à une famille noble, son rang devenait celui de cette dernière. Ainsi, accentué par l'introduction de la culture chinoise et, en particulier, de son type de gouvernement, un système de hiérarchie fut instauré dans le monde des *kami*. Comme pour les officiels et fonctionnaires de la bureaucratie chinoise, on conféra aux *kami* grades et promotions[33].

L'autre influence importante qui entraîna cette individualisation des *kami* fut l'introduction du bouddhisme au Japon. Le bouddhisme entra au Japon par la Corée au milieu du VIe siècle de notre ère. Cette intrusion ne se fit pas sans heurts : elle provoqua une prise de conscience des shintoïstes quant à leur identité religieuse et, d'une façon plus pratique, des divisions chez la noblesse japonaise de l'époque quant à savoir s'il fallait vénérer la statue de Bouddha – car c'est de cette façon très concrète que le bouddhisme fit son entrée – qu'un roi coréen avait offerte à l'empereur. En d'autres termes, on se demandait s'il était acceptable d'adorer un *kami* étranger. Il serait trop long de faire toute l'histoire de cette première confrontation entre le bouddhisme et le Shintō, mais disons seulement qu'elle se termina par plusieurs compromis. Un des compromis les plus importants

---

33. Rochedieu (1968), p. 80. Tel fut le cas, semble-t-il, pour Susano-ō (voir note 22).

est sans aucun doute la construction d'un magnifique temple à Nara en 728. Ce temple, qui s'appelle Todai-ji et qui est toujours une attraction touristique très populaire aujourd'hui, abrite une énorme statue du Bouddha Vairocana, le Bouddha-soleil. Selon la tradition, il fallut, pour construire cette statue, avoir l'autorisation d'Amaterasu, la déesse Shintō du soleil. Une réponse affirmative fut envoyée sous forme d'oracle. Cette tradition de l'oracle, qui laissait entendre que le Bouddha-soleil était en fait la déesse Amaterasu, ne remonte probablement pas à l'époque de la construction du temple de Todai-ji, mais plutôt à une période beaucoup plus récente où la correspondance entre les divinités bouddhiques et les *kami* du Shintō était bien établie. Cette correspondance – quelquefois il s'agissait d'une complète assimilation – fut facilitée par la théorie bouddhique du *honji-suijaku* (la substance originale qui se manifeste). Les *bodhisattva* étaient reconnus ainsi comme des manifestations de principes universels comme ceux de la compassion et de la sagesse. De la même manière, les *kami* du Shintō en vinrent à être considérés comme des manifestations de ces principes universels ou de la substance originale. De cette façon, suivant la tradition iconographique bouddhique, plusieurs *kami* prirent des formes humaines.

La présente discussion ne prétend pas faire toute la lumière sur la notion du *kami* : de façon générale, le *kami* désigne tout ce qui est sacré. Cela ne nous avance pas vraiment lorsqu'on considère que le caractère sacré d'une chose, pour le Japonais, dépend avant tout de la nature de sa relation avec celle-ci. Par tradition, cependant, certains objets ont acquis un caractère sacré permanent, un peu comme un chef-d'œuvre exposé dans un musée. Dans un tel cas, on ne sait plus si c'est parce qu'un tel objet est dans un musée, un endroit consacré par une société, qu'il exerce un attrait sur nous ou si c'est en raison de sa valeur propre, de sa qualité intrinsèque et indépendante de toute influence sociale. C'est une question assez complexe, surtout lorsque la reconnaissance d'une société est justifiée par le fait que ce qui est considéré comme chef-d'œuvre réussit vraiment à exprimer les valeurs et les aspirations les plus profondes des individus qui composent cette société. Je crois ainsi que la notion de *kami* ne peut pas être vraiment saisie en dehors de cette dynamique transactionnelle entre la reconnaissance sociale ou culturelle et l'expérience personnelle. Toutefois, malgré le caractère indéterminé de l'idée du *kami,* le Shintō, étant justement « la Voie des *kami* », ira toujours puiser dans sa tradition « kamilogique » pour y développer ses croyances et ses pratiques. Ainsi, les différents aspects que prendra cette tradition pourront toujours être rattachés à des conceptions bien précises du *kami*. C'est ce que nous verrons en faisant un bref aperçu des autres formes du shintoïsme.

La deuxième forme est celle du Shintō académique ou *Fukko Shintō*. Cet aspect du shintoïsme se concrétisa surtout par la pensée du philosophe Norinaga Motoori (1730-1801). Celui-ci, inspiré par un mouvement qui cherchait à distinguer de plus en plus le Shintō des religions dites étrangères comme le bouddhisme et le confucianisme, produisit un important commentaire du *Kojiki* dans lequel, se fondant sur une étude systématique du langage de ce texte, il discerna ce qui était d'origine vraiment japonaise de ce qui avait été ajouté sous l'influence des idées chinoises. Le travail de Motoori fut en quelque sorte le coup d'envoi de la Restauration ou de la Renaissance shintoïste. Cette entreprise fut poursuivie par un autre philosophe, Hirata Atsutane (1776-1843), qui poussa plus loin la réflexion en voulant prouver la supériorité du Shintō sur toutes les autres religions. Ces philosophes contribuèrent grandement par la suite au développement du nationalisme japonais.

Ce que Motoori reprochait aux religions étrangères était surtout leur vision du monde trop intellectuelle et rationnelle. Il favorisait plutôt une appréciation plus directe de la vie avec toutes ses ambiguïtés, telles qu'on les retrouvait dans les anciens écrits mythiques japonais et dans la vision Shintō en général. Il appréciait grandement le *Kojiki* pour sa franchise dans sa description des *kami* maléfiques et bénéfiques. Selon lui, l'homme devait apprendre à coexister tant avec le bien qu'avec le mal et reconnaître ses forces et ses faiblesses. Cette attitude valait mieux que celle qui invitait à suivre un chemin menant à la négation d'une de ces deux réalités. En effet, Motoori dédaignait surtout l'enseignement bouddhique qui disait que l'homme pouvait transcender la mort et qu'il était par conséquent inutile d'être triste ou affligé devant elle. Il écrivit que cet enseignement était faux parce qu'il était contraire à la sentimentalité humaine et aux vérités fondamentales de la vie. Il insista sur le fait que, si la mort cause la tristesse, l'homme se doit d'être triste. Il appela cette caractéristique de la vie émotionnelle des humains *mono no aware*. Ce terme est assez difficile à traduire ; il désigne tout ce qui touche la vision japonaise de l'art et de la religion. Cette pure réponse émotionnelle face à la beauté de la nature et au caractère transitoire de la vie est analogue à l'attitude religieuse à l'égard des *kami :* les *kami* font partie intégrante de notre vie et nous devrions les vénérer de façon directe et spontanée sans qu'il y ait une interférence de la raison[34]. En fait, Motoori ne voulut pas éliminer le bouddhisme ou le confucianisme – cela viendra plus tard ; il tenta plutôt de démarquer le Shintō des traditions étrangères. Un de ses poèmes illustre bien son intention :

> Shakyamuni et Confucius sont aussi des *kami* ;
> Cependant leurs Voies sont des embranchements à la grande Voie des *kami*[35]

À la forme académique du Shintō nous pouvons ajouter un courant de pensée plus philosophique et spéculatif sur l'origine du monde et les principes qui le régissent. Quoique les shintoïstes regardent d'un mauvais œil toute spéculation intellectuelle sur des sujets d'ordre religieux et se contentent d'une métaphysique à la fois vague et fragmentaire[36], il existe certaines idées qui ont provoqué une réflexion assez approfondie de la part des penseurs issus de cette tradition. Une de ces idées est le concept de *musubi*, c'est-à-dire le principe vital de croissance, de sustentation et de création.

Au début de notre exposé du *Kojiki*, nous avons dit qu'au commencement du Ciel et de la Terre apparurent cinq grandes déités dont les formes étaient invisibles. La première de ces déités fut Ame-no-minakanushi, qui est au centre de la création, la figure centrale de l'univers. Ensuite vinrent Takami-Musubi-no-Kami *(Kami* de la génération) et Kami-Musubi-no-Kami *(Kami* de la croissance), qui formèrent la première dualité divine. Par leur pouvoir de créer, ils enclenchèrent le développement de l'ordre cosmique à la suite duquel le Ciel et la Terre, tous les autres *Kami* et tous les phénomènes vinrent à l'existence. Ces deux déités sont donc la personnification du concept de *musubi* que l'on peut traduire par « l'esprit de naissance et de devenir ; également la naissance, l'accomplissement, la combinaison, les puissances de création et d'harmonisation[37] ». Ce concept embrasse tout, le bien comme le mal, et de ce fait il donna libre cours à plusieurs spéculations métaphysiques. En voici un exemple :

> Le mouvement positif de *musubi* déifié en Takami-Musubi-no-Kami est l'énergie mâle qui avance, expansive, qui enfle, exhale, diversifie et ramifie, celle qui se révèle dans les saisons du printemps et de l'été qui exhalent, enflent et diversifient. Son mouvement passif par contre, déifié par Kami-Musubi-no-Kami, est l'énergie femelle qui

---

34. Earhart (1982), p. 146.
35. Le syncrétisme a plusieurs formes. Une de celles-ci est de redéfinir les symboles d'une tradition religieuse selon l'idéologie d'une autre. Cela conduit inévitablement à une dépréciation de ces derniers. Ce type de syncrétisme a été nommé « Inklusivismus » par l'orientaliste allemand Paul Hacker.
36. Akira Nakanishi, cité dans Herbert (1964), p. 103.
37. Herbert (1964), p. 117.

recule, contracte, absorbe, inhale, unifie ou réintègre, celle qui se révèle dans les saisons de l'automne et de l'hiver qui inhalent, fanent et unifient[38].

Il peut être également dit que le *musubi* est achèvement ou conclusion, ce qui renvoie au pouvoir synthétiseur de la première déité, Ame-no-minakanushi. C'est en effet grâce à la médiation de cette divinité tout unifiante que se réalise harmonieusement la confluence des forces cosmiques croissantes et décroissantes *(waxing and waning)*[39].

Ces spéculations ont conduit les penseurs shintoïstes à une réflexion sur la nature de l'homme et sa relation avec l'univers. C'est ainsi qu'au XIIIe siècle le Waterae Shintō associe Ame-no-minakanushi au grand *kami-Nature* et le considère comme étant la substance de tout ce qui existe dans l'univers, choses et êtres. Et l'on précise que le *kami,* puis le *michi* (la Voie) et enfin l'homme lui-même sont essentiellement trois en un. L'homme est un être doué de la possibilité d'incorporer le *kami-Nature* par la pratique de la prière et une conduite juste et correcte[40]. Vers la fin du XVe siècle, Kanetomo, le fondateur de l'école Yoshida, parle également de ce *kami-Nature* à la fois comme divine immanence quand il s'agit de son rôle *kami* dans l'univers, comme *esprit* lorsqu'on envisage les interactions de la nature, comme *âme* si l'on se réfère à l'homme. L'âme de l'homme est en puissance la « résidence » du *kami-Nature,* qui lui-même est l'Absolu inconnaissable, transcendant, existant en soi, éternel et spirituel[41]. Lorsque nous avons discuté de la notion de *kami,* il a été dit qu'il était possible de distinguer deux sortes de *kami :* la première, qui fait référence surtout à sa nature indéterminée, a été sans aucun doute l'inspiration de cette réflexion philosophique. La deuxième, par contre, qui associe le *kami* à une personnalité précise, sera la source du développement d'un autre des aspects du shintoïsme : le Shintō des Temples ou *Jinja-Shintō*.

Ce type de Shintō désigne la totalité des rites et croyances soutenus et représentés par une structure construite par l'homme ou même un lieu spécialement désigné. Nous avons déjà abordé cet aspect plus tôt dans le contexte de notre discussion sur le caractère sacré des objets communautaires et sur le culte des montagnes ; ici, il sera plutôt question de structures plus complexes demandant dans la plupart des cas un clergé pour l'exécution des rituels s'y rattachant. Nous pourrions ainsi désigner sous le nom de *sanctuaire* tout endroit témoignant de la présence d'un *kami* et, de

---

38. Herbert (1964), p. 118.
39. *Ibid.*
40. Rochedieu (1968), p. 77.
41. Naofusa Hirai. Cité dans Rochedieu (1968), p. 77.

temple, un tel sanctuaire faisant l'objet d'un culte organisé. Ainsi, le temple shintoïste, même le plus complexe en tant que construction, acquiert son caractère sacré, tout comme l'arbre *sakaki,* seulement du fait qu'il est un lieu où réside au moins un *kami.* Il y a donc une continuité entre le Shintō populaire et celui des Temples, ce dernier étant, en quelque sorte, plus officiel et représentatif. Ce lieu reste donc

> une manifestation visible et toujours agissante du rapport de consanguinité qui existe entre l'individu et le monde entier, y compris l'humanité, les êtres vivants et non vivants, les morts, la terre entière, les corps célestes et les dieux, quel que soit le nom qu'on leur donne. Lorsqu'on y pénètre, on devient inévitablement plus ou moins conscient de ce rapport intime, et lorsqu'on s'en rend compte, tous sentiments d'anxiété, d'antagonisme, de solitude, de découragement s'estompent, comme chez l'enfant qui vient se reposer dans les bras de sa mère. Une sensation presque palpable de paix et de sécurité envahit le visiteur au fur et à mesure qu'il s'enfonce davantage dans l'enceinte sacrée...[42].

Le choix du site d'un temple Shintō, tout comme celui d'un sanctuaire, se fait par conséquent à un endroit où un *kami* est réputé être présent, c'est-à-dire un lieu où l'on éprouve le besoin d'adorer. Dans le cas des grands temples, le site a été souvent choisi en fonction des événements mythiques qui, selon la croyance shintoïste, s'y sont déroulés. Tel est le cas du temple d'Ise reconnu comme le lieu de résidence d'Amaterasu, la déesse du soleil et l'ancêtre mythique de la famille impériale. La présence d'Amaterasu est symbolisée par un miroir, miroir qui, on s'en souvient, avait été utilisé pour l'attirer hors de sa grotte et ainsi redonner au monde la lumière.

Lorsqu'un site a été choisi, un grand prêtre procède à la purification du lieu. Puis, par d'autres rites, il « fait descendre » le *kami* dans l'endroit où il est appelé à résider. Sur le site du temple, à part le bâtiment où réside le *kami,* se trouvent plusieurs autres endroits ou éléments caractéristiques et d'importance spirituelle. Mentionnons d'abord les *torii.* Ils se présentent sous l'aspect de portails sans porte composés de deux montants verticaux supportant deux poutres horizontales. Les *torii* délimitent l'enceinte sacrée du temple et parfois, surtout lorsque celui-ci est situé dans un endroit isolé dans la nature, ils peuvent se retrouver à une distance appréciable du temple même. Symboliquement ces portails représentent des perchoirs pour oiseaux et commémorent l'aide que certains oiseaux ont apportée aux déités lorsque par leur chant ils ont contribué à faire sortir Amaterasu de sa grotte. Une autre caractéristique du site des temples Shintō est la présence de petits

---

42. Herbert (1964), p. 156.

ruisseaux que le visiteur doit franchir sur des ponts avant de parvenir au temple principal. Comme nous l'avons vu dans le *Kojiki*, l'eau est en effet un puissant agent de purification ; un ruisseau, même modeste, oppose une barrière efficace à tout ce qui est mauvais ou impur. Un autre symbole utilisé pour distinguer le sacré du profane est le cordon tressé *(shimenawa)* que l'on retrouve normalement à l'entrée des temples[43]. Ce cordon, également utilisé pour désigner tout endroit sacré, un rocher dans la nature par exemple, peut être de dimension impressionnante, comme c'est le cas au temple d'Izumo. Une autre particularité de la plupart des temples shintoïstes est la présence de certains animaux sculptés ayant des fonctions déterminées. C'est ainsi que des lions de pierre sont placés bien en évidence pour garder l'entrée des temples. D'autres animaux, c'est le cas des renards d'Inari, *kami* de la nourriture et petit-fils de Susano-ō, font l'objet d'une véritable dévotion au point d'éclipser celle rendue à leur maître.

Le temple Shintō est aussi l'endroit où se déroulent les fêtes importantes de l'année comme le Nouvel An et les festivals. Ces festivals, appelés *matsuri*, sont essentiellement des actes d'adoration d'un ou de plusieurs *kami* et, en tant que tels, ils sont également des exemples de la continuité entre le Shintō populaire et celui des Temples. À l'origine, on pense que les hommes du clan se retrouvaient simplement pour prier les *kami* de leur accorder une bonne récolte. Il y avait une sorte de cérémonie autour d'un sanctuaire rudimentaire, souvent un arbre. Au moment le plus solennel de cette cérémonie, un chaman déguisé en femme dansait en état de transe et prononçait des oracles à l'adresse des gens du clan, qui pensaient alors que leurs prières étaient exaucées[44]. Par la suite, ces cérémonies en l'honneur des *kami* ont pris de l'ampleur et les *matsuri* sont devenus des fêtes accompagnées de réjouissances rehaussées par des cortèges qui rappellent l'atmosphère de nos carnavals. Certaines activités ont également lieu, comme les danses et les musiques traditionnelles et aussi des tournois tels la lutte japonaise *(sumō)* et le tir à l'arc. Ces activités sont, rappelons-le, des offrandes au *kami* et, ainsi, le *matsuri* doit être perçu comme un banquet où celui-ci est l'invité d'honneur.

Plus tôt nous parlions du Shintō des Temples comme étant une forme plus officielle du shintoïsme. Ce n'était pas pour attribuer un jugement de valeur, mais pour signifier son caractère plus structuré. En effet, avec le

---

43. Ce cordon fait encore une fois référence à un épisode du *Kojiki*, à savoir celui où l'on tendit derrière Amaterasu une corde de paille tressée pour l'empêcher de retourner dans la grotte où elle s'était réfugiée.
44. Kenryi Takezono. Cité dans Rochedieu (1968), p. 116.

culte rendu à l'empereur – culte que l'on pourrait appelé Shintō de la Maison Impériale –, le Shintō des Temples forme le cœur de ce qui est connu comme le Shintō de l'État, une création politique dont les débuts remontent à la période Meiji. Ce Shintō de l'État, en partie responsable du nationalisme japonais, sera donc la quatrième forme du shintoïsme que nous étudierons.

Le Shintō de l'État fut avant tout une institution gouvernementale, déclarée comme non religieuse, qui, à travers les temples, tendit à renforcer le sens de l'identité japonaise, en centrant la dévotion sur l'empereur. Du début de la période Meiji (1868) à la fin de la Seconde Guerre mondiale (1945), le clergé shintoïste, responsable de l'administration des temples, jouit ainsi d'un patronage important de la part de l'État et, un peu comme dans une sorte d'échange, propagea, par l'intermédiaire de nouveaux rituels et de fêtes, le culte de l'empereur, contribuant ainsi à renforcer l'autorité de celui-ci en tant que chef de la nation japonaise. Cette période a beaucoup marqué la tradition shintoïste, de sorte qu'il est parfois difficile de distinguer ce qui a été réinventé par les penseurs associés à cette forme de Shintō de ce qui était caractéristique de cette tradition – surtout du point de vue de sa structure – avant l'ère Meiji. À titre d'exemple nous pouvons citer le culte des héros, qui a pris des proportions énormes après la guerre entre le Japon et la Russie, et celui des montagnes où beaucoup de lieux vénérés, autrefois bouddhistes, sont passés sous contrôle Shintō. De plus, notre compréhension de cette tradition peut facilement être encore teintée par l'agenda politique de cette époque. Un exemple pourrait expliciter ce dernier point. Tout au début de cette présentation, nous avons dit que le Shintō était la religion nationale du Japon et qu'il n'était pas une religion comme les autres, puisqu'il était avant tout l'expression de l'âme japonaise. Cette affirmation n'est pas sans conséquences politiques. En effet, l'idée qu'une nation de 120 millions d'individus puisse avoir une âme unique permet d'effacer ou de minimiser toutes les distinctions culturelles et sociales et devient ainsi une fiction pouvant servir d'instrument de manipulation idéologique et, par conséquent, de contrôle politique. Les risques de confusion sur le plan de la compréhension sont d'autant plus élevés que c'est justement sur ce terrain de l'ethnocentrisme que la complicité entre le Shintō et l'État japonais a été la plus grande.

Le rapport qu'il y a eu entre le Shintō et la politique fut toutefois assez complexe. Dès les débuts de la période Meiji, l'élite shintoïste tenta de créer une religion d'État, qui n'était d'abord pas identifiée au Shintō, dans le cadre de la campagne de la Grande Promulgation *(taikyō senpu undō)*. Un des objectifs de cette campagne fut de créer une sorte de culte populaire, centré sur l'empereur, qui transcenderait toutes les différences religieuses. Cette campagne fut, il est important de le rappeler, une initiative de l'État ; elle visait avant tout à remplir des objectifs purement politiques. Pour les shintoïstes, cette entreprise n'était cependant pas sans créer quelques problèmes d'identité. Il y eut un débat sur la nature même de la tradition Shintō. Pour certains, le shintoïsme, comme il a été mentionné plus tôt, n'était pas une religion (ici il faut comprendre un ensemble de croyances et de pratiques *distinguant* un groupe d'individus d'un autre) ; c'était plutôt une suprareligion qui exprimait l'essence même de toute une nation. Dans cette perspective, le clergé se percevait, par l'intermédiaire des rituels, comme les instructeurs de la nation. Cette vision élitiste voulait aussi détacher le Shintō de tout rôle pastoral, ce dernier étant vu comme le propre des religions ou des sectes. Ce dernier point ne fut pas accepté par tous les membres du clergé. Une des conséquences importantes de cette redéfinition du rôle du prêtre Shintō était, en ne lui permettant plus de répondre aux besoins spirituels des gens, de le rendre plus dépendant de l'État pour sa survie financière. En fin de compte, ce sont les ritualistes qui dominèrent, puisqu'on pensa que la crédibilité du Shintō, en tant que garant du culte de l'empereur, aurait été minée par des rapports trop directs avec le peuple[45].

Il est aussi difficile de comprendre ce qui a pu inciter l'élite shintoïste à participer au programme de réunification nationale entrepris par le gouvernement de la période Meiji. Je ne peux que nommer sommairement quelques facteurs susceptibles d'avoir contribué au rapprochement entre le Shintō et l'État. Le premier fut probablement lié à une question de prestige et, par conséquent, de soutien financier. Depuis plusieurs siècles, le bouddhisme jouissait d'une position privilégiée auprès de l'élite dirigeante, ce qui a bien pu provoquer de la frustration chez les prêtres Shintō si l'on en juge par les actes de pillage perpétrés par ces derniers dans les temples bouddhistes lorsque l'État leur retira son soutien en 1868. Il faut également considérer le vent nationaliste qui toucha beaucoup de nations à cette époque. Le besoin d'une unité et d'une cohésion nationales a très certainement été ressenti par tous les membres de la société japonaise, peu importe leurs convictions religieuses. Si les prêtres shintoïstes de cette époque ont été coupables de répression religieuse, surtout contre les religions et les sectes qui étaient récalcitrantes à promouvoir le culte de l'empereur, ce fut bien

---

45. L'idée de pureté fut aussi un facteur dans cette redéfinition du rôle du prêtre : il était inacceptable pour certains qu'ils administrent les rites aux défunts ; cela les aurait mis dans une situation d'impureté.

plus au nom de cette cohésion nationale que sur la base d'une doctrine religieuse à proprement parler. Cependant, le culte de l'empereur devint pour beaucoup de shintoïstes la seule doctrine religieuse, et les rituels s'y rattachant, la seule pratique, de sorte que le degré de complicité entre le Shintō et l'État est beaucoup plus grand que celui causé par un simple concours de circonstances historiques. Et, pour bien comprendre ce phénomène de rapprochement entre le monde séculier et celui de la religion, il faudrait une étude qui déborde amplement le contexte japonais.

Nous avons dit plus tôt que cette tentative de créer une religion d'État n'était pas exclusivement Shintō. En effet, plusieurs groupes religieux s'associèrent à cette entreprise. Cela ne se fit pas sans compromis : pour le prestige d'un lien avec l'État, ils durent sacrifier leur autonomie et une partie de leur vision religieuse. Cela eut pour effet, dans un premier temps, d'englober sous la dénomination Shintō de nouvelles aspirations religieuses et pratiques spirituelles et, dans un deuxième temps, de distinguer plus clairement cette tradition des autres religions. Cette dernière affirmation semble être en contradiction avec les précédentes en ce qui concerne le caractère suprareligieux du Shintō. En fait, cela montre bien la relation délicate et complexe qu'entretenaient les membres de l'élite shintoïste avec l'État : il leur fallait légitimer, aux yeux des dirigeants, leur rôle de représentants de la nation japonaise, tant du point de vue théorique, par l'élaboration d'une idéologie politico-religieuse, que du point de vue pratique, par un soutien réel de cette même nation. Ces nouvelles religions, qui furent plus tard regroupées en treize sectes, rendirent ainsi, en créant une conscience populaire du Shintō, un important service à l'élite de cette tradition. Cependant, parmi ces nouvelles religions, certaines refusèrent de sacrifier leur indépendance. Ce fut le cas de la secte Ōmotokyō qui fut, dans les années 1920 et 1930, sur la base de sa doctrine « hérétique », victime d'intimidation et de répression de la part des autorités.

Pour finir cette présentation sur le shintoïsme, ajoutons quelques mots sur ces nouvelles sectes. D'un certain point de vue, nous pouvons affirmer qu'elles sont issues du shintoïsme ; d'un autre, qu'elles expriment quelque chose de tout à fait nouveau. Une de leurs caractéristiques communes est cependant, pour la plupart, le fait qu'elles ont été fondées par des personnalités charismatiques. Cette dernière discussion nous donnera également l'occasion de parler du rôle de la femme dans l'univers religieux japonais autre que celui du bouddhisme.

Une des raisons pour lesquelles les prêtres Shintō se voyaient mal dans le rôle de pasteur fut sans doute leur incapacité à rivaliser avec ceux qui étaient déjà actifs dans cette fonction. En effet, il leur aurait fallu être des médiums ayant un contact direct avec le monde des *kami,* des guérisseurs charismatiques ou bien des prêcheurs de doctrines de salut. Les prêtres Shintō ne furent jamais préparés à ce genre de tâche et il n'existait aucun modèle traditionnel de prêtre pasteur dont ils auraient pu s'inspirer. Ceux qui excellaient dans ces tâches étaient souvent associés à une nouvelle religion, c'est-à-dire une religion qui n'avait pas une affiliation directe avec les traditions déjà existantes. C'est, avouons-le, une définition assez large qui inclut des mouvements, tels que celui de Nichiren (1222-1282), qui datent de plus de 700 ans. En fait, il est très difficile de retrouver un modèle qui permette de définir ce qu'est une nouvelle religion[46]. Il faut ici distinguer entre diverses associations à caractère plus ou moins religieux, des mouvements de ressourcement spirituel et des rassemblements autour d'un prédicateur quelconque. Malgré cela, comme il a été mentionné plus tôt, il existe certaines caractéristiques communes. Ainsi, en plus de relier leur origine à un fondateur charismatique, la plupart des nouvelles religions ont critiqué la société dont elles étaient issues tout en réaffirmant certains de ses éléments. À titre d'exemple, nous pouvons regarder le cas de la secte Ōmoto-kyō, fondée par Deguchi Nao.

Deguchi Nao était une femme qui vécut durant la période Meiji. Cette période fut dominée, en ce qui a trait au rapport entre les sexes, par une puissante idéologie *(tsūzoku dōtokuō)* qui excluait complètement la femme du domaine public. De plus, renforcée par la doctrine bouddhiste du *karma* qui lui niait toute possibilité de salut, la vision de la femme était assez négative quant à ses capacités et à sa vertu. En fait, la seule porte ouverte vers la reconnaissance sociale était, ou plutôt devait être, son habileté à vivre l'abnégation de soi et à endurer la souffrance. En d'autres termes, sa capacité à être martyre. Comme plusieurs femmes de son temps, Deguchi Nao accepta cette idéologie. Elle crut que les souffrances liées à sa condition lui permettraient un jour d'obtenir une certaine reconnaissance sociale. Malheureusement, ce ne fut pas le cas : le système qui maintenait la femme dans

---

46. On me raconta (Hori) qu'un marchand d'appareils électriques déclara son commerce comme nouvelle religion. Le dieu vénéré était le dieu électricité et son temple était le magasin. Lorsqu'une personne achetait un de ses produits, ce n'était pas une vente, mais plutôt une offrande au dieu électricité. Il n'y avait donc pas de taxe à débourser ni, surtout, pour le propriétaire du commerce, d'impôts à payer.

une position de soumission avait failli dans sa promesse de récompense. Ainsi, un sentiment d'insatisfaction et un désir de changement commencèrent à émerger.

Comme en Occident, plusieurs femmes utilisèrent l'arène politique pour faire entendre leurs revendications. Cette arène, complètement contrôlée par les hommes, ne leur laissa cependant que très peu de marge de manœuvre. Il leur resta donc le monde religieux qui, dans le contexte japonais, permettait d'avoir accès au domaine public, pour ainsi dire, par la porte arrière. En effet, dès qu'une femme avait établi son autorité comme leader religieux, elle pouvait plus facilement exprimer son opinion, regrouper des gens et être connue du public en général. Ce qui poussa certaines femmes à devenir des leaders religieux fut toutefois bien plus que des circonstances politiques et sociales. Dans la plupart des cas, l'événement déterminant fut une expérience spirituelle appelée *kamigakari*, qui signifie : possession par un *kami*. À partir de ce moment, celui qui était ainsi possédé se sentait investi d'une mission, le plus souvent celle de sauver le monde.

Dans le cas de Deguchi Nao, ce fut une possession par le *kami* Ushitano-konjin, un *kami* vénéré alors dans une autre nouvelle religion dont Deguchi Nao avait déjà fait partie. Sa mission fut d'enseigner un message de salut pour l'humanité, ce qui comportait des exigences sévères du point de vue moral et une suppression de tout mal, surtout celui entretenu par le système politique de la période Meiji. D'après Deguchi Nao, seulement une femme, à cause de sa capacité à supporter la souffrance, pouvait s'engager dans cette mission. Cependant, pour articuler et faire passer son message radical, il fallait – c'est ici que la portée sociale de son message devient ambiguë – être « mâle ». D'après Deguchi Nao, cela signifiait que l'homme possédait les natures « mâle » et « femelle »[47]. Par nature « femelle », elle entendait principalement la capacité des femmes à endurer la souffrance. Indirectement, elle transforma une caractéristique, normalement attribuée aux femmes, en une valeur universelle. Ainsi, la souffrance devenait un moyen légitime de perfection spirituelle, ce qui, surtout chez les bouddhistes, était contraire à l'idéologie religieuse dominante où la souffrance était perçue comme un châtiment. Cela donna par conséquent aux femmes un accès immédiat au salut. Pour ce qui concerne la nature « mâle », il semble qu'elle était associée surtout aux comportements sociaux, comme hausser la voix ou faire des gestes brusques, ou aux caractéristiques masculines, comme

---

47. À cet égard, il est intéressant de noter que le cofondateur de la secte Ōmotokyō, Onisaburō, le gendre de Deguchi Nao, était perçu comme une femme dans un corps d'homme.

une voix plus grave qui, dans le contexte de la société japonaise, donnait une impression d'autorité. Dans le cas de Deguchi Nao, lorsqu'elle était possédée par le *kami* Ushitora-no-konjin, c'était sa façon de parler et d'exprimer sa pensée qui révélait sa nature « mâle »[48]. Ce nouveau modèle de relation entre les sexes, basé sur la complémentarité au lieu de la subordination, n'a cependant pas eu les effets escomptés dans le domaine social. La femme, même si elle avait maintenant accès au salut, pouvait jouir d'une certaine autorité seulement si elle adoptait un comportement « mâle ». De plus, ce changement de comportement était accepté seulement lorsqu'il était la conséquence d'une expérience spirituelle. Dans les faits, donc, l'effet salutaire de l'expérience spirituelle des leaders religieux féminins comme Deguchi Nao ne fut pas partagé avec leurs disciples féminins[49].

Ce bref aperçu de la secte Ōmotokyō a tenté de montrer une des particularités des nouvelles religions du Japon, et ce, du point de vue de la situation de la femme. Il ne prétend pas faire le tour de la question qui, à mon avis, est assez complexe. Nous n'avons qu'à penser à la secte Aum Shinri-kyō, prétendument responsable de l'attaque aux gaz dans le métro de Tokyo. À présent, il ne s'agit plus de faire une étude des idées principales de ces nouvelles religions pour comprendre ce qu'elles sont ; il faut également analyser leurs comportements, leurs relations avec les médias – ceux-ci manipulent notre perception des nouvelles religions et ces dernières manipulent les médias en les forçant, par des actions spectaculaires, à leur donner une couverture médiatique – et leur engagement dans le domaine politique. Le Shintō, « étant la religion nationale du Japon », devient donc, à travers la diversité de ses nouveaux représentants et la complexité de la société japonaise, de plus en plus difficile à définir et à cerner. Devant cette abondance de croyances, de pratiques et de phénomènes, je ne peux, en tant qu'étudiant des religions, qu'adopter une attitude d'humilité ; pour moi, le Shintō est *kami*.

CONCLUSION

Il y a deux choses, je crois, que le Shintō nous enseigne. Premièrement, une attitude ritualiste, basée sur des croyances en des réalités non tangibles, ne va pas à l'encontre du progrès scientifique et technologique. Au Japon, il

---

48. Dans d'autres nouvelles religions, on retrouve des femmes leaders qui s'habillaient en hommes.
49. À ce sujet, nous pouvons noter que la structure administrative de la secte Ōmotokyō était surtout dominée par des hommes.

est fréquent de retrouver des petits sanctuaires Shintō dans les lieux de travail ou de voir des réunions d'affaires commencer par une prière aux *kami*. Contrairement à ce qu'on observe dans le monde occidental, la réalité surnaturelle et le quotidien dit rationnel s'y complètent au lieu de s'opposer. Cela est dû à une perception différente qu'ont les Japonais du rituel. Deuxièmement, le rituel ne se définit pas avant tout par un acte précis, mais plutôt par une façon d'agir. Ce n'est pas le verbe qui est important, mais plutôt l'adverbe[50]. Vu de cette manière, le rituel ne nous est pas tout à fait étranger : lorsque nous attendons, après une longue absence, le retour d'un être cher par exemple, nous nous préparons à le recevoir, peut-être en mettant de l'ordre dans la maison ou bien en cuisinant un bon repas. Toutes ces actions, banales en soi, peuvent prendre dans ce contexte une signification spéciale. Plus l'événement auquel nous nous préparons est ressenti comme important, plus nous serons attentionnés dans nos actes, puisque ce sont eux qui témoigneront vraiment de notre état d'esprit. La personne ainsi reçue verra tout de suite, dans des détails comme un arrangement floral par exemple, la qualité de notre état d'esprit. Cette qualité n'est donc pas quelque chose de seulement subjectif ; elle comporte aussi une dimension objective. L'acte même, ou son résultat, devient ainsi un moyen de communication. La réalité du monde Shintō, en l'occurrence les *kami,* peut donc très bien être une réalité universelle.

Bibliographie

CREEMERS, Wilhelmus H.M. (1968). *Shrine Shinto After World War II,* Leiden, E.J. Brill.

EARHART, H. Byron (1982). *Japanese Religion : Unity and Diversity* (3ᵉ éd.), Belmont, California, Wadsworth Publishing Company.

ELLWOOD, Robert S. (1973). *The Feast of Kingship : Accession Ceremonies in Ancient Japan,* Tokyo, Sophia University.

HARDACRE, Helen (1989). *Shintō and the State, 1868-1988,* Princeton, New Jersey, Princeton University Press.

HERBERT, Jean (1964). *Aux sources du Japon : le Shintō,* Paris, Éditions Albin Michel.

---

50. Cette formulation m'a été donnée par Arvind Sharma de l'Université McGill.

HERBERT, Jean (1965). *Les dieux nationaux du Japon,* Paris, Éditions Albin Michel.

HERBERT, Jean (1967). *Dieux et sectes populaires du Japon,* Paris, Éditions Albin Michel.

HORI, Ichiro (1968). *Folk Religion in Japan : Continuity and Change,* Joseph M. Kitagawa et Alan L. Miller (dir.), Chicago, University of Chicago Press.

KATŌ, Genchi (1931). *Le Shintō, Religion nationale du Japon,* Paris, Annales du Musée Guimet, t. 50, Librairie orientaliste Paul Geuthner.

MCFARLAND, H. Neill (1967). *The Rush Hour of the Gods : A Study of the New Religious Movements in Japan,* New York, Macmillan.

OHNUKI-TIERNEY, Emiko (1993). « Rice as Cosmogony and Cosmology », dans *Rice as Self : Japanese Identities Through Time,* Princeton University Press, p. 44-62.

ONO, Sokyo (1962). *Shintō : The Kami Way,* Ruthland, Vermont et Tokyo, Charles E. Tuttle Company.

OOMS, Emily Groszos (1993). *Women and Millenarian Protest in Meiji Japan : Deguchi Nao and Ōmotokyō,* Cornell East Asia Series, Ithaca, New York, Cornell University.

PHILIPPI, Donald L. (trad.) (1968). *Kojiki,* Tokyo, University of Tokyo Press.

ROCHEDIEU, Edmond (1968). *Le Shintoïsme et les Nouvelles Religions du Japon,* Paris, Éditions Garnier Frères. (Coll. « Grandes Religions du Monde »)

Les traditions religieuses négro-africaines
Rites de maîtrise et pratiques de salut

Issiaka-Prosper Lalèyê

Sanctuaire dogon (Mali). Au premier plan, autel d'ancêtres, vases d'eau lustrale et cauris divinatoires.

> Aussi étrange que cela puisse paraître, personne ne s'étonne en Occident des nuances et des subtilités de la pensée japonaise ou chinoise ; mais il suffit que tel chercheur fasse état de certaines spéculations des Noirs pour qu'on le considère comme un « interprète » téméraire sinon aventureux[1].

Bien des religions semblent avoir maille à partir avec leur propre histoire. Les traditions qu'elles sont devenues interprètent et ré-interprètent cette histoire, la corrigent sans cesse, et font de ces religions historiques d'importants moteurs d'une histoire subséquente qui aspire, à son tour, à embrasser la plus grande partie possible de l'humanité croyante. En ce sens, ces religions peuvent être dites doublement historiques. Car, nées de l'histoire, elles structurent et produisent de l'histoire à leur tour.

Tel n'est pas le cas des religions négro-africaines auxquelles le qualificatif « traditionnelles » semble convenir plus qu'à toute autre. Car, ayant été instituées par les dieux eux-mêmes, elles font remonter leur origine aux origines de la création. Même lorsqu'elles portent des traces évidentes d'individualités historiques incontestables, le mythe et la légende ont tôt fait de souder les silhouettes de ces ancêtres à celles de tous les autres, créant ainsi un continuum apparemment insensible aux vicissitudes de l'histoire des hommes.

Et pourtant, comme toutes les autres religions humaines, les religions africaines s'inscrivent dans le temps. Les nombreuses transformations que subissent les Africains eux-mêmes et leurs diverses cultures finissent par déterminer les croyances ancestrales. Ainsi, les espaces occupés par l'islam et par le christianisme ne cessent de grandir. Et nous prenons de plus en plus l'habitude de qualifier de « traditionnelles » des croyances dont l'ensemble apparemment inchangé n'en subit pas moins les influences subtiles et multiples des religions non africaines.

---

1. Dominique Zahan, *Religion, spiritualité et pensée africaines*, Paris, Payot, 1970, p. 10.

À cette absence de préoccupation historique s'ajoutent deux autres traits caractéristiques des traditions religieuses africaines. En un sens, il s'agit aussi de deux absences : d'une part l'absence de l'écriture et, d'autre part, l'absence d'une structure de grande envergure pouvant aller jusqu'à coïncider avec les limites d'un royaume, voire d'un empire. Mais, par ailleurs, et en tant que trait caractéristique des religions négro-africaines, chacune des trois absences mentionnées ici (histoire, écriture et église) correspond à une présence dont il me semble important de chercher à cerner aussi bien le contenu que la portée.

Avoir du temps et des événements qui s'y produisent une conscience consistant à les constater, à les classer et à les archiver soigneusement nous paraît être, aujourd'hui, une excellente chose. L'accès de la connaissance humaine à l'histoire ainsi entendue nous semble une victoire incontestable en deçà de laquelle nul ne voudrait retourner. Nous en arrivons ainsi à perdre de vue le fait que ce sont la religion judéo-chrétienne, le christianisme et l'islam qui ont ouvert l'anneau du temps, l'ont rendu rectiligne, lui assignant un *terminus ab quo* et un *terminus ad quem* ; autrement dit, un commencement et une fin. Sur ce point apparemment insignifiant mais en réalité aux conséquences considérables, les traditions religieuses négro-africaines sont différentes. Elles enseignent et célèbrent de plusieurs manières les différents commencements du monde, mais jamais elles ne content ni ne racontent la fin de la création. L'une des conséquences, à moins qu'il ne s'agisse d'une cause, de cette impression qui domine dans les religions africaines d'avoir affaire plutôt à l'éternité qu'au temps ou à l'histoire est la maîtrise de ce temps tel que le Négro-Africain a la conscience discrète mais puissante de l'avoir réalisée. Ainsi, les croyances religieuses négro-africaines ne semblent s'être affranchies du temps que parce qu'elles comportent la conviction de l'avoir conquis et comme domestiqué. Il en résulte, pour ces croyances, une manière toute spéciale, et assez inattendue pour elles, d'être présentes dans la vie des individus comme dans la vie des groupes qui vivent d'elles et les font vivre.

De même, l'absence de l'écriture comme forme de conservation des mythes fondateurs, des préceptes qui en découlent et des rites qui les incarnent et les perpétuent correspond, paradoxalement, à une pénétration de la vie de l'*homo religiosus* africain par les différentes composantes de la vie religieuse concrète. En effet, en matière de conservation des croyances le contraire de l'écriture n'est pas la parole ; ce serait plutôt la pratique. Et c'est l'articulation des ressources de la pratique individuelle et collective à celles de l'oralité qui assure aux traditions religieuses africaines une conservation et une efficacité qui leur ont fait considérer à ce jour comme dérisoire un éventuel recours à l'écriture. Et si l'on est conscient que les pratiques des initiés peuvent différer et de fait sont différentes de celles des non-initiés, et qu'en étant d'une certaine manière le même pour tous un même ensemble de croyances peut cependant comporter de nombreux secteurs contigus aux contenus fort différents les uns des autres, on admettra aisément que l'intégralité de ces croyances peut continuer d'être véhiculée par la pratique aussi et même plus sûrement que si cette fonction était confiée à l'écriture.

Enfin, l'absence d'une structure ecclésiale qui tendrait à couvrir et à organiser le plus grand espace géographique possible correspond plutôt, dans les traditions religieuses africaines, à une présence et à une imprégnation des sphères de vie individuelle et familiale par l'ensemble des valeurs religieuses essentielles. L'implication, dans la pratique religieuse quotidienne, de la structure familiale hiérarchique assure à chaque corps de croyances une présence si totale que les pratiques collectives qui s'effectuent au-delà de la famille, du quartier, du village et parfois même de la région acquièrent une fonction de commémoration dont l'apport à la ferveur religieuse individuelle est minime. D'où l'intervalle parfois grand qui peut s'intercaler entre deux cérémonies religieuses intervenant au niveau de tout un clan ou de toute une tribu. D'où aussi – comme cela fut démontré par la traite esclavagiste – la possibilité, pour différentes religions africaines, d'être totalement exportées par quelques millions de croyants parmi lesquels se trouvaient – il est vrai – toutes les catégories de croyants, allant des grands initiés aux petits ainsi qu'aux non-initiés.

COSMOLOGIE

Dans la plupart des mythes négro-africains où l'on dit comment tout a commencé, comment furent créés le monde, les dieux et l'être humain, il est frappant de noter que le cosmos n'est pas tiré du néant. Il n'est pas question d'une création *ex nihilo*. Les éléments de mythes empruntés aux cultures yoruba, fali et dogon permettront d'illustrer ce trait des cosmogonies et des cosmologies négro-africaines.

Éléments de cosmogonie yoruba[2]

Dans l'une des nombreuses versions du mythe yoruba de la création du monde, l'Être suprême, Olodumaré, commença par créer sept princes couronnés qu'il entreprit de faire descendre dans le monde, *ayé*, au bout d'une longue, longue, longue chaîne. Or, le monde en question était couvert d'eau et la position des sept princes accrochés à leur chaîne n'était guère confortable. C'est pourquoi le plus jeune des princes prit dans sa besace une noix qu'il jeta dans l'eau au-dessous d'eux. La noix germa aussitôt, se transformant en un splendide palmier à huile géant à seize branches qui offrit son feuillage comme abri aux sept princes en route du ciel vers le monde ou vers la vie, *ayé*. Mais la besace du plus jeune des princes renfermait aussi un peu de sable, quelques morceaux de fer et un coq, le tout contenu dans un foulard de tête de femme. De la branche du palmier où il s'était d'abord installé, ce cadet des princes versa dans l'eau le contenu de sa besace, qui devint sol, *ilê*, et il y posa son coq qui, grattant et étalant devant, derrière, à gauche et à droite, forma la terre, *ayé*, que nous habitons aujourd'hui. C'est pourquoi plus tard ce cadet des sept princes, Oranyan, sera le propriétaire et le chef de toutes les terres du pays yoruba ; ses six aînés devront lui demander l'autorisation d'occuper leur royaume respectif.

Longtemps après, lorsque l'Être suprême voudra créer l'homme, c'est à Obatala qu'il confiera cette importante tâche. Ce dernier prit donc de l'argile qu'il mélangea à de l'eau et modela des figurines ayant formes humaines auxquelles Olodumaré donna le souffle et la vie, *êmi*, créant ainsi les hommes. Seulement, entre-temps, le divin Obatala, ayant bu du vin de palme un peu plus que de raison, avait modelé des figurines difformes (estropiées, bossues, infirmes) qui reçurent de l'Être suprême le souffle et la vie au même titre que celles plus parfaitement modelées. C'est pourquoi certains êtres humains naissent mal formés et c'est pourquoi aussi il est interdit aux adorateurs d'Obatala de boire du vin de palme ou toute autre boisson alcoolisée.

Du sable au sol puis à la terre qui est aussi monde, et surtout monde habité, la cosmogonie yoruba progresse ainsi non pas du néant, mais du ciel et de l'eau comme données premières soumises à la volonté et à la force créatrice d'Olodumaré, l'Être suprême.

---

2. Les Yoruba, dont certains sous-groupes sont aussi appelés Nago, sont une ethnie du sud-ouest du Nigeria, du sud et du moyen Bénin ainsi que du Togo.

Éléments de cosmogonie fali[3]

Ce sont deux œufs que les Fali placent à l'origine du monde : un œuf de crapaud et un œuf de tortue. L'œuf de tortue, de sexe mâle, tournait à gauche pendant que l'œuf de crapaud, de sexe femelle, tournait à droite. À force de tourner, ces deux œufs se heurtèrent et se cassèrent, laissant échapper leur contenu : quatre couples d'animaux, un papayer et une crête de coq. Cet ensemble se trouvait réparti sur deux terres de forme carrée qui continuèrent à tourner ; c'est alors que la tortue, allant d'ouest en est, traça un axe d'après lequel elle ordonna aux deux terres de s'accoler et d'arrêter de tourner. Mais tout ce que contenaient ces deux terres remonta au ciel et la tortue fut abandonnée seule sur la terre.

Le premier homme, que les Fali nomment To Dino, vint sur cette terre préalablement stabilisée par la tortue. On dit qu'il vint de l'est et qu'il descendit d'une liane de haricot. Descendit aussi avec To Dino le soleil dont la présence eut pour effet de sortir la terre de la nuit. To Dino fit germer l'unique graine que l'Être suprême lui avait confiée, puis il se retira dans le creux d'un baobab dont il fit son domicile. La pluie se mit alors à tomber, c'était la toute première pluie. Elle tomba longtemps, si longtemps qu'elle aurait tout submergé si le crapaud n'était pas intervenu, séparant les eaux stagnantes des eaux courantes, partageant aussi l'espace en quatre secteurs par rapport à un centre déterminé par lui. L'unique graine plantée par le premier homme donna un seul épi qui s'ouvrit en quatre parties et libéra huit graines différentes, point de départ de toute la végétation qui allait recouvrir la terre. Entre-temps, To Dino fut obligé de quitter le creux de son baobab pour suivre la tortue dans une caverne au sein de la terre. Cette fuite de To Dino fut provoquée par les nombreuses fautes que le premier homme avait commises. C'est pourquoi, dès qu'il fut enfermé avec la tortue dans cette caverne terrestre, le vent d'ouest s'éleva qui anéantit tout sur terre, obligeant To Dino à remonter au ciel.

Ainsi, en ces temps immémoriaux de la création, toute vie cessa sur terre à deux reprises. La première fois, après l'intervention de la tortue et la seconde fois, par suite de l'effet destructeur du vent d'ouest consécutif aux fautes du premier homme. C'est pourquoi Dieu fit tomber une nouvelle pluie dans laquelle il fit descendre une arche en forme de tabouret tournoyant au bout d'une liane. Dans cette arche se trouvaient le papayer symbole de toutes les espèces végétales, douze couples de mammifères sauvages, quatre animaux domestiques, le fer, le feu, le cuivre et les outils

---

3. Les Fali sont une ethnie du Cameroun.

de forge. Le premier homme, To Dino, revint sur terre dans cette seconde pluie, mais c'était sous la forme du forgeron, accompagné de son épouse qui fut la première potière. To Dino coupa la liane qui retenait l'arche, ce qui fit que celle-ci tomba et se brisa en quatre ; le premier homme s'empara alors du feu et des outils contenus dans l'arche, pendant que sa femme volait deux graines. Ensuite, rassemblant les animaux à qui il donna à chacun son sexe, To Dino plaça les mâles à sa droite et les femelles à sa gauche. Il garda les animaux domestiques avec lui tandis que les animaux sauvages s'en allèrent vers l'ouest. Quant au papayer qui se trouvait également dans l'arche, il se planta au centre de la terre réservée aux hommes et donna naissance au premier couple d'êtres humains de sexes différents. Ces deux êtres humains donnèrent, à leur tour, deux fois deux jumelles, pendant que la tortue s'unissant au crocodile, d'un côté, et le crapaud s'unissant au varan, de l'autre, donnèrent naissance à deux couples de jumeaux mâles. Ce sont ces quatre hommes qui, en s'unissant aux quatre jumelles nées du papayer, donnèrent naissance au peuple fali.

Deux choses méritent l'attention dans le mythe fali. La première est que la création ait dû échouer deux fois avant de réussir ; et la seconde est l'importance du chiffre 2 et de ses multiples corroborée par l'opposition des contraires : est-ouest, mâle-femelle, sauvage-domestique, etc. La tortue et le crapaud auxquels le mythe confère l'important rôle d'organisateurs de l'espace sont rejoints par le crocodile et le varan en compagnie desquels l'opposition des contraires réapparaît, mais, cette fois, entre la terre et l'eau, le crapaud et le varan étant terrestres, pendant que le crocodile et la tortue sont considérés ici comme aquatiques. La forge et le forgeron sont opposés, à leur tour, comme travail du fer et du feu, à la potière et à la poterie comme travail de l'eau et de la terre. C'est de cette série de symétries rendues fécondes par l'opposition et la complémentarité des contraires qu'est censé avoir germé le monde fali tel que nous le connaissons aujourd'hui.

Éléments de cosmogonie dogon[4]

Pour les Dogon, au commencement et à l'origine de tout se trouvait Amma le créateur, l'Être suprême, premier dans l'espace et surtout dans le temps, puisqu'avant lui rien n'était. Pour exprimer cette idée de commencement

---

4. Les Dogon sont un peuple du Mali habitant les falaises de Bandiagara, dans la boucle du fleuve Niger.

absolu, les Dogon précisent qu'Amma « ne reposait sur rien ». Mais cet Être suprême était un œuf fermé sur lui-même et formé de quatre parties appelées clavicules.

Avant et afin de créer le monde, Amma en traça d'abord les figures dans l'espace. Il le fit avec de l'eau. Le monde commença donc par des signes. Ces signes étaient des signes primordiaux au nombre de 266 dont l'ensemble constituait le « ventre d'Amma ». À partir de ces signes, véritables archétypes, Amma préleva sur lui-même une matière qui était une sorte de crasse à laquelle il ajouta sa propre salive ; malaxant le tout, le pétrissant de ses mains, il lui donna la forme d'une graine. Ce fut la graine d'acacia, premier de tous les végétaux et élément principal du premier monde créé par Amma. En effet, dans ce premier monde, Amma n'avait fait que superposer les différentes composantes qu'il utilisa. Et, lorsque ce monde se mit à tournoyer, l'eau qui en était l'élément essentiel s'en échappa, et toute cette première création échoua.

Rendue nécessaire par l'échec du premier monde créé, la création du deuxième monde se fera selon une autre technique et son point de départ ne sera plus la graine d'acacia, mais une graine plus petite : la graine de *pô* ou fonio. D'abord, Amma commença par dessiner les signes ou marques, *yala*, de ce nouveau monde dans son propre sein, c'est-à-dire dans l'œuf du monde. Ensuite, sur le monde ainsi préfiguré, Amma ouvrit les yeux et, sorti de son propre sein, son œil devint une lumière éclairant la totalité de l'univers et révélant ainsi toutes les choses en formation. À ce point, le mythe dogon précise qu'Amma lui-même était un vent, et principalement un vent tourbillonnant :

> Amma, le créateur, n'était pas lui-même grand mais de cela il est interdit de parler ; à sa place « pour le remplacer » il a transformé le *pô* en vent et l'a laissé ainsi. Amma, du moment où il a créé toutes les choses, toutes étaient dans le *pô*, elles ont grandi tandis que le *pô* n'a pas grandi ; la graine a été formée comme du vent et il est interdit d'en parler[5].

Ainsi, étant un vent tourbillonnant, Amma a aussi transformé en vent la petite graine de *pô* placée au point de départ de cette deuxième création. C'est pourquoi la vie, plus petite encore que la graine de *pô*, mais que Amma avait déjà placée au sein de cette graine, se développa aussi en tourbillonnant. Amma ayant pris la précaution de mélanger les composantes de ce nouveau monde au lieu de les superposer simplement, ce mélange placé

---

5. Voir Éric Guerrier, *Essai sur la cosmogonie des Dogon. L'arche du Nommo*, Paris, R. Laffont, 1975, p. 22-23.

dans la graine de *pô*, en se développant et en tourbillonnant, engendra des vibrations qui n'étaient autres que la parole même d'Amma. Parole que la graine de *pô* gardera enroulée en son sein, jusqu'au moment où Amma lui ordonnera de la transmettre à l'ensemble de la création, notamment à l'homme.

C'est aussi Amma, l'Être suprême, qui eut à créer les dieux. Au point de départ de ceux-ci, les Dogon placent quatre divinités primordiales collectivement appelées *nommo anagono*. Dans la langue des Dogon, le mot *anagono* signifie « pluie sinueuse » ou « mâle sinuant ». Car *ana* signifie pluie et *gono* signifie sinuer. D'une part, le poisson appelé silure porte le même nom (*nommo anagono*) que ces quatre premières divinités et, d'autre part, le mot *ana* qui n'est qu'une partie de *anagono* sert à désigner l'être humain. D'après le mythe dogon, du silure considéré comme la première des choses créées aux *nommo anagono*, Amma multiplia sa création en procédant par dédoublement. Ainsi, des quatre *nommo anagono* furent tirées leurs quatre sœurs jumelles. Et tout cela, précise le mythe, se faisait dans le sein d'Amma, c'est-à-dire dans l'œuf d'Amma, lentement, très lentement.

Le premier de ces quatre *nommo* avait pour nom Nommo Die, c'est-à-dire le grand *nommo*. Il réside auprès d'Amma et il en est le vicaire. C'est à lui que revient la garde des principes spirituels de tout ce qui vit sur terre. Il se manifeste par l'orage et par la foudre, et il est dispensateur de pluie. L'arc-en ciel est considéré par les Dogon comme le « chemin » du grand *nommo*. Le second *nommo* est appelé Nommo Tityane, ce qui signifie le messager du *nommo*. Car Nommo Tityane est le messager de Nommo Die dont il est en même temps le gardien des principes spirituels. C'est Nommo Tityane qui est l'accomplisseur des grandes œuvres de Nommo Die et c'est lui qui en est aussi le sacrificateur. Le troisième *nommo* est appelé O Nommo ou *nommo* de la mare, ou encore le *nommo* sacrifié ; car c'est ce *nommo* de rang trois qu'Amma sacrifiera plus tard pour réparer les désordres causés dans le monde par son cadet, le *nommo* de rang quatre. Celui-ci, en effet, est appelé Ogo. Dernier des quatre *nommo*, il commença dès le sein d'Amma à manifester une impatience totalement inadmissible.

En effet, et comme il est dit plus haut, dans le sein d'Amma tout se faisait lentement, et même très lentement. Chacun des *nommo* devait donc attendre patiemment que sa sœur fût tirée de lui par dédoublement. Tous les *nommo* surent attendre, sauf le quatrième. Car Ogo pensa qu'Amma ne voulait pas lui donner de jumelle et, malgré les assurances qu'Amma lui prodigua sur ce point, Ogo ne crut pas en la promesse de l'Être suprême. Impatient, Ogo était en plus désobéissant et fort ambitieux. Il eut l'idée de surprendre les secrets d'Amma ; pour cela, il entreprit de mesurer l'univers, marchant en tous sens, créant ce faisant le temps et l'espace qui n'existaient pas avant cela, puisque tout se trouvait au commencement. Entre Amma et cette créature impatiente, rebelle et prétentieuse, la dispute et la séparation devinrent inévitables. Ogo fit plusieurs tentatives pour égaler son créateur et, n'y parvenant pas, il sortit précipitamment du sein d'Amma, avant que sa propre formation fut achevée. C'est pour cela qu'il naquit les yeux fermés, c'est-à-dire dans l'obscurité primordiale. En s'échappant du sein d'Amma, Ogo arracha un morceau de son placenta dont il croyait qu'il contenait sa sœur jumelle en formation. Heureusement qu'ayant su d'avance ce projet Amma le contrecarra en retirant du morceau de placenta volé le principe spirituel qui aurait permis la naissance de la sœur jumelle d'Ogo. C'est ce morceau de placenta volé par Ogo qu'Amma transformera en terre. Le trou duquel le morceau a été arraché sera transformé en lune, tandis que le reste du placenta demeuré au ciel deviendra le soleil. Quant à Ogo, il entreprit d'explorer la terre, après avoir obtenu qu'Amma la lui rendit sableuse et sèche, alors qu'elle était primitivement humide et inhabitable. Cette exploration de la terre fut entreprise par Ogo dans l'espoir entêté d'y découvrir sa sœur jumelle qu'il ne devait jamais retrouver. Or, explorer et pénétrer la terre était, pour Ogo, un acte des plus incestueux. Car, en tant que placenta d'Ogo, la terre était aussi sa propre mère. Et l'on dit : « … Ogo est rentré dans la bouche et sorti par le sexe de sa mère la terre, constituant ainsi un inceste d'une gravité exceptionnelle[6]. »

Comme les quatre premiers dieux, les premiers hommes furent aussi au nombre de quatre. Le premier d'entre eux s'appelait Amma Seru, le second Lebe Seru, le troisième Binu Seru et le quatrième, Dyongu Seru. Tous les quatre furent tirés du placenta d'Amma. Le premier provient de l'air du placenta, le second de la terre du placenta, le troisième de son eau et le quatrième de son feu.

Avec l'idée d'une création qui échoue, rendant nécessaire une seconde mieux réussie, le mythe dogon intègre à la conception négro-africaine de l'Être suprême l'idée d'une opposition et d'une rébellion nées dans le sein même du créateur et qui allaient déterminer la suite de la création. Les hommes quant à eux, faits de la même substance que les dieux, auront pour mission de soumettre cette création, à condition de se hisser, par leur intelligence, à la connaissance et à l'utilisation des signes primordiaux de toutes choses dont la conception par le créateur a dû précéder l'acte même de la création.

---

6. Éric Guerrier, *op. cit.*, p. 35.

DOGMES ET FONDEMENTS PHILOSOPHIQUES DE BASE

Tenu à Abidjan au mois d'avril 1961, le colloque sur les religions a certainement pris une décision favorable aux recherches sur les croyances négro-africaines, en déclarant préférer l'appellation « religions africaines » au concept « imprécis voire péjoratif d'animisme[7] ». Après ce colloque, les historiens, les ethnologues, les anthropologues et les africanistes ont donc progressivement abandonné dans leurs discours les mots tels que paganisme, fétichisme, énergétisme ou dynamisme. Progressivement aussi et dans les expressions « religions africaines » et « religions traditionnelles négro-africaines », le pluriel s'est substitué au singulier dont avaient fait usage les participants au colloque d'Abidjan. Il faut voir là la preuve de ce que, dès qu'on les étudie pour elles-mêmes, en s'efforçant de se tenir à l'écart des préjugés les plus courants et les plus grossiers, les ensembles de croyances négro-africaines révèlent une telle homogénéité et une telle unité qu'ils paraissent relever chacun d'une religion différente, plutôt que d'être les manifestations d'une seule et même religion. Ainsi et à titre d'exemple, le *vodoun* d'un côté et le *orisha*[8] de l'autre appartiennent-ils à deux religions différentes ou sont-ils, au contraire, deux manifestations d'une seule et même religion ? L'intéressant, dans le cas du *vodoun* et du *orisha*, étant que les deux systèmes religieux auxquels ils appartiennent sont proches dans le temps et dans l'espace et comportent de nombreuses similitudes sous-tendues par des emprunts dont les traces demeurent visibles dans les discours et dans les pratiques.

En conséquence et lorsqu'on se propose de présenter les dogmes et les fondements philosophiques des religions négro-africaines traditionnelles, la question se pose de savoir sur quel système de croyances négro-africaines il conviendrait de s'appuyer. Sans vouloir répondre à cette question, se contentant simplement de l'évoquer, il peut suffire de signaler que lorsqu'on observe, dans leur extrême variété, les croyances et les pratiques religieuses de l'Afrique noire, on perçoit des airs de famille régionaux, c'est-à-dire des ressemblances unissant les uns aux autres des systèmes

---

7. « L'accord est général – parmi les participants – pour préférer, du point de vue technique, le concept de religions africaines à celui, imprécis, voire péjoratif, d'animisme. Quant au fond, les religions africaines sont considérées comme des religions authentiques impliquant l'idée d'un être suprême et l'idée d'intermédiaire entre l'homme et les êtres. La vie assurant l'unité de ces religions qui se situent dans un ensemble formant une civilisation riche, dans les domaines les plus divers, d'éléments positifs d'humanisme », dans *Colloque sur les religions*, Abidjan, 5-12 avril 1961, Paris, Présence Africaine, 1962, p. 97-98.
8. *Vodoun*, d'une part, et *Orisha*, de l'autre, sont les noms donnés aux divinités dans les panthéons des Adja-Fon (Bénin et Togo) et des Yoruba (Nigeria, Bénin).

religieux d'abord spontanément perçus comme profondément différents les uns des autres. Même en ne s'en servant qu'à titre de simple intuition, ces airs de famille régionaux sont les seules bases que l'on peut utiliser pour essayer de retrouver et formuler les dogmes et les fondements philosophiques infra-structuraux.

Considéré en lui-même, un dogme est une vérité que ses détenteurs tiennent pour achevée. À ce titre, il est censé jouir d'une perfection sur laquelle se fonde l'inutilité de toute recherche et de toute modification novatrice. D'un point de vue textuel, que le dogme soit écrit ou conservé à l'état oral, il inspire le respect, à moins qu'il ne l'exige, et bénéficie du statut de l'« intouchable ». Mais, d'un point de vue sociologique, le dogme est relié d'une part à un corps professionnellement organisé des gestionnaires de la vie religieuse et, d'autre part, à un système de relations plus ou moins fortement hiérarchisé qui enserre dans ses mailles l'ensemble des fidèles d'une religion donnée.

Dans les religions négro-africaines, les aspects les plus rigides que recèle la description ci-dessus faite du dogme ne sont pas immédiatement perceptibles. Mais les fonctions sociales du dogme sont manifestement partout présentes de sorte que, s'il serait radicalement faux de déclarer que les religions traditionnelles négro-africaines n'ont point de dogme, il reste à démontrer sous quelles formes les dogmes de ces religions existent, fonctionnent, se transmettent et sont conservés, si l'on veut éclairer le paradoxe des religions qui possèdent et fonctionnent selon des dogmes, sans être cependant dogmatiques.

En effet, le premier trait des cultures négro-africaines, par rapport à la question de l'existence du dogme dans les religions de ces cultures, est l'oralité. Car on a du mal à se représenter comment une vérité conservée oralement peut revendiquer – et de fait obtenir – qu'elle soit transmise telle quelle. Le second trait de ces cultures est l'apparent mais extrême émiettement de la pratique religieuse. Les divinités des panthéons des Yoruba et des Adja-Fon, par exemple, sont adorées dans de nombreux temples dont certains sont dans les cours des rois, d'autres sur les places des marchés, d'autres encore dans les concessions des grandes maisons familiales et d'autres, enfin, dans des chambres à coucher individuelles de personnes isolées. Le troisième trait culturel négro-africain, au regard de la question du dogme, est la discontinuité que l'on observe entre les différents corps sacerdotaux qui président à l'exécution des différents rites constitutifs des cultes. Car il existe des prêtres dans ces religions et leurs corporations sont organisées, régies par une hiérarchie visible et scrupuleusement respectée. Mais, en même temps, chaque croyant est si prompt à s'ériger en officiant que l'on est fondé à se demander jusqu'à quel point ces prêtres improvisés peuvent connaître les dogmes officiels, n'étant pas passés par les lieux et les moments de formation par où passent les prêtres et jusqu'à quel point des pratiques si manifestement spontanées peuvent se conformer à de tels dogmes. Qui plus est, l'ensemble des prêtres qui officient dans la vie religieuse d'une contrée et même d'un royaume donne l'impression d'être totalement coupé de l'ensemble des prêtres des régions, contrées et royaumes environnants. Le quatrième trait, enfin, des religions négro-africaines, sur le plan du dogme, est l'extrême pluralité des langues africaines qui donne l'impression que, dès qu'on passe les frontières d'une langue, on passerait aussi les frontières d'une religion ; ce qui est inexact. Mais la question doit être alors posée de savoir par quels moyens, en transcendant des frontières politiques et linguistiques, des vérités religieuses peuvent demeurer les mêmes et obtenir un même respect.

Il s'ensuit que, dans le cas des religions négro-africaines, le concept de vérité religieuse est plus opératoire et à maints égards plus exact que celui de dogme, pour rechercher quelques-unes au moins des croyances les plus universelles et les plus constantes sur lesquelles reposent les pratiques religieuses négro-africaines.

La première de ces croyances, partout présente dans les religions négro-africaines, se rapporte à l'Être suprême. Premier dans le temps et dans l'espace, omniscient, omniprésent et omnipotent. C'est parce qu'il sait tout, peut tout et est partout, sinon en tout, que cet Être suprême est également placé plus haut que tout. C'est lui qui est censé avoir tout créé, les dieux bons et mauvais y compris. Et parce qu'il peut tout, il n'a besoin de rien, car rien ne lui manque, tout lui appartenant. Il est donc essentiellement différent des divinités qui sont ses créatures et qui ne peuvent subsister que si les hommes leur offrent des sacrifices en échange desquels ils leur font différents « biens ». D'où la différence également essentielle entre le culte rendu à l'Être suprême et les cultes rendus aux autres divinités.

La deuxième vérité essentielle des religions négro-africaines est un ensemble d'évidences qui s'articulent autour de l'homme en tant que personne. L'Africain croit, en effet, que l'Être suprême et lui seul a donné à l'homme pleins pouvoirs pour connaître et pour agir, du moins à l'échelle de ce bas monde ; le monde des ancêtres, celui des dieux et *a fortiori* celui de l'Être suprême étant des domaines réservés à leurs occupants respectifs. Les interactions entre ces différents mondes sont soumises à des règles strictes. Cet homme conçu comme un véritable maître du monde humain n'est pas simplement fait d'une âme et d'un corps. Son être n'a donc pas une structure dualiste ou bipolaire. La personne négro-africaine est faite de plusieurs entités spirituelles et de plusieurs entités matérielles. De ce fait, les religions négro-africaines la tiennent pour un foyer de forces en effervescence continuelle, branché sur le reste de l'univers pour y agir. Une autre évidence constitutive de cette vérité anthropocentrée est que l'être humain ne vit pas une seule vie. Il est donné à la personne – du moins à celles de ses parties considérées comme en étant le noyau – de faire l'expérience de plusieurs vies et, ainsi, de se réincarner. La dernière évidence constitutive de cet ensemble est que l'homme est doué de la capacité de savoir ce qui est bien et ce qui est mal. En conséquence, il est responsable de ses actes, non seulement devant ses semblables les autres hommes, mais encore devant les ancêtres, les divinités et Dieu en tant qu'Être suprême.

Le troisième ensemble de croyances que l'on peut considérer comme universel dans les religions négro-africaines se rapporte à la nature, dans ses différents règnes, minéral, végétal, animal, spirituel, etc. La nature est vue, par les Négro-Africains, ni plus ni moins que comme un gigantesque réseau de forces, un véritable réseau de réseaux. Il s'agit, par conséquent, d'une nature essentiellement dynamique, extrêmement sensible aux moindres actions dont les effets se démultiplient à l'infini. Cette conception énergétique du cosmos et de tout ce qu'il contient ne valorise pas seulement l'action, elle valorise également la connaissance. Car, l'action étant importante parce que toujours suivie d'effets, il importe de savoir comment agir et pourquoi (pour quoi) agir. Entre l'acte matériel et la connaissance qui doit la précéder et la préparer se situe la parole conçue, elle aussi, non seulement comme force et comme énergie, mais encore et surtout comme l'action par excellence, puisqu'elle possède la vertu de déclencher d'autres actions.

La quatrième et dernière vérité universelle des religions négro-africaines que je crois devoir retenir est l'idée de l'infinité du temps ou de l'histoire. C'est le concept d'éternité. Si, dans leurs mythes, les religions négro-africaines parlent toujours d'un et même de plusieurs commencements du monde, elles ne mentionnent presque jamais la fin des temps. Les actes grandioses que ces religions situent au commencement de l'histoire ouvrent, par conséquent, un espace infini dans lequel Dieu, les dieux et les hommes semblent invités à inscrire leurs actions, en se conformant aux règles et aux dispositions du niveau d'être où chacun d'eux se situe.

C'est d'abord parce que les quatre vérités et ensembles d'évidences mentionnés ci-dessus débordent de part en part les croyances et les pratiques religieuses, au sens strict, qu'il serait inexact de les considérer comme des dogmes. Mais c'est aussi parce que, d'un point de vue théorique, chacune de ces vérités est diffuse et comme diluée dans une série apparemment infinie d'autres croyances et d'autres pratiques qu'elle ne bénéficie pas d'une formulation unifiée susceptible de devenir un dogme. Cependant, chacune de ces vérités n'en demeure pas moins essentielle, illustrée qu'elle est par des croyances et des pratiques parmi lesquelles les pratiques et les croyances religieuses occupent une place centrale, certes, mais coexistent avec des pratiques scientifiques, politiques, économiques, morales. Enfin, ces vérités, lorsqu'on les observe de l'intérieur des cultures négro-africaines, n'ont pas l'apparence de dogmes parce que, bien qu'elles soient constamment présentes dans d'innombrables croyances et pratiques, elles semblent n'y exercer aucune coercition et ne bénéficient d'aucun militantisme. Mais elles n'en sont que plus déterminantes.

BIOGRAPHIE DU FONDATEUR

La question qui vise à connaître quel a été et quels ont été les fondateurs des religions africaines est inséparable de celle de savoir s'il existe une seule religion dans l'Afrique traditionnelle ou si, au contraire, dès que l'on franchit les limites d'un royaume, d'une culture, d'une ethnie ou d'une langue, on pourrait estimer avoir aussi franchi les frontières d'une religion différente de toutes celles qui l'environnent. Le fait que les religions négro-africaines soient fondamentalement des cultes des ancêtres donne une coloration particulière è cette recherche des fondateurs. Mais, en attendant que ces deux problèmes puissent être éclaircis par des recherches dûment menées, je crois pouvoir affirmer que les ancêtres qui bénéficient, aujourd'hui encore, des cultes dans les religions africaines et qui figurent, à ce titre, au nombre des divinités de ces religions, loin d'avoir été des fondateurs, ont plutôt bénéficié des religions préexistantes qui les ont accueillis comme des hommes exceptionnels et les ont progressivement divinisés.

Cependant, il est indiscutable que les religions négro-africaines, comme toute autre religion humaine, ont eu un ou des fondateurs ; et le problème reste entier de savoir si les ressources contenues dans les traditions orales pourront permettre un jour de saisir les contours imprécis d'individus qui, de toute évidence, semblent avoir vécu dans l'histoire, mais dont les silhouettes se confondent aujourd'hui avec celles de véritables dieux. Deux exemples peuvent être donnés pour illustrer le caractère à la fois historique et mythique de deux divinités aujourd'hui solidement implantées dans le panthéon yoruba. Le premier est celui du dieu Shango et le second celui du dieu Ifa.

Les mythes et les légendes des Yoruba s'accordent pour voir dans Shango un roi historiquement connu d'un des royaumes yoruba, et qui aurait régné dans la ville d'Oyo. Réputé très coléreux, Shango-roi aurait eu le pouvoir de faire sortir du feu de ses narines et de sa bouche, lorsqu'il se fâchait. Mais un jour, pour des raisons inconnues, le monarque se serait donné la mort en se pendant. Cette triste fin se serait déroulée dans le village de Kosso, non loin de la ville royale d'Oyo[9]. Les partisans du roi Shango, plutôt que d'admettre que le roi s'était pendu, auraient fait répandre le bruit que le roi serait monté au ciel en grimpant sur une corde ! De fait, Shango-dieu est aujourd'hui adoré non seulement chez les Yoruba, mais aussi chez les Adja-Fon, sous le nom de *orisha-shango* pour les Yoruba et de *vodoun-hêviosso* pour les Adja-Fon. Dans ces deux cultures, ce dieu est considéré comme le dieu de la foudre.

Ifa est, dans le panthéon yoruba, le dieu de la divination. Comme tel, il préside au système divinatoire des Yoruba aussi bien que des Adja-Fon, qui l'appellent *FA* ou *AFA*. Également connu sous le nom de Orunmila, Ifa passe pour avoir effectivement vécu, en un temps immémorial, dans la ville d'Ifê, ville éminemment religieuse des Yoruba. Aujourd'hui, l'ensemble fort complexe des signes du système divinatoire ifa et des légendes dont se servent les devins yoruba et adja-fon pour interpréter ces signes contient en de nombreux endroits des épisodes de la vie « historique » de Ifa-Orunmila. Shango et Ifa sont ainsi des ancêtres ayant effectivement vécu dans l'histoire avant d'être progressivement incorporés au panthéon de la religion yoruba en tant que telle.

Il est indiscutable que les religions négro-africaines sont dans le temps et l'histoire et qu'elles subissent l'effet du devenir historique des hommes et des sociétés qui les pratiquent. Il s'agit donc de religions non pas statiques, mais ouvertes sur le temps et obligées, comme tout ce qui est temporel, de composer avec les données apportées par le temps, parmi lesquelles les données religieuses venant des autres cultures sont naturellement appelées à jouer un rôle déterminant, même si ce rôle demeure difficilement perceptible. À défaut de disposer d'éléments biographiques dans l'acception historique du terme, l'historicité et le dynamisme intégrateur et adaptatif des religions négro-africaines traditionnelles me paraissent pouvoir être illustrés par le cas qui suit, observé peu après la Seconde Guerre mondiale.

---

9. Oyo est la capitale politique du plus important royaume yoruba, pendant que Ifê en est la ville religieuse : le nombril de l'univers yoruba. L'actuelle ville d'Oyo est située au sud d'une plus ancienne ville du même nom.

Les Songhaï (ou Sonrhaï), les Djerma et les Haoussa qui vivent dans la partie ouest du Niger ainsi que dans le nord du Nigeria sont connus par les africanistes comme des peuples ayant fortement subi l'influence de l'islam introduit chez eux depuis le XIe siècle. Bien que majoritairement islamisés, ces peuples continuent néanmoins de pratiquer leurs religions ancestrales, réduites, il est vrai, à des danses de possession. L'influence de l'islam dans le panthéon de leurs religions se manifeste par le nom de l'Être suprême qu'ils appellent Allah et les noms des différentes divinités qu'ils considèrent comme des Maleka (ou Maleika)[10], c'est-à-dire des anges. Dans ces religions songhaï, on distingue trois cultes qui semblent s'être succédé dans le temps : celui des génies *zi*, des génies *holey* et des génies *haoka*. Si les génies *zi* sont, chez ces Songhaï, Djerma et Haoussa, des génies de la terre dont les prêtres sont toujours descendants des autochtones du lieu, les génies *holey* sont, au contraire, des génies de l'eau, du ciel, du vent, de la foudre et de la brousse ; leurs prêtres sont souvent des pêcheurs plus récemment venus s'installer dans la région. Quant aux génies *haoka* dont le culte est plus récent, leur nom collectif signifie folie. Ils incarnent la force et la puissance. L'un d'entre eux est appelé Krosisya, d'autres, Komando mugu, Gomno, Zeneral malia, King zuzi, Sekter et un autre, enfin, Caporal gardi.

Regardés de près, ces noms de génies *haoka* reflètent la présence coloniale et apparaissent comme l'adaptation dans la langue des Songhaï de noms et appellations d'origine française. C'est ainsi que Caporal gardi ne signifie rien d'autre que Caporal des gardes ; Sekter, le secrétaire ; King zuzi, le roi des juges ; Zeneral malia, le général ; Gomno, le gouverneur et Komando mugu, le commandant mauvais. Quant au nom Krosisya, il n'était que la déformation du nom Croccichia de l'administrateur qui avait voulu s'opposer à ce nouveau culte, en raison de la violence exceptionnelle de la possession par les génies *haoka*.

Les recherches permirent en effet, entre 1945 et 1955[11], de se rendre compte que ce culte des *haoka* avait été introduit dans le pays songhaï en 1926[12] par un paysan fraîchement revenu du pèlerinage à La Mecque. Ainsi, alors que la pratique religieuse des Songhaï continuait à être soumise à l'influence de l'islam, leur génie religieux traditionnel était suffisamment en éveil pour incorporer à sa structure des éléments historiques indiscutables

---

10. Allah et Maleika sont des mots arabes signifiant Dieu et anges.
11. Voir Jean Rouch, *Le culte des génies chez les Songhai*, J.S.A. num. XV, 1946 et *Les Songhai*, Paris, PUF, 1954.
12. Les informations concenant les Songhaï et leurs cultes des différents génies se trouvent dans J.C. Froelich, *Animismes, les religions païennes de l'Afrique de l'Ouest*, Paris, Éditions de l'Orante, 1964, p. 102-106.

qui étaient soumis à une ré-interprétation adaptative. Le culte des génies *haoka* avait donc bien un fondateur. Mais, loin d'avoir instauré une religion, ce fondateur n'avait fait qu'y introduire des éléments apportés et imposés à l'histoire de sa société et à sa culture. Si l'on veut pouvoir remonter de tels rénovateurs aux véritables fondateurs des religions négro-africaines traditionnelles, il faudra disposer d'un appareillage méthodologique et technologique dont la mise au point ne semble pas préoccuper, pour l'instant, les chercheurs en ce domaine.

CONTEXTE À L'INTÉRIEUR DUQUEL LA TRADITION ÉMERGEA

Du fait de l'oralité qui est la forme dominante de la production, de la transmission, de la conservation ainsi que de la défense et de l'illustration de la culture dans les sociétés négro-africaines, il sera probablement difficile, voire impossible, d'établir avec précision les conditions historiques de l'émergence des religions de l'Afrique noire. Comme toute religion, les religions africaines sont traditionnelles. Et le principal problème serait de savoir à partir de quel moment (historique) elles ont commencé à être traditionnelles, c'est-à-dire à se référer à un passé considéré comme parfait et digne, à ce titre, d'être répété plus ou moins scrupuleusement.

La répétition plus ou moins servile qu'implique la tradition installe d'emblée, en effet, les pratiques dites traditionnelles dans l'éternité. Mais, à y regarder de près, la fidélité à la tradition ne peut être vérifiée, sanctionnée ou assurée que si l'on dispose d'un référentiel stable comme l'écriture, par exemple. Car, à défaut de ce référentiel stable, le sentiment ou même la conviction d'être fidèle à une tradition n'empêche pas des éléments nouveaux d'être intégrés dans une structure appelée de ce fait à changer lentement, imperceptiblement, mais sûrement.

De fait, et pour les cultures dominées par l'oralité, ce ne sont pas seulement aux textes oraux qu'incombe la mission de conserver le passé pour permettre à la pratique de s'y référer afin d'être traditionnelle. Ce sont les pratiques elles-mêmes en tant que systèmes d'actions plus ou moins rigidement enchaînées les unes aux autres qui se transmettent de génération en génération. En se faisant ainsi pratique, la fidélité à la tradition met à l'abri des innovations l'essentiel du message qui doit être transmis. Devenu pratique, cet essentiel devient en même temps inaccessible aux interprétations verbales qui peuvent varier d'un héritier à l'autre. C'est probablement ainsi que les traditions religieuses négro-africaines se perpétuent, et c'est ce qui pourrait expliquer l'homogénéité et l'universalité du fond de croyances de ces religions, nonobstant la grande diversité et la spontanéité avec lesquelles les officiants s'improvisent. Et c'est pourquoi la reconstitution du contexte historique de ces traditions est une tâche non pas vouée à l'échec, mais des plus exaltantes et des plus délicates à entreprendre.

HISTORIQUE

La manière dont les religions négro-africaines sont aux prises avec le temps n'est pas simple, mais complexe. Elles ne sont donc pas des religions anhistoriques, mais plutôt des religions à l'histoire particulière. Pour contribuer à élucider cette relation complexe des religions au temps, je suggère d'introduire trois périodes dans la longue histoire des pratiques religieuses des sociétés et des cultures négro-africaines. La première de ces trois périodes serait leur pré-histoire ; la seconde, leur histoire ancienne, c'est-à-dire la période durant laquelle ces religions entrèrent en relation avec les deux grandes religions monothéistes que sont l'islam et le christianisme ; et la troisième période, leur histoire contemporaine correspondant à l'état actuel de ces religions, comprendrait les modifications intervenues en leur sein durant les cinquante ou cent dernières années et notamment depuis que la plupart des pays de l'Afrique noire ont recouvré leur souveraineté politique.

Le rôle joué par le continent africain dans la formation de l'homme préhistorique laisse deviner l'importance que pourrait avoir, pour la compréhension de l'ensemble du phénomène humain, la connaissance de la préhistoire des religions africaines. Les origines de ces religions se perdent, en effet, dans les origines mêmes de l'humanité. Il faudra donc utiliser, pour cette préhistoire des religions africaines, des méthodes qui ont déjà fait leurs preuves dans l'étude de la préhistoire en général.

En faisant remonter l'histoire ancienne des religions africaines traditionnelles à leurs contacts avec l'islam et le christianisme, je ne suis pas seulement à la recherche de points de repère historiques vérifiables, étant donné que c'est dès le VIIIe et le IXe siècle que l'islam a entrepris d'influencer l'Afrique noire et que l'influence du christianisme a été précédée par celle de la religion juive, comme en témoigne le cas des Juifs Fallasha de l'Éthiopie. Je cherche surtout à permettre à la réflexion et à la recherche sur cette histoire ancienne de disposer de quelques vérités religieuses susceptibles d'être rapprochées et comparées aux vérités qui leur sont analogues dans le corps des croyances religieuses négro-africaines. Ces vérités religieuses aptes à servir de « points de repère » se rapportent, à mon avis, à la conception de l'Être suprême, à la conception de l'homme ou de la personne et, enfin, à la conception du temps ou de l'histoire, c'est-à-dire à l'eschatologie. Sur ces trois points, la religion juive, le christianisme et l'islam, toutes trois soutenues par leur utilisation de l'écriture, contiennent des vérités – sinon des dogmes – susceptibles d'aider à retrouver les spécificités des croyances négro-africaines et à essayer de retracer leur évolution dans le temps. Cependant, en raison du caractère traditionnel des pratiques religieuses négro-africaines dont il a été question plus haut, écrire l'histoire ancienne des religions africaines sera une tâche ardue nécessitant la collaboration inter et transdisciplinaire de l'histoire, de la sociologie et de l'anthropologie aussi bien que de la psychologie, de la philosophie et de la théologie.

L'histoire actuelle des religions de l'Afrique noire sera relativement plus facile à écrire, car, depuis que les sociétés négro-africaines ont été soumises à la colonisation, les individualités qui ont marqué l'évolution de ces religions ont en même temps été identifiées et suivies par le système colonial en place. Ce fut le cas, dans l'islam, pour Oumar Foutiyou Tall et Ahmadou Bamba au Sénégal, et dans le christianisme, pour Harris W. et le harrisme en Côte d'Ivoire, Matswa et le matswanisme au Congo-Brazzaville et Simon Kimbangu et le kimbanguisme au Congo démocratique, pour ne citer que quelques cas bien connus, tout en sachant qu'au Nigeria, en Afrique du Sud, en Afrique de l'Est des prophètes indigènes ont entrepris, depuis le début du XXe siècle, un effort d'adaptation de l'islam et du christianisme au génie religieux négro-africain. L'intéressant, dans ces adaptations, est qu'elles font apparaître les vérités religieuses des pratiques traditionnelles éclairées et fécondées par les dogmes de l'islam et du christianisme, permettant ainsi de suivre l'histoire récente de ces vérités en même temps que celle de ces dogmes. Au même moment, ce que ces différents « islams noirs » et ces différentes « églises chrétiennes africaines indépendantes » retiennent des religions négro-africaines traditionnelles peut servir d'indication précieuse de ce que l'on peut considérer comme essentiel dans ces traditions.

LITTÉRATURE SACRÉE

Dans les religions négro-africaines traditionnelles et quand il s'agit de littérature, le sacré est synonyme de secret. La recherche des textes sacrés se heurte donc au caractère ésotérique des connaissances religieuses. Les prières dites publiquement, individuellement ou collectivement, s'adressent, certes, au transcendant et participent, à ce titre, au sacré, mais elles paraissent sans commune mesure avec des paroles véritablement sacrées connues des seuls initiés et qui renvoient d'abord au caractère sacré de la parole elle-même.

> La parole est tout.
> Elle coupe, écorche.
> Elle modèle, module.
> Elle perturbe, rend fou.
> Elle guérit ou tue net.
> Elle amplifie, abaisse selon sa charge.
> Elle excite ou calme les âmes[13].

Le verbe, en effet, n'est pas, pour le Négro-Africain, une chose banale bien qu'il soit d'usage quotidien. C'est qu'il y a plusieurs manières de se servir du verbe parmi lesquelles certaines sont non seulement sacrées, mais sacralisantes. Car il y a des moyens d'accroître ou de diminuer la force même du verbe. Cela signifie que, sans changer de contenu, un texte est susceptible de changer de nature. De profane il peut donc devenir sacré et sacralisant. Il suffit que les circonstances de son énonciation ou de sa récitation soient ordonnées au sacré. Il en est ainsi des mythes dont on peut retrouver dans la littérature – du fait de son oralité – des bribes disséminées ici et là dans des légendes d'utilisation profane. Ces mythes ne reprennent corps, vie et puissance sacrée et sacralisante que lors des cérémonies religieuses, les initiations par exemple, durant lesquelles l'officiant, après avoir dûment purifié et fortifié sa bouche, profère sur un ton incantatoire des paroles qui, en retrouvant leur intégrité matérielle, retrouvent aussi l'intégralité de leur pouvoir créateur.

Telle étant la parole et telle étant sa puissance, il est donc fréquent, dans les cultures négro-africaines, que certaines paroles ne soient pas pour n'importe quelle bouche ; il faut entendre par là que certaines choses ne peuvent pas être dites par certaines personnes, mais encore et surtout que même les personnes habilitées à dire certaines choses n'ont cependant pas le droit de les dire n'importe quand ni n'importe comment. Les textes sacrés sont donc connus des seuls initiés, en raison de l'extrême pouvoir de création bénéfique et maléfique que possède leur récitation. Mais, paradoxalement, lorsque certains de ces textes sont connus, ce qui frappe par-dessus tout est

---

13. Extrait du chant du *Komo-dibi*, chantre de la société d'initiation appelée *Komo*, au Mali. Voir Louis-Vincent Thomas et René Luneau, *Les religions d'Afrique noire. Textes et traditions sacrés*, Paris, Fayard, 1969, p. 17.

leur grande simplicité, surtout quand on les traduit en des langues autres que leur langue d'origine. Et surtout, aussi, lorsqu'en tant que textes on les isole du contexte sacré et sacralisant qui est seul à leur conférer leur(s) pouvoir(s) véritable(s). Ainsi, ces propos que tient un père en train de se réconcilier avec son propre fils ne contiennent, à première vue, rien d'extraordinaire ; et pourtant ils furent très importants, puisqu'ils eurent le pouvoir de rétablir l'entente et l'affection entre deux êtres jusque-là séparés :

> Cet enfant, je ne l'ai pas hérité, c'est mon fils légitime.
> Mais, c'est un méchant et un égoïste.
> Cependant, comme il est venu vers moi,
> Je ne veux pas lui garder rancune.
> Ce que j'ai dit au-dessus de la langue,
> Je le casse au-dessous de la langue.
> Aie une moisson abondante, tire du vin de palme,
> Sois respecté par tous ;
> Sois estimé par les chefs et le nganga ;
> Effectue les travaux de la terre et du ciel.
> Ce que tu donnes, donne-le bien généreusement ;
> Que ce que tu dis sorte du bas-ventre
> Et monte vers le haut.
> Sois estimé par les femmes et par les hommes.
> C'est moi, ton père, qui t'ai engendré,
> Ne me méprise plus jamais.
> La tension entre moi et toi est finie ;
> L'affaire est terminée.
> Toutefois, la faute que tu as commise, ne la recommence plus[14].

Mais, quelle que soit la force de la parole, quand elle est adressée à Dieu elle est essentiellement prière ; c'est le cas de cette prière des Hottentot de l'Afrique du Sud.

> Toi notre Père
> Fais que l'orage ruisselle, qu'il pleuve.
> S'il te plaît, fais vivre mes troupeaux.
> Fais-nous vivre.
> Je suis si faible de soif et de faim.
> À la dernière extrémité
> Fais que je mange le fruit des champs.
> N'es-tu pas notre Père ?
> Le Père des pères, toi, Tsui Ilgoab

---

14. Voir Jean Delumeau, *Le fait religieux*, Paris, Fayard, 1993, p. 682.

> Que nous puissions te glorifier !
> Que nous puissions te donner en retour !
> Toi, Père des pères. Toi notre Seigneur[15] !

Immédiatement après l'Être suprême et les premiers dieux créés par lui à qui il donna l'ordre d'ordonner le monde, et d'initier les hommes, viennent les ancêtres. Dans les religions africaines, leur présence est si constante et si universelle qu'il a pu sembler à certains que le culte des ancêtres était l'essentiel de ces religions. Les prières adressées aux ancêtres se réfèrent souvent à Dieu lui-même, rappelant au besoin la préséance absolue de l'Être suprême, tout en exprimant les vœux de l'individu ou du groupe tout entier en prière. Cette prière des Kabre du Togo peut servir d'illustration de cette référence simultanée aux ancêtres et à l'Être suprême.

> O Père,
> Avec notre *Ekolumiye*
> Intercédez tous deux auprès du Dieu tout-puissant
> Pour qu'il pardonne notre péché
> Et qu'il chasse le sorcier
> Qui nous veut du mal. *Akpatacaw*[16].
> Tu nous vois inclinés devant toi aujourd'hui
> Pour peu de chose :
> Nous t'apportons seulement l'offrande
> Que tu nous avais demandée ;
> La voilà donc.
> Voici une affaire entre Dieu et toi :
> Nous autres, nous ne voyons rien,
> Nous sommes aveugles ;
> Nous sommes sourds,
> Nous ne comprenons rien
> Dieu miséricordieux
> Nous sommes tes enfants
> On vante un marché avant de s'y rendre :
> Ne nous couvre donc pas de confusion !
> Quand nous serons exaucés, alors nous croirons.
> Que Dieu vous aide en cette affaire[17].

Il reste que quelle que soit leur simplicité, et en quelque langue qu'on les traduise, ces textes retrouvent toute leur auréole de sacré lorsqu'il y est question des origines, du commencement de tout ce qui est ou de la manière

---

15. Voir L.-V. Thomas et R. Luneau, *op. cit.*, p. 45.
16. *Ekolumiye* et *akpatacaw* sont des noms d'ancêtres.
17. Voir L.-V. Thomas et R. Luneau, *op. cit.*, p. 59-60.

dont se fit pour la première fois une chose devenue depuis naturelle, fréquente et comme banale. Voici comment un mythe des Guro de Côte d'Ivoire justifie la mort.

> C'était au commencement du monde, quand il n'y avait sur terre que le premier homme. Celui-ci vivait sans effort dans la forêt hospitalière ignorant la faim et la soif… Pourtant, il n'était pas heureux, car il était seul.
>
> Il rencontra un soir la Mort qui le conduisit à l'endroit ou se trouvait la première femme et apprit au couple l'usage de la parole. Aux premières pluies, dans ce pays de félicité, l'homme ressentit un mal étrange et la femme se lamentait car elle aimait son compagnon et se désolait de ne savoir le soulager. Alors, pour la seconde fois, la Mort parut. Elle leur enseigna l'amour et le premier homme fut guéri.
>
> À quelque temps de là, le mal prit la femme ; elle se mit à grossir, son ventre gonflait, ses seins durcissaient chaque jour davantage, et ce fut autour de l'homme de se lamenter pour son épouse. Alors la Mort vint une troisième fois, elle dit : « Je vais guérir la femme », et elle aida celle-ci à mettre au jour le premier enfant. Sa tâche finie, la Mort ajouta : « Je viens de délivrer ta compagne et voici le premier enfant qui est vôtre. Mais le second qui naîtra de ton ventre sera mien, ô femme, car désormais, sur deux de tes fils, je viendrai prendre l'un ; tel sera mon juste tribut puisque je vous ai donné la "connaissance". »
>
> Ayant eu d'autres enfants, les époux ne voulant pas les donner à la Mort gardèrent seulement avec eux le premier-né et confièrent les autres à la forêt amie. Régulièrement la Mort passait, mais reconnaissant l'enfant qu'elle avait aidé à mettre au monde, elle s'en retournait, quand un jour, traversant un fourré épais, elle entendit crier l'un des petits que la brousse cachait. Alors, la Mort, furieuse d'avoir ainsi été jouée, gronda : « Ô insensés qui espériez me tromper et échapper ainsi à ma loi, la forêt, votre captive, vous arrêtera dorénavant. Et puisque vous m'avez caché la naissance de vos enfants, au lieu d'en prendre un sur deux comme il était convenu, je les prendrai tous maintenant et je vous prendrai vous-mêmes, aussi, quand le jour sera venu… » Et depuis lors, personne chez les hommes blancs et parmi les hommes noirs n'a jamais pu éviter d'être, une lune ou l'autre, sur son sentier[18].

PROBLÈMES D'AUTHENTICITÉ ET D'INTERPRÉTATION DE CES « TEXTES »

Contrairement à ce que l'on pourrait croire, un texte oralement conservé n'est pas plus nécessairement exposé aux falsifications qu'un texte écrit. La mémoire collective est, avant tout, une fonction sociale confiée à des individus.

---

18. L.-V. Thomas et R. Luneau, *op. cit.*, p. 102.

Cela signifie que des dispositions trans-individuelles existent pour la conservation et la restitution des textes oraux, de manière à leur assurer la plus grande fidélité possible. Le problème qui se pose au sujet de l'authenticité des textes sacrés négro-africains est lié à la pluralité des versions que l'on peut avoir d'un même texte. Bien que cette pluralité semble contredire l'idée d'une conservation intégrale de ces textes, elle invite à situer ailleurs que dans la volonté délibérée de falsifier le fait que des versions successives puissent ne pas être fidèles l'une à l'autre, et ainsi de suite jusqu'à leur source. C'est que, dans le cas des textes africains, cette pluralité des versions ne s'observe pas seulement dans le temps. Elle s'observe aussi, sinon surtout, dans l'espace. Cela signifie qu'à un même moment les textes utilisés en un lieu dans l'adoration d'une divinité donnée ne seront pas rigoureusement les mêmes que ceux utilisés pour l'adoration du même dieu, mais trois cents kilomètres plus loin.

Il en résulte que pour les textes oraux la fidélité d'une version par rapport à celle qui l'a précédée ou en comparaison de celle qui coexiste avec elle, mais en un lieu différent, n'est pas une fidélité point par point. Au lieu d'être ponctuelle et servile, cette fidélité est plutôt thématique et structurale. Toutes choses aptes à favoriser la fidélité et l'authenticité en même temps qu'une créativité continuelle assurée par la collectivité des usagers des textes. Les différents musiciens engagés dans un orchestre de jazz donnent une belle illustration de la manière dont, en se situant d'abord dans des aires différentes, puis à des niveaux de jeu également différents, un groupe d'individus possédant chacun sa personnalité propre peut néanmoins traiter un même thème dont les richesses se trouvent démultipliées. Les différentes aires sont les différents instruments dont on joue dans un même orchestre ; et les différents niveaux de jeu correspondent aux états vibratoires à partir desquels les instrumentistes de cet orchestre en tant qu'usagers de ces textes entreprennent de leur redonner vie en leur apportant une puissance sacrée et sacralisante qu'ils n'ont que lorsqu'ils sont proférés. C'est pourquoi tout utilisateur d'un de ces textes pourtant sacrés peut continuellement y intégrer des éléments prélevés dans la vie quotidienne ambiante, inconnus des créateurs initiaux de ces textes, sans pour autant tomber ni dans la falsification, ni même dans la banalisation. Le thème et la structure étant saufs, les textes sacrés négro-africains peuvent ainsi sans cesse reprendre vie et apparaître comme éternels et éternellement fidèles à eux-mêmes.

PRATIQUES ET RITUELS

Les pratiques sont, certainement, la partie la plus visible de la religion négro-africaine. C'est parce que ces pratiques ont une haute teneur de contenu religieux que les Africains ont si souvent donné l'impression aux observateurs étrangers d'être « incurablement » religieux. Toutes les conduites de la vie humaine concrète sont donc liées directement et indirectement au transcendant, au spirituel et au sacré. En conséquence, pour parler des pratiques religieuses africaines et se servir de ce que l'on en dit pour mieux faire connaître et comprendre cette religion, certaines précautions s'imposent. La première est de savoir que la permanence de la référence au transcendant et au spirituel ne fait pas que toute la vie du Négro-Africain soit une religion. La teneur du religieux dans le vécu et dans la pratique a beau être très élevée, le religieux n'en devient pas pour autant co-extensif au vécu. La deuxième précaution est que du religieux au sens strict il pourrait être intéressant de distinguer le magique, mais à la condition expresse d'admettre que, pour être exacte et fidèle, la distinction entre la religion et la magie doit être faite de l'intérieur et non de l'extérieur des cultures négro-africaines elles-mêmes. La troisième et dernière précaution est de pouvoir disposer d'une espèce de promontoire à partir duquel l'ensemble des pratiques retenues pour illustrer la religion négro-africaine traditionnelle puissent s'ordonner et, ce faisant, acquérir non pas des sens isolés – bien qu'isolables –, mais une signification globale suffisamment fidèle pour supporter du dedans comme du dehors un effort loyal de compréhension et d'intelligibilité.

Parmi tous les promontoires possibles, c'est la personne, comme notion et concept, certes, mais surtout comme paradigme soutenant et orientant aussi bien la pensée que l'action, qui me paraît la plus indiquée. Par conséquent, c'est en suivant la réalité de la personnalité négro-africaine dans sa genèse et dans son évolution, de la naissance à la mort en passant par les grands moments de la vie que sont l'initiation, l'épreuve et l'adoration, que je me propose de parcourir, à grands traits, le vécu religieux du Négro-Africain.

La personnalité, une clef pour la religiosité négro-africaine

La pluralité, le dynamisme et l'aptitude à être manipulée sont, à mon avis, les trois caractéristiques principales qui font de la personnalité négro-africaine une réalité à partir de laquelle l'ensemble de la culture africaine peut être exploré, notamment dans ses composantes et contenus religieux. Ces trois caractéristiques sont interreliées, notamment le pluralisme et le dynamisme. L'aptitude à être manipulée, quant à elle, se comprend aisément par rapport à des entités plurielles et mobiles. De fait, dans la plupart des cultures africaines, la personne humaine n'est jamais composée de deux entités. Entre le corps, pôle matériel, et l'âme, pôle spirituel, s'interposent des composantes de plus en plus matérielles au fur et à mesure qu'on s'approche du corps et de plus en plus spirituelles au fur et à mesure que l'on s'en éloigne pour se rapprocher de l'âme. Selon les cultures, ces composantes intermédiaires sont l'ombre, le souffle, le cœur et la tête. En se limitant à cet exemple précis qui est celui de la culture yoruba, le nombre des composantes de la personne se chiffre déjà à 6 : le corps, l'ombre, le souffle, le cœur, la tête et l'âme ou la *mâne*. Le moment d'apparition et la trajectoire, dans l'existence de la personne, de chacune de ces composantes peuvent varier d'un individu à l'autre, au moment même ou le nombre total de ces composantes peut être modifié grâce à des démarches magico-religieuses. Il en résulte, pour l'ensemble des composantes et donc pour la personnalité, une extrême mobilité, ou, si l'on veut, une instabilité constitutive. C'est cette mobilité qui rend la personne manipulable, non seulement par son propriétaire, mais encore par toute autre personne ayant le pouvoir nécessaire, avec et y compris les individus malfaisants comme les sorciers, dans l'acception négative de cette appellation.

Pour l'individu humain, mûrir ou grandir, c'est acquérir la maîtrise intégrale de ses propres composantes, c'est-à-dire de l'ensemble des forces et des énergies dont la subjectivité est le foyer. Et vis-à-vis de soi-même comme vis-à-vis des autres personnes, le meilleur outil de la manipulation des composantes personnelles demeure la parole conçue comme vibration, rythme et énergie. Dans une telle perspective, parler, c'est mettre l'univers en mouvement et s'engager soi-même, grâce à la parole, dans ce mouvement dont les effets bénéfiques et maléfiques ne peuvent aller qu'en s'amplifiant. Et c'est pourquoi, dans l'adoration en tant que relation du croyant aux dieux et à Dieu, la parole joue un rôle essentiel. Proférée à bon escient, elle exprime le mouvement et le rythme constitutifs de l'individu parlant et l'intègre à l'ensemble de l'univers, hommes et dieux confondus. La personne d'où émane cette parole créatrice et récréatrice du monde peut donc être utilisée comme une véritable clef pour déchiffrer les moments importants de l'existence humaine durant lesquels les relations au transcendant et au sacré l'emportent sur toutes les autres préoccupations de l'homme.

La religion aux origines de la personne

Parmi les préoccupations religieuses qui entourent la naissance d'un individu, le souci de la provenance de son âme en tant qu'entité spirituelle l'emporte sur tous les autres. Pour comprendre ce souci, il faut rappeler que pour certains Africains parmi lesquels on peut citer les Yoruba et les Fon, l'acte de création de l'Être suprême, lorsque celui-ci l'exerce en faveur des humains, est distinct de l'acte permettant à cet être humain créé par Dieu de venir dans le monde des humains. Seul l'Être suprême est doué du pouvoir de créer et c'est à lui qu'appartient véritablement l'entité spirituelle qui réside en chaque être humain. Mais les divinités créées par l'Être suprême et les ancêtres dont les entités spirituelles ont également été créées par ce même Être suprême sont censés pouvoir agir pour aider les entités spirituelles déjà créées à venir dans le monde. Le rôle dévolu aux divinités et aux ancêtres apparaît être, sur ce point, semblable à une intercession. Ainsi, lorsqu'un couple désireux d'avoir un enfant s'adresse à une divinité, il n'échappe à personne que cette divinité ne possède pas le pouvoir de créer un être humain, ce pouvoir étant l'apanage de l'Être suprême. Mais l'on est convaincu que si ladite divinité daignait intercéder, alors une des entités spirituelles déjà créées pourrait consentir à prendre place dans le sein de l'épouse jusque-là stérile et devenir un « enfant d'homme ».

C'est pourquoi il importe de savoir quelle divinité a intercédé pour qu'un enfant naisse. C'est pourquoi aussi, dès que cette divinité est connue, sans cesser de remercier l'Être suprême de qui provient toute vie humaine, cet enfant est consacré à la divinité qui a daigné intercéder pour lui et il en rejoindra le groupe des adorateurs, recevant, pour cela, toute la formation et toute l'initiation nécessaires.

Le sens premier des actes religieux marquant la naissance d'un individu est donc d'établir la relation unissant cet individu au transcendant. Aussitôt cette relation identifiée et authentifiée, elle suscite une adoration qui incombe d'abord aux géniteurs, en attendant que l'individu lui-même soit en âge de se prendre en charge et d'assumer sa relation à la divinité. Étant donné que les ancêtres sont susceptibles, au même titre que les divinités, de jouer ce rôle d'intercession, dès que l'un d'entre eux est identifié comme celui qui a intercédé pour la venue au monde d'un enfant, l'acte d'adoration se fera culte rendu à un ancêtre et le nouveau-né héritera du culte particulier auquel avait été initié l'ancêtre dont il est ainsi le continuateur.

Pour l'accomplissement de cet important souci religieux qui vise à établir le lien du nouveau-né au transcendant, la divination joue un rôle primordial. C'est au devin qu'incombe la délicate tâche de révéler les liens qui unissent le nouveau-né aux ancêtres, aux dieux ou à Dieu. Mais la divination n'est pas en elle-même un acte religieux. Elle n'est possible que grâce à un corpus de signes, d'une part, et de contes, légendes et mythes de l'autre. L'acquisition et la maîtrise de la connaissance de ces deux ensembles (signes et contes) se font d'abord sur le plan intellectuel, de même que l'utilisation des capacités de divination obéit à une codification d'abord sociale. Donner un nom à l'enfant nouveau-né, sacrifier une ou plusieurs bêtes à cette occasion, offrir des libations aux ancêtres et aux dieux s'ordonnent par rapport à cette sorte de noyau religieux que constitue l'identification, grâce à la divination, des liens unissant chaque être humain au transcendant.

Les initiations comme contrôle et réarmement des composantes de la personne

Pour percevoir adéquatement la dimension religieuse de l'initiation dans les cultures négro-africaines, il faut commencer par admettre la pluralité et la grande diversité de l'initiation elle-même. Il faut ensuite tenir compte de ce que, si certaines initiations sollicitent la conscience de l'individu maintenue en éveil par des procédés savants et efficaces, impliquant de la sorte une participation consciente et volontaire de l'initié, d'autres initiations modifient plus ou moins soudainement la nature de l'individu en lui conférant une capacité et un statut nouveaux selon des modalités qui restent étrangères à l'intelligence comme à la raison, mais sont censées se traduire par des faits qui corroborent cette capacité et ce statut nouveaux. En d'autres termes, certaines initiations sont avant tout des séances d'instruction au cours desquelles l'initié accède à de nouveaux savoirs révélés à sa conscience et intégrés à son intelligence, pendant que d'autres initiations provoquent dans l'initié une mutation de la personnalité dont le processus échappe à la raison. Il en résulte que les initiations de la première catégorie sont intellectuelles et jusqu'à un certain point rationnelles, alors que celles de la deuxième catégorie sont mystérieuses étant donné que personne ne peut expliquer comment s'opèrent les mutations qu'elles provoquent chez l'initié.

Bien souvent, en Afrique, les deux types d'initiation distingués ci-dessus sont présents dans les démarches magico-religieuses à la faveur desquelles chaque personne assumant son statut et les différents rôles qui lui sont attachés veille à renforcer ses capacités naturelles et acquises. À la révélation des connaissances se rapportant aussi bien au monde profane qu'à l'univers du sacré succède ainsi souvent une initiation-transformation qui fait de l'initié un nouvel être. Lorsqu'il s'agit d'un prêtre, d'un roi ou même d'un homme ordinaire, l'instruction par révélation et la transformation de l'être par mutation initiatique enchevêtrent leurs mécanismes selon un itinéraire confié à la vigilante garde des sociétés secrètes et des cercles habituellement fermés des initiés et des prêtres.

Cependant, dans ces deux types d'initiation, la religion garde sa place et son importance. D'abord, parce que c'est elle qui recèle les mythes et les légendes dans les plis desquels les actes fondateurs sont minutieusement conservés ; ensuite parce que les actes qui vont marquer les importants moments du cheminement initiatique s'articulent autour du sacrifice et sont ainsi essentiellement religieux. Enfin, parce que le point culminant de la démarche religieuse elle-même est marqué par cette transformation soudaine de la personnalité à la faveur de laquelle les divinités adorées se font hommes et femmes, ce qui est une autre manière de dire que les adorateurs eux-mêmes accèdent, pour un certain moment, au niveau et au statut des dieux.

L'épreuve comme déstructuration et restructuration des composantes de la personne

Pour situer comme il convient la religion dans l'expérience de l'épreuve chez le Négro-Africain, en se servant de la conception négro-africaine de la personne, il faut se rappeler que cette personne n'est pas un agencement de choses au sens matériel du terme. La personnalité négro-africaine est plutôt un enchaînement d'événements, apparaissant ainsi comme une histoire. Bien que cette histoire possède dans l'ensemble d'un groupe d'individus une sorte de trame commune susceptible d'être mise au compte de la personnalité dite de base de ce groupe, elle n'en est pas moins fondamentalement une histoire subjectivement privée. Chaque individu construit sa personne comme une réalité originale et unique, au moment même où l'ensemble des personnes d'un groupe donné repose sur une sorte de dénominateur commun ou, mieux encore, fonctionne selon une équation de base, dans l'acception mathématique du mot « équation ».

Si donc en tant qu'histoire la personne est un agencement dynamique d'un certain nombre d'événements, l'épreuve pour cet agencement d'ordre structural doit être située dans la déstructuration plus ou moins profonde, passagère ou définitive. C'est ainsi que m'apparaissent la maladie physique ou mentale en tant qu'épreuve individuelle collectivement vécue et la mort que l'on peut tenir, dès lors, pour une dislocation des composantes de la personne appelées à poursuivre des itinéraires divergents par rapport auxquels la vie personnelle n'aura été que comme un tremplin. Physiquement ou mentalement, en effet, ne pas se sentir bien ou se sentir mal, c'est, de la part de l'individu en train de vivre sa vie personnelle, extérioriser le constat d'un dysfonctionnement superficiel, profond, passager ou chronique. En conséquence, la démarche à la faveur de laquelle le constat de ce dysfonctionnement physique ou mental est traité comme une donnée à expliquer et à soigner comportera autant d'éléments religieux que la structure momentanément éprouvée en a comportés ; non seulement à son origine, mais encore et surtout dans son histoire plus ou moins longue selon l'âge de l'individu.

Ainsi, l'une des composantes de la personne lui ayant été fournie par une divinité, si le diagnostic consécutif au constat du dysfonctionnement signale le mécontentement de cette divinité, pour guérir il sera parfaitement logique de faire des offrandes à cette divinité de manière à mettre fin à son mécontentement. Mettant fin à la cause, on espérera mettre également fin à l'effet indésirable. Les démarches religieuses feront ainsi partie intégrante des moyens thérapeutiques sans supprimer pour cela les précautions et dispositions médicamenteuses. On voit bien que dans un tel contexte et en raison de la place et du rôle de la composante personnelle éprouvée, la démarche religieuse est première et la disposition médicamenteuse, seconde.

Dans le cas de la maladie mentale, les démarches qui visent plus le psychique que le physique dans la personne semblent encore plus normales et plus indiquées que toute autre démarche. Car la maladie mentale relève si évidemment de perturbations dans le monde des esprits que la recherche de l'esprit perturbant la personne malade paraît s'imposer d'elle-même. En même temps, les discordances constatées dans la personne frappée d'une maladie mentale contiennent de telles références à des esprits qu'une thérapie spirituelle et donc religieuse paraît préférable à toutes les autres. Et là aussi, la guérison sera recherchée dans l'assainissement de la structure personnelle tant quant à ses composantes que du point de vue de son fonctionnement.

Cette nature matérielle et spirituelle de la maladie comme épreuve, éclairée par la conception négro-africaine de la personne, laisse entrevoir la place de la sorcellerie ou des agressions spirituelles magiques. En effet, la synthèse dynamique d'événements qu'est la personne pour le Négro-Africain n'est pas une entité fermée sur elle-même. Son dynamisme et le pluralisme de ses composantes la tiennent ouverte sur le monde, sur les dieux et sur Dieu. Or, ce monde est aussi le monde des hommes et ceux-ci, comme chacun sait, peuvent être mus par des intentions mauvaises. La sorcellerie apparaît ainsi comme l'ensemble des moyens physiques, psychiques et spirituels mis en œuvre par des individus malveillants pour perturber plus ou moins durablement la configuration personnelle de leurs victimes. Le remède, en cas de telles perturbations, épousera les contours de la cause, se faisant ainsi physique, psychique et spirituel, c'est-à-dire religieux.

L'adoration

Dans les religions négro-africaines, l'adoration épouse trois formes principales : la prière, le sacrifice et la possession. Loin de pouvoir être séparées l'une de l'autre, ces trois formes reposent sur des évidences premières qui, pour une part, s'articulent autour de la manière toute dynamique dont les Négro-Africains conçoivent la personne et, pour une autre, sont associées au pouvoir exceptionnel reconnu à la parole en tant que verbe.

> O Dieu ! C'est en paix que je me suis reposé ;
> Fais que je passe en paix cette journée !
> Tu as préparé en paix le chemin que je suivrai[aujourd'hui]
> Fais que, sur ce chemin, je marche droit !
> Si je parle, enlève de mes lèvres la calomnie ;
> Si j'ai faim, arrache de moi le murmure ;
> Si je suis dans l'abondance, détruis en moi l'orgueil !
> Que je passe cette journée en t'invoquant
> Toi, Maître, qui ne connais pas d'autre Maître[19].

La simplicité de cette prière du matin des Galla[20] ne doit pas faire perdre de vue la limpidité et la haute tenue morale de la spiritualité de celui qui l'a conçue. La référence à l'Être suprême, Maître placé au-dessus de tous les maîtres, est également une sorte de « donnée immédiate » de cette invocation matinale. Exempt de tout fétichisme, l'orant prend Dieu comme témoin et artisan du perfectionnement continu auquel il aspire. La référence à la paix achève de faire rejaillir sur l'ensemble de la communauté au sein de laquelle vit l'orant les bienfaits qu'il demande directement à l'Être suprême.

---

19. L.-V. Thomas et R. Luneau, *op. cit.*, p. 38.
20. Les Galla sont une ethnie du Kenya et de l'Éthiopie.

C'est en s'articulant au sacrifice dont elle ponctue les différents moments forts que la prière dévoile toute sa portée. Les sacrifices sont d'abord offrande avant d'être immolation, don de vie et échange de vies en vue d'un don de force. Les Négro-Africains ont coutume d'offrir à leurs dieux ce qu'ils consomment eux-mêmes. Ainsi, en allant des sociétés de chasseurs aux sociétés d'agriculteurs, en passant par les pêcheurs, les éleveurs et les artisans de toutes sortes, les offrandes sont constituées des produits de ces différentes activités. Dans les offrandes faites par les éleveurs, il est donc naturel que le lait soit fréquent. Frais ou caillé, il est l'aliment préféré des adorateurs et il est également censé être l'aliment préféré des ancêtres et des dieux. Les agriculteurs offriront, certes, des produits de la terre, mais ils préféreront les meilleurs comme l'huile, le miel et les prémices de toutes les récoltes.

Par-delà la diversité des activités et des produits offerts aux dieux, l'eau, le lait, l'huile et le sang apparaissent comme des offrandes essentielles. Fréquemment la première offerte, répandue par terre, instillée sur l'autel du dieu, bue par l'officiant et l'ensemble de ceux qui communient dans la même prière, l'eau est réputée instaurer la fraîcheur et la paix indispensables à la vie. C'est cette vie que le lait et l'huile sont censés consolider et nourrir sur le plan physique et quasi biologique, tandis que le sang n'apporte pas seulement un aliment matériel, puisqu'il est souvent directement versé sur les autels des dieux et sur les objets sacrés. Le sang apporte surtout l'énergie vitale, la force spirituelle contenue dans l'animal immolé, libérée par le sacrifice, rendue ainsi accessible à la divinité et utilisable par elle. Quant au corps de l'animal sacrifié, il est parfois destiné tout entier à la divinité ; dans ce cas, il est généralement ouvert, écartelé et exposé en avant ou au-dessus de l'autel. Parfois, l'animal sacrifié doit être consommé par le groupe des orants. Dans ce cas, certaines parties comme le foie ou le pancréas sont offertes, crues ou cuites, à la divinité avant que le reste soit consommé par les hommes. Généralement aussi, le crâne entier de l'animal sacrifié, ou simplement sa mâchoire inférieure, sera exposé sur l'autel de la divinité. Telle est la gradation des principaux aliments offerts aux divinités dans les religions négro-africaines. Dans les sociétés habituées à consommer des boissons fermentées et de l'alcool plus ou moins purifié, cette dernière substance fait également partie des offrandes sous forme d'hydromel, de bière de maïs, de mil ou de banane, et enfin d'eau de vie extraite du vin de palme ou de quelques autres boissons fermentées.

Quels qu'en soient le contenu, les modalités et l'objectif, le sacrifice dans les religions négro-africaines actualise la conviction dans le pouvoir de l'homme comme acteur et intercesseur. Le réseau d'énergies ou de forces qu'est, pour le Négro-Africain, le monde qui l'entoure et l'habite peut être efficacement mis en mouvement par lui. Cela se fait et doit se faire par le sacrifice ; c'est ce qui fait de celui-ci le cœur et le noyau de la démarche religieuse. Le monde entier étant en mouvement, le mouvement qu'est le sacrifice influe sur ce monde et en oriente le fonctionnement bénéfique au profit de celui qui sacrifie.

La possession

Toutefois, la démarche religieuse négro-africaine possède, en même temps qu'un cœur et un noyau, un sommet. Ce sommet, c'est la possession. Phénomènes complexes, collectivement organisés et orchestrés mais vécus subjectivement aux confins immatériels et insondables de la conscience et de l'inconscient, la transe et la possession constituent, selon moi, le véritable point culminant de la démarche religieuse négro-africaine. Observée de l'extérieur en se limitant au niveau de ce qui se voit, la possession se caractérise par un état d'agitation consécutif à une frénésie musculaire provoquée par la musique et la danse. Comme si sa conscience était subitement déconnectée des liens qui habituellement l'unissent à son groupe et notamment au groupe des personnes qui chantent et qui dansent, le possédé pousse des cris stridents, se met à trembler, devient plus ou moins raide et tombe à terre, violemment terrassé. Selon ce qui se dit dans le milieu des croyants et adorateurs des divinités qui « possèdent », ce moment d'abattement physique du possédé correspond à la descente du dieu sur terre, dieu qui chevauche le possédé comme sa monture ; celle-ci devient son « épouse », qu'il s'agisse d'un homme ou d'une femme.

Replacée dans le contexte des croyances religieuses négro-africaines, la possession devient le moment ou le point précis auquel le monde des hommes rejoint le monde des dieux. Continuellement présentés comme très proches l'un de l'autre dans les mythes, les légendes, les croyances et les pratiques, ces deux mondes n'en sont pas moins rigoureusement distincts et séparés l'un de l'autre. En fonctionnant comme un véritable trait d'union entre les croyants et les divinités, la possession apparaît comme la voie que suivent les hommes pour aller aux dieux et les dieux pour venir aux hommes. C'est parce que ce point culminant de la démarche religieuse est aussi, d'une autre façon, un sacrifice que la personnalité sociale et subjective du possédé doit s'annihiler pour devenir une simple monture de la divinité. Cette annihilation est tellement « réelle » qu'après la possession le possédé ne se souvient plus de rien, bien qu'il sache, à cause de l'initiation qu'il a reçue, à quelle divinité il a été consacré.

Quant à la communauté des croyants dont j'ai dit que c'est elle qui organise et orchestre la possession, elle tire du phénomène lui-même un certain nombre d'avantages. Le premier est que la possession illustre l'efficacité de la démarche religieuse dans son ensemble et que cette efficacité corrobore, à son tour, la vérité sinon l'authenticité des connaissances détenues par les prêtres, jalousement gardées secrètes et minutieusement transmises de génération en génération. Le deuxième avantage est que les dieux consentent à revenir parmi les hommes et à exercer les hautes fonctions sacrées qui furent et qui continuent de leur être dévolues, telles que la voyance et la guérison plus ou moins miraculeuse. Le dernier avantage est plus subtil ; il est que ces fréquentes visites des dieux aux hommes concourent à l'équilibre du monde et ne peuvent que renforcer la foi du Négro-Africain dans l'éternité.

La mort

Replacée dans le contexte du pluralisme des composantes et du dynamisme de l'entité personnelle, la mort pour le Négro-Africain ne saurait être considérée comme une fin. Bien qu'affectant les composantes personnelles dans les rapports qui les unissent les unes aux autres et dans leurs trajectoires respectives, elle ne signifie la disparition que de certaines d'entre elles. Encore cette disparition est-elle si atténuée qu'il serait plus juste de la concevoir comme un changement de plan d'existence. Ainsi, à la mort comme événement physique succédera la désintégration du corps ; mais l'importance accordée à la tombe fait que le corps décomposé et réintégré à la terre est plutôt comme transformé en autel. Mais, en même temps, il n'y a qu'une partie de la personne qui soit attachée au destin du corps et qui, pour cela, ne peut être jointe que si l'on va sur la tombe du mort. D'autres parties du même défunt, et donc de la même personne, continuent d'être joignables loin de la tombe. La mort n'est donc qu'un moment dans l'histoire de la personne. Un moment dont l'importance est liée aux modifications qu'elle provoque. L'examen des croyances et des conduites relatives à la mort devrait donc permettre de mettre en évidence ces modifications, de manière à dessiner la carte des pérégrinations de l'âme désincarnée, c'est-à-dire de la *mâne*.

L'ethnologie classique a souvent confondu trois aspects des conduites négro-africaines qui s'articulent autour du phénomène de la mort. Ces trois aspects se rapportent aux funérailles, à l'ancestralisation et au culte des morts proprement dit. Immédiatement après la mort, les funérailles qui durent sept ou neuf jours dans certaines ethnies, selon qu'il s'agit d'une défunte ou d'un défunt, s'assignent un objectif que l'ensemble des rites funéraires laisse clairement apparaître. Cet objectif est d'aider la personne nouvellement morte premièrement à comprendre ce qui lui arrive, deuxièmement à recevoir les offrandes que les morts de sa lignée ont coutume de recevoir et, troisièmement, à retrouver le chemin qui la conduira aux morts les plus anciens de sa famille. Selon que la mort a été accidentelle, brutale ou « normale », selon que la personne défunte est jeune ou vieille, les funérailles en tant que conduite collective organisée sont teintées de tristesse ou de joie. De l'ensevelissement aux prières qui marqueront, tous les matins et tous les soirs, toute la durée des funérailles, les principaux officiants, prêtres, anciens de la famille et proches parents s'adressent au mort comme s'il était encore vivant, capable de répondre à son nom, d'entendre, de comprendre et d'exécuter le contenu des paroles qui lui sont adressées. Les funérailles au sens strict en acquièrent, par conséquent, une familiarité avec le ou la disparue qui ne peut qu'accentuer la douleur dans le cas du décès d'une personne encore jeune.

L'ancestralisation ne peut avoir lieu, généralement, qu'une année au moins après les funérailles. Le fait que l'ensemble des cérémonies qui la composent soit souvent désigné par l'expression « grandes funérailles » a dû accroître la confusion entre les funérailles et l'ancestralisation elle-même. En fait, l'ancestralisation apparaît comme de grandes funérailles parce qu'elle concerne toutes les personnes d'une même grande famille décédées la même année. D'un point de vue religieux, ces grandes funérailles sont souvent marquées par l'ouverture de la tombe et le prélèvement de certains ossements, notamment le crâne. Ces ossements prélevés sont alors l'objet de bains rituels, de parure et d'exposition. Dans certains cas, il s'ensuit un second ensevelissement, mais en un autre endroit ; dans d'autres cas, ces restes sont entreposés en des lieux propres à chaque grande famille ou clan. C'est à cet endroit que tous les morts d'une même famille recevront les hommages et les offrandes qui leur sont périodiquement dus. Ces grandes funérailles représentent donc bien le début de l'ancestralisation. Car c'est après elles que les défunts les plus importants par leur rang social, leur fonction religieuse, leur pouvoir magique exceptionnel, le degré d'élévation spirituelle qu'ils ont atteint durant leur vie terrestre commenceront à recevoir un culte qui leur sera personnellement et nommément adressé. Cela signifie que pour le Négro-Africain tous les morts ne sont pas des ancêtres et tous les ancêtres ne reçoivent pas un culte ; mais tous les morts ont droit à des funérailles. En observant les rites de ces funérailles, la société ne fait pas que s'acquitter d'un devoir envers un de ses membres. Elle se protège aussi contre les exactions de *mânes* qui, n'ayant pas le repos, deviennent agressives et malfaisantes. Mais en rendant culte à certains ancêtres les Négro-Africains travaillent pour leur propre bonheur ; car les ancêtres qui reçoivent des cultes sont considérés comme dispensateurs d'énergie, de force, de paix, de bienfaits de toutes sortes. Ils sont distincts des génies qui n'ont jamais été des hommes. La plupart du temps, on estime qu'on ne peut les associer qu'à des actes bons, positifs et moralement acceptables. Le statut d'ancêtre est ainsi un point élevé sur l'itinéraire que la personne négro-africaine considère qu'elle a à parcourir. C'est pour cela que le culte proprement dit des ancêtres possède, dans certaines ethnies, de véritables spécialistes auxquels chaque famille peut demander, à l'intention de ses défunts, le culte approprié. Et pour chaque individu, réussir sa vie personnelle consiste à vivre de manière telle qu'à la mort il soit permis à la *mâne* de rejoindre l'assemblée des ancêtres que d'aucuns assimilent à un village et qui fait figure, dès lors, de paradis.

LE RÔLE DE LA FEMME

Présentée comme la moins scolarisée, la plus économiquement faible et fréquemment sous tutelle politiquement, la femme africaine ne paraît pas avoir beaucoup d'importance dans la culture africaine. Comme l'enfant africain, elle semble souffrir du statut de « laissé-pour-compte » et les droits qu'il lui faut encore conquérir paraissent plus nombreux que ceux qui lui sont déjà reconnus. Sans être entièrement fausse, l'image que recèlent ces impressions semble négliger qu'avant d'être épouse la femme africaine est d'abord mère. On oublie surtout que, comme mère et comme porteuse de la vie, la femme africaine est très souvent prêtresse. Les Africains semblent en effet avoir perçu les hautes qualités spirituelles de la femme, et le rôle qui incombe au sexe dit faible dans les rites et dans les pratiques religieuses me semble de loin plus important que celui reconnu à l'homme. Mais la manière dont les cultures négro-africaines s'y prennent pour intégrer la femme à la vie religieuse est probablement à l'origine de la si grande différence qui paraît exister entre la femme dans la société et la femme dans la religion. Tâchons d'éclairer ce paradoxe en examinant quelques dimensions de la vie religieuse et ce que la femme y fait.

Sur le plan des mythes et des légendes, la création de la femme n'est pas nécessairement présentée comme inférieure à celle de l'homme. Chez les Dogon par exemple, les quatre premières créatures humaines étaient de sexe mâle. Mais à chacun de ces premiers ancêtres l'Être suprême donna comme épouse sa propre sœur tirée de lui par dédoublement. Dans le mythe dogon, en effet, l'union des deux sexes est si primitivement intime que la circoncision, d'une part, et l'excision, de l'autre, ont pour but de stabiliser chacun des sexes pour que la société soit possible. En effet, pour les Dogon, chez l'homme le prépuce est le rappel gênant du sexe féminin, alors que chez la femme le clitoris est un élément mâle indûment placé sur la trajectoire de l'acte créateur. Amma, l'Être suprême des Dogon, dut, le premier, exciser son épouse la Terre, dont le sexe était une fourmilière de laquelle une termitière empêchait l'entrée.

Cependant, même à l'intérieur de ces mythes, le rôle irremplaçable de la femme est constamment souligné. Dans d'autres mythes africains, on ne spécifie pas que la femme a été créée différemment de l'homme. Ainsi, le premier homme des Fali, premier forgeron, descendit directement du ciel avec son épouse, première potière. Il n'est donc pas étonnant que la plupart des dieux africains aient leurs épouses dans les panthéons des religions africaines. Ainsi, chez les Yoruba, Oya la déesse du fleuve Niger est l'épouse de Shango, dieu de la foudre.

Lorsqu'on observe la conduite religieuse proprement dite et qu'on en arrive au sacrifice, la femme africaine apparaît d'abord comme mise de côté. Il est en effet rare qu'elle ait à tuer une bête de ses propres mains, à l'exception des poussins et des poules. Toutefois, c'est oublier qu'avant d'être immolation d'une bête le sacrifice est d'abord offrande et que, pour offrir, la femme africaine excelle. Ce qui signifie que les rites d'offrande aux ancêtres et aux dieux peuvent être de bout en bout exécutés par des femmes qui se révèlent ainsi être d'authentiques prêtresses, associant comme il se doit les gestes aux paroles, c'est-à-dire aux prières. Certes, la possession, point culminant de la démarche religieuse, est également offerte à l'homme et à la femme. Mais, pour des raisons probablement d'ordre sociologique, les femmes sont plus nombreuses à être possédées par les divinités que les hommes. Le fait que, femme ou homme, le croyant chevauché et possédé par son dieu soit appelé « épouse de dieu » (*iyawo-orisha*, chez les Yoruba, et *vodoun-si*, chez les Adja-Fon) n'est pas ressenti par les hommes initiés comme une dépréciation de leur masculinité.

Aptes à faire des offrandes aux dieux et aux ancêtres et plus fréquemment appelées à le faire que les hommes, les femmes pratiquent également l'oracle. Ce qui signifie qu'elles sont aussi compétentes que les hommes pour manier les arcanes du système divinatoire et, ce faisant, dialoguer avec le transcendant au même titre que les hommes. De façon quelque peu inattendue, des sociétés secrètes rigoureusement interdites aux femmes ont cependant parmi leurs initiés de haut rang une femme à laquelle sont confiés des rites qu'un homme ne saurait accomplir. C'est le cas, par exemple, de la société des Egungun chez les Yoruba, dont la prêtresse porte le nom de Iya-agan, nom dont la première partie, *iya*, signifie mère.

S'il y a un domaine où le statut et les rôles religieux de la femme sont des plus ambigus, c'est bien celui de l'ensemble des phénomènes habituellement désignés par le mot inadéquat mais difficile à remplacer de sorcellerie. Le domaine ainsi désigné est malheureusement encore un des moins bien connus de la vie religieuse et spirituelle négro-africaine. Les faits visés sont parfois carrément aux antipodes les uns des autres. Faute de pouvoir utiliser les vocables des langues indigènes, les anthropologues continuent d'avoir recours au concept de sorcellerie et à ceux qui lui sont apparentés. La confusion demeure donc dans les analyses faites dans ce domaine et les fonctions religieuses de la femme souffrent de cette confusion terminologique autant que notionnelle.

Un peu partout en Afrique, il est courant d'entendre dire qu'un sorcier est souvent une sorcière. Par où l'on entend que c'est plus souvent la femme que l'homme qui possède le pouvoir nommé sorcellerie. Chez les Yoruba, par exemple, les sorcières dont le nom *adjè* diffère de celui des sorciers, *osho*, ne sont convenablement désignées que par l'expression « nos mères », *awon iya wa*, suivie de l'expression intraduisible *oshoronga* dans laquelle on peut reconnaître, au passage, la particule *osho*. L'équivalent de sorcière dans l'acception que les cultures européennes donnent à ce mot existe, cependant, dans la langue yoruba ; c'est *adjè*. Mais cet équivalent n'est usité qu'à l'endroit des détenteurs hommes ou femmes du pouvoir de sorcellerie qui en font un usage maléfique et moralement condamné. Cela peut vouloir dire que dans le contexte culturel yoruba la sorcellerie correspond à un ensemble de pouvoirs que les femmes détiennent en tant que mères.

Toutefois, si le rôle religieux de la femme est si réel et les capacités spirituelles qui lui sont reconnues si grandes, ce n'est pas n'importe quelle femme qui est censée jouer ce rôle ni réunir ces capacités. Plus exactement, ce n'est pas à n'importe quel âge ni dans n'importe quelles conditions que la femme accède à ce rôle et à ces capacités. S'agissant des conditions, la femme paraît impropre à l'exercice de ses fonctions religieuses dès que commencent et aussi longtemps que durent ses menstrues. Non seulement doit-elle se tenir à l'écart des fonctions religieuses, mais toute autre personne ayant des fonctions religieuses ou magiques à exercer doit éviter d'être en contact avec elle. Et s'agissant de l'âge, c'est généralement à partir de la ménopause que la femme se voit conférer le rôle de prêtresse ; ce qui confirme bien que, pour le Négro-Africain, avant d'être épouse la femme est d'abord mère.

L'EXPANSION GÉOGRAPHIQUE

Comme leur nom l'indique, les traditions négro-africaines se trouvent principalement sur le continent africain. Leur espace naturel s'étend, dans le sens nord-sud, du sud du Sahara au cap de Bonne-Espérance. Dans le sens est-ouest, cet espace va de Madagascar aux pays d'Amérique du Centre et du Sud. À cause de la traite esclavagiste, ces religions sont aujourd'hui présentes au Brésil, à Haïti et à Cuba. Les descendants des esclaves y continuent de pratiquer leurs croyances ancestrales ; malgré l'influence de la religion de leurs maîtres, le christianisme, ces pratiques conservent un contenu et une forme typiquement africains.

On pourrait s'étonner, avec raison, que seul l'esclavage ait pu provoquer une expansion des religions négro-africaines. C'est que, les adeptes ne faisant preuve d'aucun militantisme conquérant, le prosélytisme paraît étranger à ces religions.

LA SITUATION CONTEMPORAINE

Il y a une trentaine d'années, un spécialiste[21] des religions africaines estimait que 55 % des Noirs africains pratiquaient des religions dites traditionnelles. Mais dans les années 1970 d'autres[22] soutenaient déjà qu'en moyenne, sur

---
21. J.C. Froelich, *op. cit.*, p. 229 et s.
22. Voir, par exemple, W. Buhlmann, *La tierce Église est là*, Saint-Paul Afrique, 1978.

trois Africains, l'un est chrétien, le second musulman et le troisième, adepte des religions africaines. Cela signifie que du point de vue numérique la part réservée aux religions africaines est en train de se réduire. Mais, en vérité, cette réduction quantitative me paraît cacher une vigueur des croyances traditionnelles. Car, d'un côté, ces croyances ont déjà si profondément déterminé l'islam que l'on a pu parler d'«islam noir» et, de l'autre, elles investissent désormais le christianisme lui-même avec une vigueur que s'efforce d'endiguer le mouvement théologique dit de l'inculturation. Dans un cas comme dans l'autre, du fait de la pression numérique des Africains convertis à l'islam et au christianisme, et dont le nombre ne cesse d'augmenter, les croyances ancestrales sont progressivement revêtues d'un nouvel habit religieux; sur le plan du langage, par l'adoption de mots pris au vocabulaire de l'islam, et sur le plan des pratiques elles-mêmes, par une interpénétration de plus en plus grande des rites chrétiens et des rites ancestraux.

En se conformant extérieurement aux cinq principales injonctions de l'islam que sont la profession de foi, les cinq prières quotidiennes, les trente jours de jeûne du mois du ramadan et le pèlerinage aux lieux saints de l'Islam, de nombreux musulmans africains continuent d'observer des pratiques ancestrales relatives notamment au baptême de nouveau-nés, au mariage, à la circoncision et parfois même à l'excision, à la consultation des devins et à la protection contre la sorcellerie.

Dans le christianisme africain, c'est surtout le phénomène des églises dites indépendantes, que d'aucuns considèrent comme des sectes, qui offre la meilleure illustration de la vitalité des croyances ancestrales. Estimé à quelques centaines de milliers seulement en 1900, le nombre des adeptes de ces églises indépendantes est passé à trois millions en 1950 et à neuf millions en 1970; et l'on estime qu'il sera de 34 millions en l'an 2000, pour 32 millions de chrétiens orthodoxes et de coptes, 110 millions de protestants et 175 millions de catholiques[23]. L'intéressant, dans ces églises indépendantes, est que l'on y lit et interprète l'Évangile du Christ revigoré par des prophètes négro-africains tels que W. Harris en Côte d'Ivoire, Matswa au Congo-Brazzaville, Simon Kimbangu au Congo démocratique, etc. Mais, en même temps, les problèmes relatifs à la guérison des maladies, à la prédiction de l'avenir, à la protection contre l'adversité, la sorcellerie et le mal en général sont pris au sérieux par le clergé, à la demande et à la satisfaction évidente de leurs adeptes. Surtout, dans ces églises indépendantes, la possession reste, comme dans les religions traditionnelles, un moment privilégié

---

23. W. Buhlmann, *op. cit.*, p. 35.

de la démarche religieuse. Car c'est possédés par le Saint-Esprit que les adeptes de ces églises se livrent à la voyance et à l'imposition des mains censée apporter la guérison aux malades.

La liberté d'interprétation de l'Ancien et du Nouveau Testament que l'on observe dans ces églises chrétiennes indépendantes, la ferveur des adeptes capables d'assister à des cérémonies de trois à quatre heures et le nombre croissant de ces églises en font, désormais, des intermédiaires incontestables entre les religions traditionnelles et les deux grandes religions monothéistes que sont le christianisme et l'islam.

Le survol des croyances, des rites et des pratiques des religions africaines traditionnelles révèle une religiosité dynamique orientée vers la maîtrise du monde et de l'homme aussi bien que vers le salut de l'âme. Les religions négro-africaines demeurent cependant encore mal connues. Car leur spiritualité, que des circonstances historiques ont obligée à se réfugier dans les confins de pratiques tenues pour fétichistes ou magiques, attend encore de bénéficier d'une approche adéquate. Il faut espérer que ce dynamisme puissant qui porte ces religions vers des transformations adaptatives grâce auxquelles leurs adeptes relèvent le défi de la modernité favorisera la mise en évidence de ce qui leur est le plus cher et qui me paraît être la valeur de la vie indissociable de la liberté d'un homme dûment instruit de sa responsabilité.

BIBLIOGRAPHIE

BLAKELY, Thomas D. et al. (dir.) (1994). *Religion in Africa. Experience & Expression*, London, Heinemann, 512 p.

DIETERLEN, Germaine (1988). *Essai sur la religion bambara*, Bruxelles, Éditions de l'Université de Bruxelles, 264 p. (Anthropologie sociale)

EVANS-PRITCHARD, E.E. (1965). *La religion des primitifs à travers les théories des anthropologues*, Paris, Payot, 154 p.

FROELICH, J.C. (1964). *Animismes. Les religions païennes de l'Afrique de l'Ouest*, Paris, Éditions de l'Orante, 256 p.

HEUSCH (de), Luc (1986). *Le sacrifice dans les religions africaines*, Paris, Gallimard, 356 p.

HEUSCH (de), Luc (1985). *Sacrifice in Africa. A Structuralist Approach*, Bloomington, Indiana University Press, 232 p.

IDOWU, E. Bolaji (1973). *African Traditional Religion. A Definition*, Londres, SCM Press Ltd., 228 p.

KING, Noel Q. (1970). *Religions of Africa*, New York et Londres, Evanston et Harper and Row Publishers, 116 p.

LALÈYÊ, Issiaka-Prosper (1993). « Les religions de l'Afrique noire », dans Jean DELUMEAU (dir.), *Le fait religieux*, Paris, Fayard, 781 p., p. 643-713.

LALÈYÊ, Issiaka-Prosper (1989). « Dialectique de l'*homo religiosus africain* avec le sacré. Points d'ancrage pour une théologie de la vie monastique », dans *Vie monastique et inculturation à la lumière des traditions et situations africaines*, Actes du Colloque international du CERA, Kinshasa, p. 293-316.

LALÈYÊ, Issiaka-Prosper (1987). « Du rite au mythe et du mythe au rite : une phénoménologie de la transcendance », dans *Médiations africaines du sacré*. Actes du troisième Colloque international du CERA, *Cahiers des religions africaines*, vol. XX/XXI, n°s 39-42, p. 29-47.

LALÈYÊ, Issiaka-Prosper (1982). « Relations interpersonnelles et sortilèges, réflexions sur la conception négro-africaine de la personne et les causes de la persistance de la sorcellerie », *Savanes et Forêts*, numéro spécial, 1er trim., p. 273-286.

LALÈYÊ, Issiaka-Prosper (1970). *La conception de la personne dans la pensée traditionnelle yoruba. Approche phénoménologique*, Berne, Herbert Lang et Cie SA, 250 p.

MÉTRAUX, Alfred (1958). *Le vaudou haïtien*, Paris, Gallimard, 358 p. (L'espèce humaine)

MITCHELL, Robert Cameron (1977). *African Primal Religion*, Niles, Illinois, Argus Communications Edit., 104 p.

PARRINDER, Geoffrey (1969). *Religion in Africa*, Londres, Pall Mall Press, 254 p.

PARRINDER, Geoffrey (1962). *African Traditional Religion*, Londres, S.P.C.K. Edit., 156 p.

RANGER, T.O. et I.N. KIMAMBO (1972). *The Historical Study of African Religion*, Londres et Nairobi, Ibadan, Heinemann, 307 p.

SHORTER, Aylward (1975). *Prayer in the Religious Traditions of Africa*, New York et Nairobi, Oxford University Press, 146 p.

THOMAS, Louis-Vincent et René LUNEAU (1969). *Les religions d'Afrique noire*, Paris, Fayard, 406 p. (Le trésor spirituel de l'humanité)

ZAHAN, Dominique (1970). *Religion, spiritualité et pensée africaines*, Paris, Payot, 246 p.

Les religions amérindiennes et inuites

Frédéric Laugrand

Village haïda de Ninstints dans les îles de la Reine-Charlotte.
Poteaux totems et poteaux funéraires, ces derniers
surmontés de coffrets contenant les restes des ancêtres.
Peu après la prise de cette photo, à la fin du XIXe siècle,
le village fut décimé par les maladies contractées au contact
des négociants blancs et il fut bientôt déserté.

INTRODUCTION

Au cours de leur histoire, les religions amérindiennes et inuites n'ont cessé de susciter les interprétations et les stéréotypes les plus divers. Elles ont nourri l'imaginaire et les fantasmes d'un Occident fasciné depuis sa dite découverte de l'Amérique. Les chroniqueurs missionnaires ont introduit un paradoxe qui persiste de nos jours, les Amérindiens et les Inuits étant souvent décrits comme des êtres religieux mais sans religion[1]. Aujourd'hui, quiconque aborde ces religions rencontre trois obstacles majeurs. L'utilisation des concepts de « religion » et de « spiritualité » constitue une première difficulté. À l'instar de bien d'autres concepts issus de l'histoire occidentale, ceux-ci demeurent problématiques pour traiter adéquatement de l'univers amérindien ou inuit. Ces sociétés, dans lesquelles les communications entre humains et non-humains sont toujours possibles et les rencontres avec les esprits assez fréquentes, ne connaissent pas un mouvement de sécularisation identique à celui de l'Occident. Difficilement séparable des autres éléments de la culture, la sphère religieuse y reste coextensive aux autres institutions : sociale, artistique, économique, etc. Où classer, par exemple, l'activité onirique des Dénés ? Souvent reprise par les adeptes du Nouvel Âge, la notion de « spiritualité amérindienne » n'est guère plus satisfaisante. Elle calque et accentue de façon excessive la distinction chrétienne entre un corps matériel (souvent évacué pour sa souillure ou inversement sublimé) et un principe immatériel indépendant, l'âme pure et salutaire. En attribuant autant d'importance aux substances du corps, à ses techniques, à ses transformations ainsi qu'en accordant une certaine humanité à des entités que nous définissons comme non humaines, les traditions amérindiennes et inuites, par ailleurs très pragmatiques, s'accommodent bien mal de cette dichotomie chère à la philosophie métaphysique. Le corps reste avant tout

---

1. Sur l'idolâtrie en Amérique du Nord, voir Pierrette Désy (1988), « Un secret sentiment : les diables et les dieux en Nouvelle France au XVIIe siècle », dans Francis Schmidt (dir.), *L'impensable polythéisme*, Paris, Éditions des archives contemporaines, p. 123-176.

le lieu identitaire par excellence chez les Amérindiens. En outre, ces systèmes religieux ne sont en rien construits sur le modèle des religions du tronc abrahamique. Ils ne comportent ni dogme, ni fondateur, ni textes sacrés mais offrent une flexibilité singulière.

Le deuxième obstacle est inhérent à la notion même de « religions amérindiennes ». En effet, celles-ci témoignent d'une si grande diversité qu'il est utopique de les regrouper toutes au sein d'un même ensemble homogène, cohérent et exempt de métissages. Comparées entre elles, ces sociétés offrent d'énormes différences, tant du point de vue linguistique (plus d'une dizaine de grandes familles, plusieurs centaines de langues) que du point de vue de la parenté (systèmes à maisons, systèmes matrilinéaires, etc.) ou encore sous l'angle des modes de vie (chasseurs, agriculteurs) et des écosystèmes (régions arctiques, forêt boréale, etc.). Traiter de l'ensemble des religions amérindiennes en quelques pages demeure un véritable défi qui exige des choix contestables.

La dernière difficulté, et non des moindres, concerne les sources disponibles et le discernement nécessaire pour aborder ces traditions. À l'exception de nombreux objets cultuels rapportés par les voyageurs et des témoignages relativement tardifs d'Amérindiens et d'Inuits, il n'existe bien souvent que des écrits de seconde main, tous postérieurs aux premiers contacts avec les Européens. Recueillis par des explorateurs, des marchands, des missionnaires[2], des anthropologues et plus tard par des Amérindiens[3],

---

2. La richesse des sources missionnaires est à souligner. Voir, par exemple, R.G. Twaites (dir.) (1959), *The Jesuit Relations and Allied Documents. Travel and explorations of the Jesuit Missionaries in New France, 1610-1791*, New York, Pageant Book Company. Voir également les écrits de Joseph-François Lafitau (s.j.) pour les Algonquins, d'Émile Petitot (o.m.i.) pour les Dénés, de Maurice Métayer (o.m.i.) ou de Edmund James Peck pour les Inuits, etc. Sur le regard ethnographique missionnaire, voir Antony Pagden (1986), *The Fall of Natural Man*, Cambridge University Press.
3. L'apport des ethnologues amérindiens est considérable. Pour des données relatives au « religieux », voir Black Elk (1961), *Black Elk speaks, the life-story of a holyman of the Oglala Sioux*, Londres, Barrie and Jenkins ; John Epes Brown (1970), *The Sacred Pipe : Black Elk's Account of the Seven Rites of the Oglala Sioux*, Norman, University of Oklahoma Press ; John Snow (1977), *These Mountains are our Sacred Places. The Story of Stoney People*, Toronto/Sarasota, S. Stevens ; Basil Johnston (1982), *Ojibway Ceremonies*, Toronto, McClelland and Stewart; (1995), *The Manitous : The Spiritual World of the Ojibway*, New York, Harper Collins Publishers ; Georges E. Sioui (1989), *Pour une autohistoire amérindienne*, Sainte-Foy, Presses de l'Université Laval ; (1994), *Les Wendats, une civilisation méconnue*, Sainte-Foy, Presses de l'Université Laval. Voir également les écrits de V.J. Deloria, J.F. Lame Deer, E. Nequatewa, D. Talayesva.

ces récits requièrent bien des décodages et des mises en contexte afin d'identifier les grilles interprétatives ou épistémès. En dépit du nombre astronomique des documents accessibles, la qualité demeure très inégale. La section suivante présente des portraits succincts des principales aires culturelles habituellement définies en Amérique du Nord[4].

LES GRANDES AIRES CULTURELLES DE L'AMÉRIQUE DU NORD

Pour rester en harmonie relative avec les conventions discutables mais commodes du classique *Handbook of North American Indians*, dix grandes aires culturelles peuvent être distinguées au sein du vaste continent nord-américain. Les aires culturelles historiques ont été définies selon des critères combinés (géographie, écosystèmes, modes de vie, etc.), mais la variété des traditions évoquée précédemment s'observe à l'intérieur même de chacun des sous-ensembles. Ces regroupements ne doivent donc pas cacher que depuis les temps les plus anciens ces différentes sociétés, qu'elles appartiennent ou non à la même aire culturelle, n'ont cessé de s'influencer réciproquement. Rendue possible par la circulation des hommes, la dynamique des échanges matériels et idéels constitue l'une des grandes constantes de l'histoire amérindienne.

1) L'aire arctique est principalement occupée par les Inuits (Esquimaux), peuple de chasseurs-pêcheurs et cueilleurs. Jadis nomades, les Inuits se chiffrent aujourd'hui à plus de 100 000 personnes. Ils se répartissent en plus d'une centaine de communautés disséminées du Groenland au détroit de Béring (Inuits du Cuivre, Netsilingmiut, Inuits Caribous, etc.). À l'instar des peuples sibériens qui n'ont pas traversé le détroit de Béring, les derniers Asiatiques, arrivés sur le continent américain il y a environ 8 000 ans, pratiquaient des rites chamaniques. Aujourd'hui, la plupart se sont convertis

---

[4]. Pour chacune de ces unités, quelques références sont données en note. Certains auteurs ont beaucoup publié ; nous avons cependant souvent choisi de ne mentionner qu'un ou deux de leurs écrits. Dans d'autres cas, seuls des noms sont cités. Le lecteur souhaitant approfondir sa recherche pourra s'y référer en consultant les index des séries et des revues énumérées à la fin de l'article ainsi que les ouvrages bibliographiques réalisés sur chaque aire culturelle par le Center for History of the American Indian Bibliographical Series de la Newberry Library (Bloomington, Indiana University Press). En plus des nombreux sites sur Internet, voir la base de données ASTIS du Arctic Institute of North America.

au christianisme, adoptant l'une ou l'autre des confessions chrétiennes : anglicanisme et catholicisme dans l'Arctique central, piétisme morave au Labrador, christianisme orthodoxe en Alaska, etc.[5].

2) L'aire subarctique s'étend de l'Alaska au Labrador. Elle se compose de deux sous-ensembles. À l'est, les territoires sont occupés par les Algonquins du Nord (Attikameks, Innus/Montagnais, Naskapis, Cris), auxquels s'ajoutent, bien qu'ils vivent à l'ouest de la baie d'Hudson, les Ojibway, un groupe de la même famille linguistique. Le second sous-ensemble est constitué par les Athapaskans ou Dénés. Ces derniers se subdivisent à leur tour en Athapaskans de l'Est dans les régions du Mackenzie (Chipewyan, Dogrib) et en Athapaskans de l'Ouest pour ceux qui résident dans les régions du Yukon (Hare, Kutchin), de l'Alaska (Tanana) et de l'Alberta/Colombie-Britannique (Beaver, Carrier, Sekani). Pour la plupart, ces groupes de chasseurs pratiquaient jadis le chamanisme, mais ils intègrent aujourd'hui aussi de nombreux éléments tirés du christianisme[6].

3) La côte Nord-Ouest est une étroite bande de terre de plus de 2000 kilomètres, le long du littoral, sur laquelle vivent une multitude de peuples plutôt sédentaires, pêcheurs-chasseurs et cueilleurs. Les langues représentées

---

5. Voir les matériaux ethnographiques recueillis par Franz Boas (1964 [1888]), *The Central Eskimo*, Lincoln, University of Nebraska Press ; Knud Rasmussen (1929), *The Intellectual Culture of the Iglulik Eskimo, Report of the Fifth Thule Expedition 1921-1924*, Copenhague, vol. 7, 1 ; William Thalbitzer (1923), *Ammassalik Language and Folklore : The Ammassalik Eskimo*, Copenhague, C.A. Reitzel ; Edward W. Nelson (1983 [1899]), *The Eskimo about the Bering Strait*, Washington, Smithsonian Institution Press. Plus récemment, voir les analyses de Jarich G. Oosten (1976), *The Theoretical Structure of the Religion of the Netsilik and Iglulik*, Meppel, Krips Repro ; Ann Fienup-Riordan (1994), *Boundaries and passages : rule and ritual in Yup'ik Eskimo oral tradition*, Norman, University of Oklahoma Press ; Bernard Saladin D'Anglure (1981), « Esquimaux. La mythologie des Inuit de l'Arctique Central Nord-Américain », dans Yves Bonnefoy (dir.), *Dictionnaire des mythologies*, vol. 1, Paris, Flammarion, p. 379-386 ; Birgitte Sonne (1990), « The Acculturative Role of Sea Woman », *Man and Society, 13*. Voir enfin les travaux de L. Black, E. Burch, X. Blaisel, F. Laugrand, D. Merkur, C. Remie, P. Robbe, R. Savard, M. Therrien et E. Turner.
6. Voir les écrits de Diamond Jenness (1935), *The Ojibwa of Parry Island : their Social and Religious Life* ; Frank G. Speck (1935), *Naskapi : The Savage Hunters of the Labrador Peninsula*, Norman, Oklahoma University Press ; Rémi Savard (1974), *Carcajou et le sens du monde*, Québec, ministère des Affaires culturelles ; Adrian Tanner (1979), *Bringing Home Animals : Religious Ideology and Mode of Production of the Mistassini Cree Hunters*, St. John's Iser ; Christopher Vecsey (1983), *Traditional Ojibwa Religion and its Historical Changes*, Philadelphia, American Philosophical Society ; Emmanuel Desveaux (1988), *Sous le signe de l'ours. Mythes et temporalité chez les Ojibwa septentrionaux*, Paris, MSH ; Robin Ridington (1988), *Trail to Heaven Knowledge and Narrative in a Northern Native Community*, Iowa City, University of Iowa Press ; P. More and A. Wheelock (dir.) (1990), *Wolverine Myths and Visions : Dene Traditions from Northern Alberta*, Lincoln, University of Nebraska Press ; Robert A. Brightman (1993), *Grateful Prey. Rock Cree Human-Animal Relationships*, Berkeley, University of California Press. Voir aussi les travaux de K. Abel, P. Armitage, J.G. Goulet, I. Hallowell, A. Mills, R. Preston, R. Slobodin, S. Vincent ainsi qu'un numéro de *Recherches amérindiennes au Québec* (vol. XXVIII) réalisé sous la direction de Guy Lanoue et Nicole Beaudry.

sont très différentes (wakashan, salish, etc.), mais ces autochtones seraient les descendants d'une même civilisation antérieure. Parfois organisés en confréries religieuses (cas des Tsimshian), ces groupes pratiquaient le potlach, ces grands échanges cérémoniels organisés à l'occasion d'événements importants de la vie des individus et qui consistaient, selon la règle du don, à distribuer des biens de prestige à ses invités[7]. La plupart de ces sociétés connaissaient le dualisme saisonnier, opposant, comme les Kwakiutl par exemple, la vie estivale (*baxus*) rythmée par les activités cynégétiques à la vie hivernale (*tsetsequa*) marquée par les grandes cérémonies collectives et initiatiques (*hamatsa*). Au cours de ces rencontres, les danseurs portaient d'énormes masques articulés, entretenant constamment cette métaphore de la transformation toujours possible entre le monde des humains et celui des animaux. Plusieurs de ces groupes ont fait l'objet de nombreuses enquêtes anthropologiques : les Tlingit, les Haïda, les Tsimshian, les Kwakiutl, les Bella Coola, les Nishga et les Nootka[8].

4) De l'autre côté du littoral américain, entre les rives du Mississipi et l'océan Atlantique, l'aire culturelle du Nord-Est comprend les groupes amérindiens qui furent parmi les premiers à entrer en contact avec les Européens. Il s'agit principalement des groupes rattachés à la famille des Algonquins (Hurons/Wendat, Wabanaki, Delaware, Fox, Potawatomi, Shawnee, Winnebago) et des Iroquois, deux grands ensembles différents mais dont les activités reposaient en partie sur la culture du maïs et parfois celle du riz sauvage. Guerriers réputés, les Iroquois s'étaient jadis regroupés en une Ligue (Mohawk, Onéidas, Onondaga, Cayuga, Sénécas) pour s'associer ensuite aux Hollandais et aux Anglais afin de combattre les Hurons, alliés aux Français et finalement réfugiés à Québec. Depuis le XVIe siècle,

---

7. Le terme de potlach dérive du chinook (*pasthatl*) qui signifie « don » pour qualifier une pratique née au XVIIIe siècle dans le contexte des échanges entre Amérindiens et agents de la traite des fourrures. Le Canada interdit les potlachs en 1884 et leva l'interdiction en 1951.
8. Marius Barbeau, Franz Boas, James Hunt, William Swanton, James Teit, entre autres, ont publié de vastes corpus ethnographiques. Sur le potlach, voir Helene Codere (1950), *Fighting with Property*, New York, J.J. Augustin ; Abraham Rosman et Paula G. Rubel (1971), *Feasting with My Enemy. Rank and Exchange Among Northwest Coast Societies*, New York, Columbia University Press. Plus récemment, voir les analyses de Irving Goldman (1975), *The Mouth of Heaven*, New York ; Claude Lévi-Strauss (1979), *La voie des masques*, Paris, Plon ; Stanley Walens (1981), *Feasting with Cannibals*, Princeton, Princeton University Press ; Pamela T. Amoss (1978), *Coast Salish Spirit Dancing. The Survival of an Ancestral Religion*, Seattle, University of Washington Press, de même que les travaux de F. De Laguna, P. Drucker, M.F. Guédon, M. Harkin, R. Heizer, M. Mauzé, S. Kan, J. Miller.

le christianisme influence la plupart de ces groupes tant sur le plan des rites que sur celui des mythologies et des cosmologies, générant des mouvements tantôt réformistes, tantôt traditionalistes[9].

Le centre du continent américain comprend trois grandes régions.

5) L'aire du Plateau est une région montagneuse et forestière qui correspond au bassin du fleuve Columbia (régions du Montana, de l'Oregon). En somme, elle regroupe une multitude de petites communautés amérindiennes de langue mosan (Thompson, Kutenai, Lillooet, Sanpoil-Nespelem, Flathead, Nez Percés, Okanagon, Shuswap, Spokane, Yakima, etc.). Les activités de ces Amérindiens demeuraient surtout orientées vers l'exploitation du saumon, mais ces derniers pratiquaient également la chasse et la cueillette. Longtemps prédominante, la tradition chamanique devait ici encore se transformer avec l'histoire. Rapidement entrés en contact avec les Européens, notamment avec des coureurs des bois français, les Amérindiens de ces régions adaptèrent très tôt certains récits européens pour les intégrer à leurs propres mythologies[10].

6) Au sud de ce plateau, entre les Rocheuses et la Sierra Nevada, la région désertique du Grand Bassin est occupée par des Amérindiens chasseurs-collecteurs nomades qui pratiquaient eux aussi le chamanisme et la quête individuelle des visions. De langue uto-aztec (Shoshone, Paiute, Ute, etc.) et de langue hokan (Washo, p. ex.) principalement, ces Amérindiens, réputés pacifiques, ont accueilli très tôt des pratiques religieuses

---

9. Voir les écrits de J.N.B. Hevitt sur les Iroquois, ceux de Walter J. Hoffman sur les Menomini, ceux de Frank G. Speck sur les Delaware et les Wabanaki, de William Jones et de Trumen Michelson sur les Fox ou encore le travail de Mark R. Harrington (1984 [1921]), *Religion and Ceremonies of the Lenape*, New York, AMS Press. Voir également Elisabeth Tooker (1964), *An Ethnography of the Huron Indians, 1615-1649*, Washington, Bureau of American Ethnology, Bulletin 190; (1970), *The Iroquois Ceremonial of Midwinter*, Syracuse, Syracuse University Press; (1979), *Native North American Spirituality of the Eastern Woodlands*, Mahwah, Paulist Press; James H. Howard (1981), *Shawnee : The Ceremonialism of a Native Indian Tribe and Its Cultural Background*, Athens, Ohio University Press. D'autres développements importants sur le religieux apparaissent dans les travaux de D. Delâge, L. Campeau, W.N. Fenton, R. Landes, K. Morrison, P. Radin, C. Vecsey et B. Trigger.
10. Voir les contributions ethnographiques majeures de Stith Thompson et de James Teit à propos des Thompson et des Lillooet. Dans cette aire culturelle, des travaux particulièrement intéressants concernent les phénomènes d'incorporations historiques aux corpus mythologiques. Hormis les travaux de J. Ramsey, il faut citer ceux de S.D. Beckham, K.A. Toepel et R. Minor (1984), *Native American Religious Practices and Uses in Western Oregon*, University of Oregon, Anthropological Papers 31. Sur d'autres aspects religieux, voir les écrits de C.S. Fowler, L. Fowler, J.G. Jorgensen, W.H. Kelly, H.H. Schuster, D.B. Shimkin et O.C. Stewart.

dérivées de la Danse des fantômes (*Ghost Dance*), comme la Danse de l'ours (*Bear Dance*), puis la Danse du soleil (*Sun Dance*) et, plus tardivement encore, le peyotisme[11].

7) La très vaste région des Plaines s'étend sur plus de 1500 kilomètres, entre le Mississippi et les montagnes Rocheuses. À l'inverse de la précédente, cette aire culturelle, parfois subdivisée en région des Plaines et région des Prairies (*Handbook of North American Indians*), est occupée par une multitude de groupes aux origines très variées. Dès le Xe siècle, en effet, les migrations se multiplient. Le phénomène connaît une nouvelle accélération avec l'arrivée des Espagnols, plus au sud. Parmi ces Amérindiens, certains ont immigré des régions nordiques (Blackfeet, Cheyennes, etc.). D'autres proviennent des régions méridionales (Comanches), les derniers arrivés étant les différentes bandes de Sioux (Omaha, Teton ou Lakota, Dakota) qui, à elles seules, représentaient plus de 80 000 personnes au XIXe siècle. Cette diversité culturelle se traduit autant sur le plan linguistique, avec des Amérindiens de langue siouan (Mandan, Hidatsa, Assiniboine, Crow), algonquine (Arapaho), cadoan (Arikara, Pawnee), tanoan (Kiowa), uto-aztec (Shoshone), que sur le plan des activités socio-économiques (chasseurs nomades, agriculteurs sédentaires, éleveurs) ou même de l'organisation sociale. Une série d'appropriations culturelles devait transformer encore davantage les cultures en présence. Introduit par les conquistadors espagnols au Mexique, le cheval permit aux Amérindiens de pratiquer un nomadisme plus étendu, facilitant la chasse aux bisons (cas des Apaches) et les grands rassemblements cérémoniels (Danse du soleil, p. ex.) organisés pour faire face aux raids des soldats américains de plus en plus menaçants. À la fin des années 1880, néanmoins, les Amérindiens ne parviennent plus à résister par la force et de nombreux groupes se voient parqués dans des réserves. De grandes cérémonies de purification sont vainement organisées afin de chasser l'ennemi (Danse des fantômes) ; celui-ci répond par une répression violente qui atteint son paroxysme en 1890, avec

---

11. Pour des références sur la mythologie des Paiute, voir les travaux de L.M. Barnes, C. Laird, E.A. Sapir, J.H. Steward. Sur la mythologie et les rituels des Shoshone, voir les écrits de R.H. Lowie, A. Hultkrantz et D.M. Shimkin ainsi que de Freed W. Voget (1984), *The Shoshoni-Crow Sun Dance*, Norman, University of Oklahoma Press. Voir enfin Willard Z. Park (1938), *Shamanism in Western North America*, New York et Edgar E. Siskin (1983), *Washo Shamans and Peyotists*, Salt Lake City, University of Utah Press.

le massacre de Wounded Knee. Sur le plan des idées, la plupart de ces groupes ont reçu le christianisme en l'intégrant à leurs propres cultures (cas des Dakota, par exemple)[12].

8) À plusieurs titres, l'aire culturelle de la Californie présente des caractéristiques inverses à celle des Plaines. Géographiquement beaucoup plus petite et plus peuplée, elle s'est toujours composée de sociétés de petite taille et pacifiques. Chasseurs-pêcheurs-collecteurs, les groupes qui s'y trouvaient ont particulièrement développé la vannerie. Mais la région apparaît comme une véritable mosaïque. D'une part, plus d'une centaine de langues y sont recensées : hokan (celle des Yuki, Chumash, Pomo, Diegueno), penutian (Wintun, Maidu, Yokut, Miwok), nadene (Hupa), algonquin-ritwan (Yurok, Wiyot), uto-aztec (Luiseno, Serrano, Cahuilla). D'autre part, plusieurs centaines d'unités socio-politiques s'y trouvaient jadis, qu'elles soient indépendantes ou que ces regroupements se soient effectués sur une base patrilinéaire (*tribelets*). Sur le plan religieux, ces différents groupes pratiquaient surtout le chamanisme, accordant une place prépondérante à l'initiation et aux visions. Au XIXe siècle, ils empruntèrent à leur tour la Danse des fantômes aux Paiute et divers éléments au christianisme[13].

9) L'unité des populations du Sud-Ouest américain (régions de l'Arizona, du Nouveau-Mexique, du Sonora et de Chihuahua) repose à la fois sur des éléments géographiques (zone plutôt aride et désertique), archéologiques (la plupart des groupes sont issus de la tradition du désert) et historico-culturels (influences espagnoles et mexicaines, omniprésence du maïs, etc.). On y a observé la coexistence de deux grandes traditions : celle d'agriculteurs, comme les Pueblo (Hopi, Zuni), et celle des chasseurs-

---

12. Parmi d'innombrables références sur les Amérindiens des Plaines, notamment sur la mythologie et les rituels (quête des visions, rituel du Hako, Danse du soleil, Danse des fantômes, etc.), voir les données recueillies par George Catlin, George B. Grinnel, F. Densmore, A. Fletcher, J. Mooney, etc. Des éléments fondamentaux sur le religieux se trouvent dans les écrits de Alfred Bowers (1950), *Mandan Social and Ceremonial Organization*, Chicago, University of Chicago Press ; William K. Powers (1977), *Oglala Religion*, Lincoln, University of Nebraska Press ; Raymond W. Wood et Margot Liberty (dir.) (1980), *Anthropology on the Great Plains*, Lincoln, University of Nebraska Press ; Raymond J. Demallie et Douglas R. Parks (dir.) (1987), *Sioux Indian Religion. Tradition and Innovation*, Norman, University of Oklahoma Press ; Douglas R. Parks (1981), *Ceremonies of the Pawnee*, Washington. Sur les Sioux, voir aussi les recherches de A. Amiotte, R. Bucko, J. Howard, E. Jahner, Th. Lewis, Th. Mails, B. Medecine et D. Vazeilles.
13. En plus des matériaux ethnographiques recueillis par J. Curtin sur les Modocs, de G.M. Foster sur les Yuki, de C.G. Dubois sur les Dieguenos, de S.A. Barrett sur les Pomo et les Miwok, de A.S. Gatschet sur différents groupes, voir les travaux plus récents de A.L. Kroeber. Voir aussi E.W. Gifford (1955), *Central Miwok Ceremonies*, Berkeley, University of California Press ; T.C. Blackburn (dir.) (1975), *Flowers of the Wind : Papers on Ritual, Myth and Symbolism in California and the Southwest*, Socorro, Balena Press ; D.T. Hudson (1977), *The Eye of the Flute. Chumash Traditional History and Ritual as Told by Fernando Librado Kitsepawit to John P. Harrington*, Santa Barbara, Santa Barbara Museum of Natural History.

cueilleurs athapaskans arrivés un siècle avant les Espagnols (Navajo, Apaches). L'aire du Sud-Ouest n'est cependant pas exempte de diversité. L'histoire montre que les traditions présentes n'ont jamais cessé de multiplier les emprunts et de s'interpénétrer. Les chasseurs apaches, par exemple, adoptèrent très tôt le pastoralisme et les techniques agricoles de leurs voisins. Ces transferts culturels expliquent aujourd'hui la complexité et la richesse des institutions. La variété des combinaisons se retrouve à différents niveaux. Eu égard aux systèmes sociaux, des sociétés à organisations dualistes (Pueblo, Pima, Papago) côtoient des sociétés claniques (Hopi). Sur le plan de la parenté, les systèmes sont tantôt patrilinéaires, tantôt matrilinéaires. Enfin, la diversité s'exprime autant sur le plan linguistique (langues keresan, tanoan, uto-aztec, yuman, etc.) que religieux (p. ex. importance plus ou moins grande accordée aux *kachinas*, ces esprits claniques). Bien que la plupart des groupes, notamment les Pueblo et les Navajo, disposent d'une cosmologie apparentée (superposition de différents mondes sur un axe vertical) et qu'ils participent ensemble au culte du peyote au sein de la Native American Church, chacune de ces sociétés identifie à sa manière les véritables spécialistes du culte. Tandis que les Apaches confèrent une place prépondérante aux rites de passage (puberté féminine, notamment), les Yuman et les Tarahumara privilégient les visions spirituelles et l'interprétation des rêves, véritables guides d'action[14].

10) Parfois reliée à celle du Nord-Est, l'aire du Sud-Est concerne les basses terres situées entre l'océan Atlantique et l'est du Texas. Bien que l'on connaisse quelques aspects de la culture des Natchez, disparus dès le XVIIIe siècle (villages fortifiés, agriculture diversifiée, sociétés très hiérarchisées, culte solaire, pratique des sacrifices humains), plusieurs groupes amérindiens du littoral restent assez méconnus. Ce n'est toutefois plus le cas d'autres groupes (Caddo, Choctaw, Creek, Chickasaw, Timuca, Séminoles,

---

14. Parmi une littérature très abondante, voir Ruth Benedict (1935), *Zuni Mythology*, Columbia University, Contributions to Anthropology 21 ; Elsie C. Parsons (1939), *Pueblo Indian Religion*, Chicago ; Ruth M. Underhill (1946), *Papago Indian Religion*, New York, Columbia University Press ; Frederick Docstader (1954), *The Katchina and the White Man*, Bloomfield ; Jean Cazeneuve (1957), *Les dieux dansent à Cibola. Le Shalako des Indiens Zuni*, Paris, Gallimard ; Alfonso Ortiz (1969), *The Tewa World*, Chicago, University of Chicago Press ; Frank G. Bock (1971), *A Descriptive Study of the Dramatic Function and Significance of the Clown during Hopi Indian Public Ceremony* ; Harold Courlander (1982), *Hopi Voices Recollections* ; Keith Basso (1983), *Western Apache* ; Sam Gill (1979), *Songs of Life : an Introduction to Navajo Religious Culture*, Leiden, Brill ; S. Gill (1983), « Navajo Views of their Origin », *Handbook of North American Indians : Southwest*, Washington, p. 502-505 ; Wyman C. Leland (1983), « Navajo Ceremonial System », *Handbook of North American Indians : Southwest*, Washington, p. 536-557 ; Voir aussi les travaux de J.W. Fewkes, M. Opler, M.E. Laniel-le-François, E. Parsons et R. Beals, C.L. Smithson et R. Euler, A.M. Stephen, J. Stewart, V. Tiller, M. Titiev, G. Witherspoon.

Cherokee, Shawnee, Yuchi, etc.) qui, tout en étant issus de familles linguistiques différentes (atapaca, caddo, muskogean, etc.), disposaient de certains traits culturels communs. Guerriers pour la plupart, ces derniers vivaient regroupés dans des agglomérations importantes (chefferies), avec des systèmes de parenté matrilinéaires et des activités basées sur la poterie et le tissage. Certaines sociétés pratiquaient des rites chamaniques, d'autres, comme les Creek, les combinaient aux rites agraires. Entrées en contact avec des groupes mésoaméricains puis avec les premiers colons européens, ces bandes multiplièrent très tôt leurs emprunts culturels. À la fin du XVIIIe siècle, par exemple, les Cherokee se convertissent au presbytérianisme, adoptent l'écriture, l'élevage et même l'esclavage des Noirs[15].

Bien qu'il laisse apparaître certaines récurrences, ce très bref survol des Amérindiens de l'Amérique du Nord suggère à quel point il est problématique de réduire la diversité des religions amérindiennes sans procéder à des simplifications. Les héritages culturels et les paramètres linguistiques propres à chaque tradition, la variété des contextes socio-historiques et environnementaux, de même que la multitude des transferts et emprunts culturels, rendent la configuration des systèmes religieux fort complexe. Comment relier des traditions aussi différentes ? Peut-on relever des points communs entre le système religieux des chasseurs innus, par exemple, et celui des agriculteurs hopi ou des guerriers natchez, fortement marqué par des cultes agraires ? Par le passé, de telles tentatives ont conduit à de sérieuses confusions. À partir de la notion de *mana*, le *manitou* des Algonquins a été assimilé à tort à l'*orenda* des Iroquois, aux *oki* des Hurons et au *Wakan(da)* des Lakota, comme si toutes ces notions constituaient de simples équivalences sur le plan des représentations. Comment se détacher, par conséquent, de catégories analytiques issues de matrices culturelles particulières pour aborder adéquatement celles des autres ? Comment qualifier l'univers religieux amérindien, sachant fort bien que toutes les langues représentées – elles sont parfois fort éloignées les unes des autres – portent avec elles des concepts, un entendement du monde et des systèmes de valeurs qui leur sont propres ? Pour éviter les déformations les plus caricaturales mais se distancer aussi d'une perspective culturaliste ou ultra-relativiste, la comparaison

---

15. En plus des données publiées par J.R. Swanton, voir William L. Borllard (1978), *The Yuchi Green Corn Ceremonial*, Los Angeles ; Charles Hudson (1984), *Elements of Southeastern Indian Religion*, Leiden, E.J. Brill ; James G. Howard (1984), *Oklahoma Seminoles : Medicine, Magic and Religion*, Norman, University of Oklahoma Press ; C.C. Trowbridge (1986), *Indian Tales of C.C. Trowbridge : Collected from Wyandots, Miamis, and Shawanoes*, Brighton Green Oak Press. Voir également les recherches de W.G. McLoughlin sur les Cherokee, W. Sturtevant sur les Séminoles, E.W. Voegelin sur les Shawnee.

proposée ici ne se fera donc pas au niveau des données directement observables mais des structures qui les sous-tendent. La toute première piste proposée par Claude Lévi-Strauss et approfondie par ses principaux héritiers reste la plus stimulante à cet égard. Par l'analyse structurale des mythes, Lévi-Strauss est parvenu à émettre quelques hypothèses fort séduisantes au sujet d'une « constante de la pensée amérindienne » qu'il identifie dans cette notion d'une « impossible gémellité ». De façon beaucoup plus modeste et en s'appuyant sur divers travaux, cet essai réduira donc l'étonnante diversité des traditions religieuses amérindiennes et inuites afin d'y entrevoir des éléments structurels caractéristiques.

COSMOLOGIES

Les cosmologies se définissent, de manière extensive, comme des conceptions du monde. Elles désignent autant les systèmes de représentations de l'univers que les principes régulateurs et les relations qui permettent à tout individu de s'y inscrire. Elles constituent un moyen adéquat pour aborder les structures sous-jacentes des religions amérindiennes, de même que pour réduire les dispositifs symboliques qui les caractérisent. À ce niveau d'intelligibilité, reconnaître la diversité empirique des religions amérindiennes n'exclut pas qu'une unité structurelle soit identifiable. Les paragraphes suivants tentent de la cerner à quatre niveaux : dans les mythes, dans l'idéologie, dans les représentations des rapports entre humains et non-humains ainsi que dans les différents modes classificatoires.

Sous l'angle mythologique, les mythes amérindiens et inuits s'ordonnent structurellement de la même manière. Nombre d'entre eux insistent sur l'indifférenciation primordiale de l'univers, initialement marqué par la nuit et le chaos. La vie résulterait alors d'une série de disjonctions perceptibles sur deux axes : sur un axe vertical, avec l'émergence d'éléments à partir de la terre génitrice, et sur un axe horizontal, avec l'apparition d'un ordre du temps et du cycle des saisons (périodicité). Le schéma très répandu d'un pilier (Bella Coola, Inuits) ou d'un grand arbre du monde (Flathead, Iroquois, Delaware) qui empêche le monde supérieur de tomber illustre le premier mouvement. La présence du poteau dans la Danse du soleil des Amérindiens des Plaines ou dans l'art totémique des Amérindiens de la côte Ouest[16] atteste l'étendue et la persistance de ce dualisme fondateur entre

---

16. Sur les totems, voir C. Harris (1975), *Sky Man on the Totem Pole*, Toronto, McClelland and Stewart.

les puissances célestes (figures de l'oiseau, de l'aigle, du corbeau) et les puissances terrestres (figures du serpent, de la tortue chez les Ojibway, etc.). *A contrario*, les nombreuses variantes du mythe du soleil et de la lune (Inuits, Kutenai, Chinook, Thompson, Salish) illustrent le second mouvement, plus horizontal.

Plusieurs recherches montrent qu'il est possible de regrouper tous les mythes de l'Amérique du Nord en quelques catégories. La mise en ordre la plus réussie demeure néanmoins celle de Claude Lévi-Strauss qui, à partir de l'analyse d'un gigantesque corpus de plus de 900 mythes, des gestes et des masques, est parvenu à identifier, en tenant compte des systèmes de transformation parfois très complexes, trois grandes thématiques où s'expriment des héros : celle du dénicheur d'oiseaux, celle de l'inceste entre germains à l'origine du soleil et de la lune et celle, enfin, de l'aventure Putiphar[17].

De manière générale, quelques thématiques apparaissent de manière récurrente dans les corpus mythologiques amérindiens. La figure du *trickster*, ce héros civilisateur, est l'une de ces constantes, qu'il apparaisse sous la forme d'un bouffon séducteur et presque obscène, d'un personnage facétieux et trompeur, ou encore d'un animal malin, comme le coyote[18]. D'autres redondances apparaissent dans le rôle accordé aux entités mi-humaines mi-animales et aux personnages démesurés dans l'imaginaire, qu'il s'agisse de monstres (monstre marin des Ute, serpent géant des Kwakiutl, être à deux têtes des Comox, etc.), de géants (Tuniit et autres géants des Inuits, Windigo cannibale des groupes algonquins, femme cannibale des Sénécas, etc.) ou de nains (nain lanceur de flèches empoisonnées des Shoshone, nains cannibales des Arapaho, etc.).

Un deuxième élément structurel concerne ce que Claude Lévi-Strauss nomme « l'idéologie bipartite des Amérindiens ». À partir d'une analyse de mythes winnebago, ce dernier a élaboré davantage l'intuition de Radin qui

---

17. Pour une classification des mythes de l'Amérique du Nord en différentes catégories, voir, hormis *Les mythologiques* et autres travaux de Claude Lévi-Strauss, ceux de A.B. Rooth (1957), « The Creation Myths of the North American Indians », *Anthropos, 52*, p. 497-508 ; John Bierhost (1985), *The Mythology of North America*, New York, William Morrow et Alan Dundes (1986), « Structural Typology of North American Indian Folktales », *Journal of Anthropological Research, 42*, p. 417-426.
18. Sur l'abondante littérature consacrée au *trickster*, voir les grands classiques, Julian H. Steward (1930), « The Ceremonial Buffoon of the American Indians », Papers of the Michigan Academy of Science, Arts and Letters, *14* ; Paul Radin (1972), *The Trickster : A Study in American Indian Mythology*, New York, Schoken Books. Plus récemment, voir P. Hubbard (1980), « Trickster, Renewal and Survival », *American Indian Culture Journal and Research Journal, 4*, 4, p. 113-124.

s'était intéressé à la place fondamentale du mythe des jumeaux chez les Iroquois et les Hurons[19]. Reprenant la question à l'échelle des Amériques, Claude Lévi-Strauss en déduit à son tour qu'à l'inverse des Indo-Européens, qui ont progressivement écarté la pensée bipartite au profit d'une pensée tripartite remarquablement bien analysée par Dumézil, les Amérindiens attribuent toujours à la symétrie « une valeur négative, maléfique même », privilégiant un « dualisme instable » ou « en perpétuel déséquilibre ». Contrairement à Castor et Pollux, nous dit l'auteur, les jumeaux amérindiens qui apparaissent dans les mythes sous différents codes ne parviennent jamais à surmonter leur écart, « comme si une nécessité métaphysique contraignait des termes appariés à diverger », d'où l'idée que, bien avant l'arrivée des Européens dans le Nouveau Monde, la place de ces derniers était « marquée en creux » dans les cosmologies amérindiennes[20].

Un troisième élément caractéristique des cosmologies amérindiennes apparaît dans la représentation des rapports entre humains et non-humains. Les mythologies amérindiennes et inuites insistent sur l'indifférenciation initiale entre humains et animaux. Tous les mythes sont remplis d'êtres hybrides dont la forme, le nom ou le comportement mêlent inextricablement des attributs humains et animaux dans un contexte « d'intercommunicabilité[21] ». Eduardo Viveiro de Castro rappelle très justement que les cosmologies amérindiennes et judéo-chrétiennes ne conçoivent pas de la même façon ce processus de différenciation de la culture et de la nature. À l'inverse des discours occidentaux, selon lesquels l'homme se serait progressivement séparé de l'animal (voir le mythe de la sauvagerie primitive, le mythe rousseauiste du contrat social, etc.), les mythologies amérindiennes ne considèrent pas que la culture s'est émancipée de la « nature ». Elles affirment plutôt que c'est la « nature » qui, avec le temps, a pris ses distances avec la culture. Les mythes ne font ainsi jamais dériver l'humanité de l'animalité, mais racontent toujours comment les animaux ont perdu les qualités humaines que les hommes ont su garder. Un tel renversement modifie la représentation des rapports entre humains et non-humains. Rarement traité comme un « objet de domination », l'animal est plutôt considéré comme une « entité spirituelle » avec qui la communication est nécessaire dans le cadre des échanges destinés à maintenir l'ordre socio-cosmique. L'idée d'une possible communication entre ces deux mondes constitue donc

---

19. Paul Radin (1949), « The Basic Myth of the North American Indians », *Eranos-Jahrbuch* [1949, Zurich 1950].
20. Claude Lévi-Strauss (1991), *Histoire de Lynx*, Paris, Plon, p. 305-311.
21. Eduardo Viveiro de Castro (1998), « Cosmological Deixis and Amerindian Perspectivism », *Journal of Royal Anthropological Institute* (n.s.) 4, p. 469-488, p. 471.

le principe structural commun aux deux modèles de traitement de l'animal identifiés par Desveaux. Celui-ci suggère qu'à un mode de relation avec les animaux de type prédateur (qui explique le traitement parfois brutal réservé à l'animal) correspondrait un système sociologique fermé, alors qu'à un mode de relation de type régulé (qui implique quant à lui une contrepartie humaine) correspondrait un système sociologique ouvert[22]. De manière générale, la plupart des sociétés amérindiennes se considèrent toutefois comme respectueuses de l'animal. Une conception fort répandue, y compris chez des groupes christianisés (Inuits, Kuchin, etc.), explique que ce n'est pas le chasseur qui débusque l'animal, mais l'animal qui s'offre à lui. Si les animaux doivent donc servir de nourriture aux hommes, le fait qu'ils soient des entités avec qui la communication est possible exige des précautions et des contreparties rituelles.

Ces sociétés construisant la nature en continuité avec le social, le quatrième élément structurel apparaît sous l'angle des modes classificatoires. Selon Philippe Descola, la manière dont les sociétés amérindiennes établissent des correspondances entre humains et non-humains relève des trois grandes modalités universelles que sont l'analogisme, le totémisme et l'animisme. Moins commun que les deux autres, l'analogisme implique l'existence d'une correspondance d'effets ou d'une corrélation entre ce qui se produit au niveau du microcosme et du macrocosme. Dans les régions septentrionales de l'Amérique du Nord mais également chez les Pawnee, le nagualisme illustre cette première modalité. Il s'agit de cette croyance selon laquelle chaque humain possède sans le connaître un double animal, le *nagual*, dont il éprouve les sentiments. Une personne expliquera sa maladie par celle qui affecte son *nagual* au même endroit. La conviction répandue qu'il n'existe que des phénomènes de correspondances (perception de tous les phénomènes météorologiques et atmosphériques comme des signes, par exemple) relève de ce mode de pensée qui exclut l'aléatoire et le hasard. Documenté notamment chez les Yuchi, les Ojibway et les Creek[23], le totémisme fait fonctionner une autre logique de classification dans laquelle les espèces que nous disons « naturelles » servent à penser la société de sorte

---

22. Emmanuel Desveaux (1995), « Les Indiens sont-ils par nature respectueux de la nature ? », *Anthropos*, 90, p. 435-444.
23. Introduit par John Long, ce terme ne désigne pas un culte mais un mode de représentation. Sur le totémisme, voir l'étude ancienne de Frank G. Speck (1909), « Ethnology of the Yuchi Indians », *Anthropological Publ. of the University Museum, Univ. of Pennsylvania*, vol. 1. Pour une remarquable critique de ce concept, voir Claude Lévi-Strauss (1962), *Le totémisme aujourd'hui*, Paris, PUF.

qu'un ensemble d'unités sociales (phratries, clans, bandes) est systématiquement associé, par l'emploi d'éponymes, à une série d'objets naturels (espèces animales, végétales, etc.). La plupart des sociétés nord-américaines (cas des Innus, des Cris, des Naskapis, etc.) relèvent cependant de l'animisme, un mode classificatoire qui consiste, selon l'expression de Philippe Descola, à attribuer aux entités dites naturelles des dispositions anthropocentriques (statut de personne, pouvoir de parole, possession des affects humains) et des attributs sociaux (une hiérarchie de position, des comportements fondés sur la parenté, le respect de certaines normes de conduite, l'obéissance à des codes éthiques, etc.)[24]. Bien qu'il s'agisse ici de systèmes distincts[25], ces deux modes d'objectivation sociale que sont le totémisme et l'animisme contrastent avec le naturalisme, cette croyance en l'existence d'une entité dite naturelle qui caractérise aujourd'hui les cosmologies occidentales et qu'on attribue souvent, à tort, aux Amérindiens en les qualifiant de « premiers écologistes ». Bien qu'animisme et totémisme puissent parfois se combiner, ils s'opposent ensemble au naturalisme à l'œuvre dans notre entendement caricatural des sociétés amérindiennes et inuites, celles-ci étant souvent perçues comme étant très respectueuses de « la nature ». À l'inverse du naturalisme en effet, qui repose sur un dualisme ontologique et présuppose l'existence d'une dichotomie entre la nature et la culture, l'animisme et le totémisme des Amérindiens constituent deux « modes d'identification » qui nient cette dichotomie. En d'autres termes, bien que les humains se distinguent des animaux et des plantes dans ces systèmes, tous relèvent d'une même communauté hiérarchisée d'entités en relation les unes avec les autres. L'instauration d'une telle continuité sociale entre la nature et la culture est observable à l'échelle de toute l'Amérique, d'où la proposition d'Eduardo Viveiro de Castro qui a introduit l'idée d'un « perspectivisme amérindien ». Dans cette optique, la notion de transformisme cosmologique devient l'opérateur fondamental de la pensée religieuse amérindienne. Ainsi que l'a fort bien montré Philippe Descola dans le contexte amazonien – mais cela vaut pour toute l'Amérique du Nord –, cette notion occupe une place prépondérante tant sur le plan des mythes, domaine de l'hybridation par excellence, que sur le plan des rites (rites de

---

24. Philippe Descola (1996), « Les cosmologies des Indiens d'Amazonie. Comme pour leurs frères du nord, la nature est une construction sociale », *La Recherche*, n° 292, novembre, p. 62-67. Comme le souligne Philippe Descola, le concept de totémisme n'est pas utilisé ici dans son sens durkheimien, pas plus que l'animisme ne l'est dans son sens tylorien. Il s'agit plutôt, depuis l'étude magistrale de Claude Lévi-Strauss, de les envisager comme des modes classificatoires.
25. Philippe Descola (1996, p. 66) rappelle que « les systèmes animiques constituent un symétrique inverse des classifications totémiques entendues au sens de Lévi-Strauss ». Si les premiers traitent les non-humains comme le terme d'une relation, les seconds les traitent comme des signes.

passage, rites de socialisation) ou même de la vie quotidienne et cérémonielle (p. ex. ornementations). Le corps fait lui-même l'objet de toutes sortes de métamorphoses (tatouages, habillement, mascarades, etc.) et l'importance symbolique de la nourriture y est fort répandue. Formulée à partir de divers travaux sud-américains, la remarque d'Eduardo Viveiro de Castro vaut donc pour toute l'Amérique du Nord, y compris pour les Inuits : « Clothing is one of the privileged expressions of metamorphosis – spirits, the dead and shamans who assume animal form, beasts that turn into other beasts, humans that are inadvertenly turned into animals – an omnipresent process in the highly transformational world[26]. »

Rituels et pratiques cérémonielles

Sur le plan des rituels, l'Amérique du Nord révèle de nouveau une grande diversité. Celle-ci peut néanmoins être réduite en identifiant les principes majeurs qui sous-tendent la plupart des pratiques cérémonielles amérindiennes. Formulé par Eduardo Viveiro de Castro, le premier principe est l'idée précédemment évoquée selon laquelle humains et animaux partagent un fond commun, non pas d'animalité, comme c'est le cas selon nos cosmologies occidentales, mais d'humanité. Le second principe, un corollaire, consiste à attribuer à l'homme, qui se différencie de l'animal par sa capacité de penser (les Inuits, par exemple, disent qu'il est le seul à posséder l'*isuma*), la lourde charge de grand responsable de l'univers. Le troisième principe est finalement la crainte constamment réitérée d'une destruction imminente de l'univers (entropie). Dans la plupart des religions amérindiennes, en effet, tout individu est naturellement source de désordre potentiel. Cette préoccupation pour la fin du monde apparaît aux époques ancienne, coloniale et contemporaine, d'où la nécessité constante d'entretenir l'harmonie entre les êtres humains et les entités non humaines qui les entourent. À partir de ces trois principes, l'institution chamanique, comme les principaux rituels des Amérindiens et des Inuits, s'éclaire, tant pour les sociétés de chasseurs que pour les sociétés d'agriculteurs.

---

26. Viveiro de Castro (1998, p. 471) attire l'attention sur le fait qu'il ne s'agit pas d'une conception selon laquelle le corps est un vêtement, mais plutôt d'une conception qui considère le vêtement comme un corps. Fort répandus dans les traditions amérindiennes, les masques permettent ainsi d'activer les pouvoirs d'un autre corps. Sur les masques, voir l'article classique de W.N. Fenton pour les Iroquois et l'ouvrage collectif édité par N. Ross Crumrine et Marjorie Halpin (1983), *The Power of Symbols. Mask and Masquerade in the Americas*, Vancouver, University of British Columbia Press.

DE L'INSTITUTION CHAMANIQUE AUX CONFRÉRIES

Dans le cas des systèmes chamaniques, qui ont toujours été prédominants en Amérique du Nord mais qui se sont transformés avec l'arrivée du christianisme, les principes évoqués ci-dessus expliquent non seulement la dimension structurelle et récurrente des injonctions rituelles, mais également le rôle de médiateur dévolu au chaman. Qualifiées maladroitement de « tabous », les nombreuses injonctions rituelles présentes d'un bout à l'autre du continent expriment l'idée que, pour respecter le bon ordre des choses et ne pas s'exposer aux colères des esprits, les humains doivent organiser toutes leurs activités en respectant strictement un certain nombre de règles ou de prohibitions prédéfinies. Les interdictions relatives à la consommation des animaux totémiques (restrictions alimentaires) relèvent de tels systèmes. Il en va de même pour toutes les exigences auxquelles le chasseur doit se plier au moment de recevoir son dû, lors de la chasse et de la consommation du gibier. En attribuant un principe vital à l'animal (*inua*), les Inuits rencontrés par Knud Rasmussen versaient toujours une gorgée d'eau dans la gueule du phoque abattu afin d'apaiser son âme. Ils rejetaient une partie de sa dépouille, souvent choisie dans la fressure (poumon, foie, etc.), de sorte que le phoque puisse se réincarner et s'offrir à nouveau au chasseur. Transgresser de tels actes engendrait la colère des esprits maîtres du gibier et exposait le groupe à l'infortune, à la famine et au désastre fatal. Sur le plan des esprits, la référence à un maître ou à une maîtresse des animaux est un élément fondamental de nombreuses traditions inuites et amérindiennes : figure de Sedna ou de Takannaaluk chez les Inuits, de Papakassik chez les Innus, de Buffalo chez les Lakota, de Tirawat chez les Pawnee, etc. Plus ou moins christianisés, d'autres groupes disposent aussi de telles entités : Quawteaht chez les Nootka, Wakan Tanka chez les Dakota, l'astre solaire chez les Hopi, l'astre lunaire chez les Zuni et les Apaches, le Grand Esprit chez les Potawatomi et les Hurons, le Créateur de la terre chez les Winnebago, etc. Dans certaines sociétés, le système des injonctions rituelles pouvait s'avérer plus restreint ou se construire davantage autour de la notion d'échange entre les humains et les esprits. En retour des dons faits aux humains, qui parvenaient ainsi à vivre (confection de vêtements, d'armes, d'amulettes, etc.) et à se nourrir, les animaux exigeaient de se faire honorer par des contre-dons. Ceux-ci pouvaient prendre la forme de biens matériels ou de services, les communications entre les deux mondes se faisant, d'un côté, par les prières, les chants et les invocations, de l'autre, par les visions, les rêves et les révélations. À cet égard, l'importance accordée au rêve est l'un des traits les mieux partagés par les traditions amérindiennes et inuites. Fort répandues en Amérique du Nord, les offrandes et libations, y compris les festins qui ont tellement marqué les missionnaires de la Nouvelle-France, relèvent d'une logique similaire. De nature différente, ces offrandes aux esprits allaient d'une simple portion de tabac ou de nourriture, comme chez les groupes algonquins, à des tueries rituelles (exemple du chien blanc chez certains groupes) et même à des amputations humaines, comme chez les Sioux et les Mandan où les guerriers sectionnaient leurs phalanges.

Personnage aux facettes multiples et aux compétences diverses (thérapeute, ventriloque, gymnaste, etc.), le chaman était un intermédiaire privilégié entre les mondes humains et non humains. Initié à la langue chamanique, maître du tambour et véritable médiateur, son rôle consistait à intervenir lors des grands déséquilibres : remédier aux pénuries de chasse, rétablir un temps météorologique favorable, guérir épidémies et épizooties, tuer les esprits malveillants, etc. En somme, sa fonction était précisément d'éviter l'entropie. L'histoire montre que ce personnage a marqué l'imaginaire des Euro-Américains qui l'ont tour à tour qualifié de « jongleur », d'« homme-médecine », de « sorcier », de « faiseur de tours ». Ceux-ci ont eu la maladresse d'en faire soit un psychopathe, soit une figure analogue à celle du prêtre. Le chaman ne représente pourtant qu'un aspect du « complexe chamanique », qui repose vraisemblablement sur une « idéologie de la chasse » et dont il faut souligner la variété ; d'où l'idée très juste de Michel Perrin de lui préférer la notion de « chamanerie[27] ». Il n'en demeure pas moins vrai qu'au-delà de la diversité des rites et des pratiques qui combinent exorcisme et endorcisme l'institution chamanique se caractérise à son tour par quelques traits communs. Particulièrement doué de clairvoyance (la *qaumaniq* chez les Inuits), le chaman gérait les situations défavorables grâce à son pouvoir d'entrer en contact avec les autres mondes et à sa capacité à contracter des alliances avec les esprits. Le rôle des esprits auxiliaires apparaît primordial dans la mesure où ces derniers lui permettaient d'être efficace et compétitif. Tantôt masculin, tantôt féminin, parfois les deux (transvestisme), le chaman se caractérisait par sa situation de chevaucheur de frontières (des sexes, des identités, des espaces symboliques, etc.). Psychopompe, sa figure reste celle d'un négociateur averti qui, au moyen de pratiques fort variées selon les contextes, les époques et les sociétés, assurait la transmigration des âmes, la circulation des fluides et, somme toute, le rétablissement des grands désordres menaçants

---

27. Michel Perrin (1996), *Le chamanisme*, Paris, PUF.

pour la communauté. En Amérique du Nord, l'initiation chamanique s'effectuait selon trois modalités qui pouvaient se combiner : l'acquisition des pouvoirs chamaniques par héritage, l'acquisition de ces pouvoirs par vocation (appel ou dation des esprits) et l'acquisition des pouvoirs par une recherche volontaire[28]. Dans les trois cas la mort-renaissance, reliée au modèle de la prédation, constituait le schème majeur de l'initiation. Si la présence du chaman semblait attestée dans la plupart des sociétés à tendance égalitaire, celui-ci cédait toutefois sa place à des confréries dans les sociétés plus hiérarchisées. Dans des cas intermédiaires, le chaman coexistait avec d'autres membres religieux, qu'ils soient qualifiés de « saints hommes » (cas des Dakota) ou de « sociétés de prêtres » (cas des Pawnee). Chez plusieurs groupes de la côte Ouest, Franz Boas a mis en évidence le rôle des sociétés secrètes ou confréries, comme la société des *hamatsa* chez les Kwakiutl[29]. Ce type de confréries existait aussi dans la région des Grands Lacs, avec les associations d'hommes-médecine chez les Algonquins du centre et chez les Winnebago. La célébration des rites annuels se faisait alors dans un cadre exclusif et ésotérique, les initiés exerçant diverses fonctions médicales et culturelles. La société très fermée des *midêwiwin* constitue une remarquable illustration de ce phénomène[30]. Enfin, ces associations collectives étaient présentes aussi au sud de l'Amérique du Nord, chez des groupes agriculteurs. Les Hopi possédaient de véritables sociétés cléricales (société de l'antilope, du serpent), alors que les Zuni disposaient de confréries (confrérie des ancêtres Hoko par exemple)[31]. Au contact du christianisme, les chamanismes nord-américains se sont considérablement transformés selon diverses modalités. Aujourd'hui, un renouveau de certaines pratiques est cependant perceptible chez plusieurs groupes amérindiens qui influencent à leur tour les Occidentaux (mouvements néo-chamaniques et Nouvel Âge).

---

28. Marcel Bouteiller (1950), *Chamanisme et guérison magique*, Paris, PUF.
29. Franz Boas (1897), « The Social Organization and Secret Societies of the Kwakiutl Indians », *Report of the Us. Nat. Museum for 1895*.
30. Sur le *midêwiwin*, voir Irving A. Hallowell (1936), « The Passing of the Midewiwin in the Lake Winnipeg Region », *American Anthropologist*, *38*, p. 32-51 ; H. Hickerson (1962), « Notes on the Post-Contact Origin of the Midewiwin », *Ethnohistory*, 9, p. 404-426 ; Ruth Landes (1968), *Ojibwa Religion and the Midewiwin*, Madison, University of Wisconsin Press et Christopher C. Vecsey (1984), « Midewiwin Myths of Origin », *Papers of the Fifteenth Algonkian Conference*, p. 445-467.
31. M.C. Stevenson (1904), « The Zuni Indians : Their Mythology, Esoteric Fraternities and Ceremonies », *Bur. of Amer. Ethnol. Annual Report*, 23, Washington ; L. Bunzel (1932), « Introduction to Zuni Ceremonialism », *Bur. of Amer. Ethnol. Annual Report*, 47, Washington.

RITUELS ET COMMUNICATION AVEC LES ESPRITS

L'ordre présent du cosmos n'étant jamais acquis et les déséquilibres étant toujours menaçants, les Amérindiens s'assuraient du succès des échanges et des communications avec le monde des non-humains au moyen de multiples rituels. Pratiqués dans des contextes variés, ces rituels ont aussi connu de plus ou moins grandes transformations historiques selon les groupes considérés. Comme le suggère Emmanuel Desveaux, trois grands rituels se retrouvent cependant dans la plupart des sociétés amérindiennes[32].

La quête de vision (*Vision Quest*) constitue l'institution rituelle la plus répandue sur le continent. Seules les régions du Sud-Ouest, marquées par les rites agraires, ne semblent pas la pratiquer. Tantôt accessible à tous[33], tantôt réservée aux chamans (cas de certains groupes algonquins), la quête de vision se définit comme un rite initiatique qui permet à son protagoniste d'entrer en contact avec les esprits et d'agir en conséquence. Ruth Benedict explique que les individus devaient s'aventurer dans des lieux isolés, souvent montagneux, pour que leurs « génies tutélaires » se révèlent à eux sous la forme d'une vision animale ou d'une révélation par le rêve[34]. Dans certains cas, les participants acquéraient à cette occasion soit un « sac-médecine » ou « paquet sacré » (*medicine bundle*) composé d'objets représentant leurs esprits (ossements, cailloux, plumes, etc.), soit une série d'interdits qu'ils devraient dorénavant respecter. La quête de vision prenait différentes formes selon les groupes considérés. Chez les Inuits, elle demeurait une modalité de l'initiation chamanique, l'aspirant chaman devant parfois faire l'expérience de la mort symbolique. Chez les Amérindiens des Plaines, elle n'était qu'un moyen utilisé parmi d'autres (rêves, apparitions) en cas de maladie, de mort ou de guerre, sans que la présence d'esprits tutélaires soit nécessaire. De même, chez plusieurs groupes de la côte Ouest (Thompson, Sampoil, Salish), la quête de vision faisait office de rite de passage initiatique au moment de la puberté des jeunes garçons alors envoyés en montagne avec l'instruction d'attendre des révélations. Chez les Huskanawe de Virginie, cet isolement des garçons pubères durait plusieurs mois. Les Amérindiens de l'Amérique du Nord n'ont jamais été de grands utilisateurs de plantes hallucinogènes, mais ils obtenaient des effets

---

32. Emmanuel Desveaux (1989), « Les pensées indigènes de l'Amérique du Nord ». *Encyclopédie Philosophique Universelle*, tome 1, Paris, PUF, p. 1404-1407.
33. Robert Lowie (1922), « The Religion of the Crow Indians », *Amer. Mus. of Nat. Hist. Anthrop. Papers*, XXV, 2, New York.
34. Ruth Benedict (1923), « The Concept of Guardian Spirit in North America », *American Anthropologist Assoc.*, Memoir 29, Menaska.

semblables par l'inhalation de la fumée du tabac (*Nicotiana multivalvis*) ou par le jeûne extrême[35]. Aujourd'hui, plusieurs groupes continuent à pratiquer de nombreux rites initiatiques.

À l'inverse de la quête de vision, les deux autres cérémonies, celles de la tente tremblante et de la Danse du soleil, revêtent un aspect cyclique qui permet de les placer sur le même axe temporel.

Le rite de la tente tremblante (*Shaking Tent*) est particulièrement connu dans l'aire subarctique (Algonquins, Cris) et chez certains groupes amérindiens du Plateau et des Prairies. Les Innus le nommaient *Kushapatshikan* en expliquant qu'à cette occasion l'esprit géant *Mishtapeu* jouait le rôle d'un intermédiaire entre l'officiant chaman et les entités animales. Bien que cette pratique revête des formes variées, celles-ci dénotent toujours une même fonction étiologique : maintenir de bonnes relations sociales avec les esprits et les humains éparpillés sur le territoire. Chez les Inuits, un rituel homologue est probablement celui de l'*ilimaqtuqtuq*, dont la signification désigne le processus même de communication à distance et dont le téléphone constitue la meilleure allégorie. Habillé de son costume cérémoniel, le chaman était lié par des lanières. Après plusieurs instants passés dans une salle obscure, l'assemblée le retrouvait libre de ses liens et celui-ci faisait alors état de sa pérégrination spirituelle. Chez les Tlingit, le chaman portait un masque pour la cérémonie et il se voyait parfois accompagné d'assistants. En somme, au cours du rituel, le chaman partait à la rencontre d'autres chamans ou d'autres camps afin d'obtenir des informations sur les activités en cours ailleurs que dans l'unité de résidence. Grâce au son du tambour et à ses alliés spirituels, il entrait en contact avec les esprits[36].

La Danse du soleil (*Sun Dance*) était pratiquée différemment par plus d'une vingtaine de tribus des Plaines (Arapaho, Blackfeet, Cheyennes, Cris, Crow, Dakota, Kiowa, Ute, etc.). Ces variantes ne doivent pas cacher les éléments structurels récurrents qui la caractérisent en tant que cérémonie du renouveau. Collectif et annuel, le rituel était généralement pratiqué quelques jours après le solstice d'été. Il fait ressortir l'importance des médiations individuelles pour entrer en contact avec le monde non humain,

---

35. Sur le tabac, voir P.B. Steinmetz (1984), « Sacred Pipe in American Indian Religion », *American Indian Culture and Research Journal*, 8, 3, p. 27-80 et P. Jacquin (1997), *L'herbe des dieux. Le tabac dans les sociétés indiennes d'Amérique du Nord*, Paris, Édition Musée-galerie de la Seita.
36. Sur la cérémonie de la tente tremblante, voir Jacques Rousseau (1953), « Rites païens de la forêt québécoise ; la tente tremblante et la suerie », *Cahiers des Dix*, 18, p. 129-155 ; Sylvie Vincent (1973), « Structure du rituel : la tente tremblante et le concept de mista.pe.w », *Recherches amérindiennes au Québec*, III, 1-2, p. 69-83 et William K. Powers (1982), *Yuwipi : Vision and Experience in Oglala Ritual*, Lincoln, University of Nebraska Press.

mais rappelle surtout le rôle prépondérant des rites collectifs de renaissance. Introduit pour célébrer la création du monde, il visait à célébrer le renouveau et à consolider le groupe solennellement réuni. Chez les Sioux, la Danse du soleil avait lieu autour d'un mât symbolisant l'arbre de l'univers. Longuement préparée, la cérémonie durait plusieurs jours consécutifs répartis en deux périodes, selon Walker[37]. Les participants subissaient des épreuves si sanglantes et si douloureuses qu'on a parfois évoqué l'idée d'un autosacrifice. Des danseurs sioux étaient brutalement capturés puis « percés » par les guerriers. Chez les Mandan, dont le rituel de l'*okipa* décrit par George Catlin rappelle beaucoup celui de la Danse du soleil, les hommes étaient suspendus par des cordes et des crochets situés en haut de la tente cérémonielle[38]. Placés la tête en bas, ils se voyaient infliger de longs supplices, au cours d'une danse circulaire menée jusqu'à l'épuisement. D'autres groupes considéraient la Danse du soleil comme « une métaphore de la guerre », du fait, notamment, que les guerriers y racontaient leurs exploits. À la fin du XIXe et au début du XXe siècle, ces rituels furent interdits par les autorités américaines qui en redoutaient la violence. Il faudra attendre 1934 pour qu'ils soient à nouveau autorisés à certaines conditions[39]. Bien qu'il soit moins violent, certaines caractéristiques du rituel inuit du *tivajuut* rappellent la Danse du soleil, ces deux rituels visant indéniablement à célébrer le renouveau de l'ordre socio-cosmique en réactivant les échanges entre les humains, les ancêtres et les esprits.

À l'injonction biblique faite à l'homme de dominer une nature passive les Amérindiens et les Inuits tendent donc à opposer une vision du monde contrastée selon laquelle humains et animaux vivent en relation les uns avec les autres, les deux mondes pouvant encore communiquer entre eux. Autant les injonctions rituelles visaient par conséquent à maintenir toujours une distance nécessaire entre des entités suffisamment distinctes pour que les unes puissent se nourrir des autres (principe disjonctif), autant les rituels permettaient échanges et communications entre ces entités (principe conjonctif).

---

37. James R. Walker (1980), *Lakota Belief and Ritual*, Lincoln, University of Nebraska Press.
38. George Catlin ([1844] 1992), *Les Indiens d'Amérique du Nord*, Paris, Albin Michel.
39. Parmi les très nombreux travaux sur la Danse du soleil, voir, en plus des écrits de James R. Walker et de Frances Densmore, J.O. Dorsey (1894), *A Study of Siouan Cults*, Bureau of American Ethnology, *Annual Report 11* ; C. Wissler (1918), « Sun Dance of the Blackfoot Indians », *Anthropological Papers of the American Museum of Natural History*, 16, 3 ; Leslie Spier (1921), « The Sun Dance of the Plain Indians : Its Development and Diffusion », *Anthropological Papers of the American Museum of Natural History*, 16, p. 451-527 et, plus récemment, J.G. Jorgensen (1972), *The Sun Dance Religion*, Chicago, University of Chicago Press ; R. Murie (1989), *Ceremonies of the Pawnee*, Lincoln, University of Nebraska Press.

Sur le plan des représentations et des rites de la vie et de la mort, diverses pratiques visaient à faire entrer la personne dans le cycle reproductif ou dans celui de la vie après la mort. Dans le premier cas, l'attribution d'un éponyme (celui d'un ancêtre, d'un animal) jouait un rôle fondamental. Chez les Inuits – dont certains groupes pratiquèrent jadis l'infanticide –, comme chez plusieurs groupes algonquins et iroquois, un humain ne devenait véritablement humain qu'en recevant son nom qui pouvait être, par exemple, celui du dernier défunt. Dès sa naissance et jusqu'à sa maturité, l'enfant traversait alors de multiples rites de passage, parfois qualifiés de « rites de la première fois » (premier gibier, par exemple), que bon nombre de sociétés pratiquent toujours. Dans le cas des funérailles, plusieurs injonctions et pratiques rituelles (jeûne, abstinence, offrandes, repas cérémoniels, modes de sépulture, etc.) permettaient de boucler le cycle[40]. À cet égard, une conception dualiste de l'âme a cours dans la plupart des traditions amérindiennes. Tandis que « le principe de vitalité » disparaît avec la mort, le corps redevenant une simple viande qui pouvait éventuellement servir de pâture aux animaux carnivores, « le principe de vie » alors transfiguré quittait le corps du défunt, soit pour rejoindre un lieu *post-mortem* (royaume des morts, paradis chrétien ou enfer depuis les conversions au christianisme, etc.), soit pour errer dans l'espace et devenir un mauvais esprit (*tupilaq* chez les Inuits). Bien que maintes traditions ne pratiquent pas de cultes aux ancêtres, ceux-ci étaient collectivement honorés lors des grands rituels. Plusieurs groupes considèrent les modalités du décès (accident de chasse, suicide, maladie, etc.) comme étant déterminantes pour présumer du lieu où va se rendre l'âme défunte : pays d'abondance ou paradis pour les morts rapides, « purgatoires » dans d'autres cas, etc. À cet égard, une grande crainte concerne les décès mal menés, car ceux-ci engendrent des entités spirituelles fantomatiques et dangereuses pour les vivants.

---

40. Sur les funérailles et les représentations de la vie après la mort, voir L.M. Conard (1900), « Les idées des Indiens Algonquins relatives à la vie d'outre-tombe », *Revue de l'histoire des religions*, *42*, p. 9-49 et p. 220-274 ; H. Hickerson (1960), « The Feast of the Dead among the Seventeenth Century Algonkians of the Upper Great Lakes », *American Anthropologist*, *62*, 1 ; Ake Hultkrantz (1980), « The problem of Christian influence on Northern Algonkian eschatology », *Studies in Religion*, *9*, 2, p. 161-183 et surtout Antonia Mills et Richard Slobodin (dir.) (1994), *Amerindian Rebirth : Reincarnation Belief among North American Indians and Inuit*, Toronto, University of Toronto Press.

LA FEMME OU LES POUVOIRS DE LA VIE

Dans les traditions religieuses amérindiennes, la femme est généralement associée aux pouvoirs de la vie. Du point de vue social, son principal rôle est de veiller à la croissance et à la socialisation des enfants. Sous l'angle cosmologique, elle incarne surtout la fécondité.

Dans les cosmologies, de multiples figures la représentent sous la forme tantôt d'une déesse-mère, tantôt d'une déesse de la terre ou d'une déesse du gibier. Jadis, les Inuits craignaient Sedna, Nuliajuk ou Takannaaluk, dont on disait que les phalanges sectionnées par son père étaient à l'origine du gibier marin. Dans les régions de l'est de l'Amérique et dans les sociétés agricoles principalement, l'accent était davantage mis sur la femme génitrice. Les Fox considèrent la terre comme une entité féminine. Les Pueblo reconnaissent plusieurs entités, la terre-mère (déesse du sol) et les mères du maïs, chaque espèce se voyant attribuer une mère correspondante. Chez les Iroquois qui distinguaient sœur-maïs (Onenste), sœur-haricot (Osaheta) et sœur-courge (Onononsera), la femme incarnait la force créatrice des plantes. Chez les Ojibway, elle était associée à la fécondité des récoltes de maïs. Quant aux Hurons, ils croyaient que la déesse Ataensic était à l'origine du monde et de l'humanité, qu'elle accoucha de deux jumeaux (Iouskeha et Tawiskaron) et que certaines plantes (maïs, haricots, courges) provenaient de son corps défunt. Aujourd'hui encore, l'importance de la figure pan-indienne de la terre-mère, de même que les dévotions à Marie et à sainte Anne chez certains groupes christianisés (voir le pèlerinage à Sainte-Anne-de-Beaupré des Innus et des Micmacs, celui du lac Sainte-Anne des Métis en Alberta), montre à quel point la femme figure au cœur de la vie sociale et spirituelle.

Sur le plan des rituels, la femme semble si bien associée à la reproduction sociale que maintes pratiques étaient nécessaires, soit pour éviter tout contact entre le sang féminin et les puissances de la nature, soit au contraire pour le provoquer et en bénéficier alors des effets. Dans la plupart des sociétés de chasse (Inuits, Dénés, Kickapoo, etc.), les femmes se voyaient astreintes à respecter un grand nombre d'injonctions rituelles dès qu'elles devenaient des « femmes saignantes ». Elles connaissaient la réclusion et l'isolement à des moments cruciaux du cycle reproductif (menstruations, parturition, etc.). Chez les Apaches, comme chez les Lakota et les Navajo, des rites de passage marquent toujours spécialement la période de la puberté[41]. Chez les Dénés, les femmes étaient généralement considérées comme des personnes particulièrement réceptives aux communications des esprits (p. ex. rêves). Plus que les hommes, elles se montraient soucieuses d'assurer la pérennité du bien-être spirituel du groupe. L'exercice du pouvoir féminin se caractérisait par un sens aigu de la responsabilité collective et du bon déroulement des opérations afin que la vie puisse se perpétuer. Dotées du sang menstruel, une substance puissante, dangereuse et transformatrice, plusieurs d'entre elles, comme l'illustre le cas de Sarapia chez les Comanches, devenaient des chamans dont les pouvoirs dépassaient ceux des hommes, notamment dans le domaine de la guérison[42]. La reconnaissance de cette capacité de transformation n'impliquait cependant pas la mise en œuvre de rites partout identiques. La situation s'inverse chez les Yuchi et les Pawnee qui, jusqu'en 1830, sacrifiaient parfois une jeune fille enlevée à un groupe voisin afin de permettre à la terre de se régénérer, le sang de cette jeune fille étant versé sur des plants de maïs[43]. Dans d'autres groupes, les femmes avaient la charge d'activités spécifiques au sein des rituels : danses nues et théâtrales dans le rite spectaculaire du héros cannibale des Kwakiutl, montage des tentes cérémonielles et soin des guerriers chez les Dakota, etc. Les femmes participaient très largement à la Danse du soleil au cours de laquelle elles affirmaient leur virginité dans le rituel du « *biting of the snake*[44] ». Plusieurs groupes amérindiens associaient les femmes à la férocité. Chez les Cheyennes, des guerrières renommées se faisaient appeler « les femmes au cœur viril ». Les Kwakiutl possédaient également la figure d'une femme guerrière, Toxwid. Les Sénécas racontaient l'histoire de Gahondjidahonk, ce groupe de femmes dont on craignait la férocité redoutable. Chez les Inuits, la figure d'Ululijarnaq incarnait l'arracheuse d'entrailles à laquelle les chamans devaient résister en s'abstenant de rire devant ses grimaces.

---

41. H.E. Driver (1941), « Girls Puberty Rites in Western North America », *Anthropological Records*, 6, 2.
42. D.E. Jones (1972), *Sarapia : Comanche Medicine Woman*, New York ; Marie-Françoise Guédon (1995), « La femme et le pouvoir dans les pratiques chamaniques des Dénés, Amérindiens de l'Alaska et du Nord-Ouest canadien », dans Denise Veillette (dir.), *Femmes et religions*, Québec, Presses de l'Université Laval, 1995, p. 207-236.
43. G.A. Dorsey (1907), « The Skidi Rite of Human Sacrifice », *XVe Congrès des Américanistes*, Québec, 1907 ; Ralph Linton (1926), « The Origin of the Skidi Pawnee Sacrifice to the Morning Star », *American Anthropologist, 28*, 3.
44. Danielle Vazeilles (1991), « La Danse du Soleil », *Autrement*. Pour d'autres observations sur les femmes lakota, voir James R. Walker (1982), *Lakota Society*, Lincoln, University of Nebraska Press.

Le rôle fondamental des femmes se traduisit enfin par leur forte participation aux processus de conversion et de christianisation. Parallèlement à la pratique d'une certaine « exogamie culturelle », les femmes se montrèrent souvent plus réceptives que les hommes face à l'irruption du christianisme. Il demeure difficile d'établir avec certitude les raisons qui expliquent ce comportement différentiel, mais il est probable qu'elles trouvaient dans l'adoption des idées chrétiennes les moyens de rétablir à leur avantage certains déséquilibres sociaux, assumant ainsi les rôles d'intermédiaires culturels[45]. Cela apparaît chez les Heilsuk, les Tlingit ou chez certains groupes inuits du sud de la terre de Baffin. Sous l'angle idéologique, les femmes semblaient mieux placées que les hommes pour actualiser les traditions et redéfinir les identités à des époques où les frontières culturelles paraissaient en voie de déliquescence. Bien que cette interprétation fonctionnaliste reste discutable, elle est souvent privilégiée à propos de Kateri Tekakwitha (1656-1680), cette femme orpheline et métisse, d'origine mohawk, particulièrement dévouée au christianisme et béatifiée en 1980[46].

L'HISTOIRE DES RELIGIONS AMÉRINDIENNES : DES SYSTÈMES EN CONSTANTE MUTATION ?

Les différentes étapes qui jalonnent l'évolution et les transformations des systèmes religieux amérindiens demeurent difficiles à reconstruire. Les recherches archéologiques et climatiques indiquent que plusieurs migrations se sont succédé au cours de la quatrième glaciation. Les conclusions inférées restent toutefois problématiques, l'école américaine refusant de faire remonter le peuplement du Nouveau Monde à plus de −13 000 ans, l'école européenne allant jusqu'à −40 000 ans. Dès le premier millénaire avant l'ère chrétienne, l'Amérique vit se développer des cultures rayonnantes et des métissages : culture Adena/Hopewell, civilisation Hohokam, civilisation Anasazi, société Mississippi vers 600 avec l'immense cité

---
45. Michael Harkin et Sergei Kan (1996), « Introduction to Native American Women's responses to Christianity », *Ethnohistory*, 43, 4, p. 563-572.
46. Nancy Schoemaker (1995), « Kateri Tekakwitha's Tortuous path to Sainthood », dans *Negotiators of Change : Historical Perspectives on Native American Women*, N. Schoemaker (dir.), New York, Routledge, p. 49-71. Pour d'autres éléments sur le rôle des femmes, voir M. Landes (1971), *The Ojibwa Woman*, New York, W.W. Norton ; Jacqueline Peterson et Mary Druke (1983), « American Women and Religion », dans Rosemary R. Ruether et Rosemary S. Keller (dir.), *Women and Religion in America*, 2, San Francisco, Harper and Row, p. 1-41 ; M.N. Powers (1986), *Oglala Women : Myth, Ritual and Reality*, Chicago, University of Chicago Press ; Paula G. Allen (1986), *The Sacred Hoop*, Boston, Beacon Press ; Gretchen M. Bataille (dir.) (1993), *Native American Women : a Biographical Dictionary*, New York, Garland Publishing.

résidentielle et cérémonielle de Cahokia qui réunissait plus de 30 000 habitants. La circulation fluide des hommes et des produits, de même que les nombreux emprunts et transformations qui en ont résulté, rend l'analyse assez complexe. Le contact avec les civilisations occidentales constitue néanmoins un point charnière dans l'histoire des religions amérindiennes et inuites. Ces contacts provoquèrent des destructions plus ou moins tragiques (épidémies, guerres, etc.), mais ils alimentèrent aussitôt des restructurations sociales et culturelles dans lesquelles des continuités sont évidentes. Aujourd'hui, bon nombre de phénomènes contemporains relèvent d'une logique « d'invention de la tradition ».

L'IDÉOLOGIE DE LA CHASSE ET SES TRANSFORMATIONS

Selon plusieurs historiens, les cultes amérindiens les plus anciens seraient ceux des chasseurs, arrivés il y a 15 000 ou 30 000 ans. Le culte de l'ours et celui de la baleine par les autochtones de la mer de Béring constitueraient de bons exemples de ce « cérémonialisme » ancien[47]. L'émergence de sociétés agricoles au sud de l'Amérique du Nord et en Amérique centrale serait à l'origine d'une première vague de transformations massives. Des pratiques nouvelles seraient nées de rencontres religieuses rendues possibles par la circulation quasi permanente des individus. Dans certaines sociétés, le chaman aurait cédé la place au prêtre, tandis que les fêtes agraires, mises en œuvre périodiquement lors des semailles et des moissons, se seraient substituées aux rites annuels des chasseurs. Ruth Underhill a émis l'hypothèse selon laquelle toutes les grandes fêtes agraires amérindiennes se sont édifiées à partir des rites transitifs (dits de passage) des chasseurs (rites de la naissance, de la puberté ou de la mort)[48]. D'autres historiens identifient cependant des continuités. Si la Danse du soleil, par exemple, fut réactivée à la fin du XVIIIe siècle, des archéologues remarquent que des alignements de vingt-huit tas de pierre (« roues de la médecine » ou *medicine wheels*) trouvés au nord des États-Unis et datés de – 5000 à – 4000 ans rappellent singulièrement les vingt-huit poteaux du *tipi* du soleil, une structure beaucoup plus récente[49]. De son côté, un historien comme Ake Hultkrantz, encore trop évolutionniste par ailleurs, suggère l'idée selon laquelle

---

47. Voir A.I. Hallowell (1926), « Bear Ceremonialism in the Northern Hemisphere », *American Anthropologist*, *28*, 1 et M. Lantis (1938), « The Alaskan Whale Cult and its affinities », *American Anthropologist*, *40*, 3.
48. Ruth Underhill, *Religion among the American Indians*, p. 134.
49. Danielle Vazeilles (1991), « La Danse du Soleil », *Autrement*.

l'influence de la civilisation mexicaine et de ses ramifications plus au nord devait entraîner une refonte considérable, y compris dans des régions très éloignées, de la notion d'Être suprême chez les Amérindiens. Dès l'arrivée des conquistadors espagnols, cette diffusion rapide de l'image de Dieu se serait accélérée. Appelée Gitchi-Manitou (protecteur du caribou et maître du monde) chez certains groupes algonquins, Grand Mystère chez les Lakota ou Gicelamu'kaong (créateur de tout ce qui est bon) chez les Delaware, la figure de Dieu aurait été incorporée aux différentes traditions. Bien que ces observations restent difficiles à vérifier, il est indéniable que les groupes amérindiens ne cessèrent jamais d'emprunter des rites et des mythes à leurs voisins. Comme de nombreuses autres bandes, les Commanches reprirent à leur compte la Danse du soleil telle qu'elle était pratiquée par les Kiowa à la fin du XIXe siècle. Ake Hultkrantz évoque des transformations encore plus importantes qui vont à l'inverse du processus initial décrit par Ruth Underhill. Ainsi, tandis qu'à l'époque précolombienne les groupes algonquins et les Sioux étaient des cultivateurs de maïs, ils seraient redevenus des chasseurs après avoir été refoulés dans les forêts, à la suite de la pénétration des Blancs. Les anciens rites agraires de fertilité se seraient transformés en des rites de pérennité du gibier (en l'occurrence le buffle), entraînant une valorisation des visions individuelles. Influencés par les Iroquois et les Hurons, les Shawnee de l'est de l'Amérique du Nord transformèrent leur dieu suprême masculin en une déesse créatrice associée à la lune[50]. Beaucoup plus tardivement, les Inuits de l'Arctique central firent l'inverse, transformant leur déesse du gibier marin en une figure masculine et démoniaque. Ces multiples emprunts, dont plusieurs furent pratiqués bien avant le contact avec les Blancs, trouvent leur fondement à un niveau structurel. L'image lévi-straussienne du kaléidoscope est ici tout à fait adéquate, car les nouveautés qui émergent de ces rencontres religieuses sont toujours issues d'une combinaison d'éléments puisés dans un même fond commun. Claude Lévi-Strauss résume ce bricolage constant qui caractérise la pensée mythique amérindienne : « Les peuples des deux Amériques semblent n'avoir conçu leurs mythes que pour composer avec l'histoire et rétablir, sur le plan du système, un état d'équilibre au sein duquel viennent s'amortir les secousses plus réelles provoquées par les événements[51]. » À partir de cas sud-américains, Philippe Descola évoque la perméabilité naturelle de

---

50. F.W. Voegelin (1944), « The Shawnee Female Deity in Historical Perspective », *American Anthropologist*, 46, 3.
51. Claude Lévi-Strauss (1971), « Le temps du mythe », *Annales ESC*, n° 3, mai-juin, p. 537.

l'institution chamanique, le chaman étant un individu cosmopolite par nature, à l'affût des modes et de l'innovation, d'où cette remarquable flexibilité du système[52].

DES MOUVEMENTS PROPHÉTIQUES AU PAN-INDIANISME : LA QUESTION DU SALUT

Dans l'histoire des religions amérindiennes, l'arrivée des Européens et l'irruption du christianisme, à partir du XVe et du XVIe siècle, constituent deux événements indélébiles. Les transformations générées par ces contacts relèvent de deux dynamiques qui sont encore trop souvent envisagées de façon manichéenne, l'une étant qualifiée d'appropriation (alors qu'elle comporte pourtant certains refus et des oublis significatifs), l'autre de rejet (alors qu'il s'agit bien souvent d'une intégration évidente d'éléments exogènes dans les cultures réceptrices). La première dynamique est visible dans l'intégration plus ou moins grande de nouveaux éléments dans les mythes, les rites et les systèmes symboliques. Grâce aux données recueillies par Franz Boas, James Teit, Stith Thompson et Marius Barbeau, il est établi que nombre de mythes amérindiens (Micmac, Wabanaki, etc.) ont largement emprunté aux traditions européennes et africaines. Les Potawatomi, par exemple, firent circuler très tôt l'histoire d'un Indien nommé P'teejah (Petit Jean) à qui il advient de multiples aventures dans le vieux monde[53]. Bien qu'elle s'accompagne de l'intégration de nombreux éléments nouveaux dans les cultures indigènes, la seconde dynamique prend apparemment le contre-pied de la première, consistant à rejeter plus ou moins explicitement l'altérité des Blancs. Sur le plan religieux, de nombreux mouvements prophétiques firent leur apparition à différentes périodes de l'histoire coloniale, visant notamment à répondre aux actes violents commis par les premiers colons européens. Des études historiques montrent qu'une évolution est repérable dans ce processus : alors que les révoltes armées précèdent d'abord les prophétismes, ceux-ci engendrent à leur tour des opérations militaires et annoncent le mouvement du pan-indianisme.

---

52. Philippe Descola (1993), *Les lances du crépuscule*, Paris, Plon. (Terre Humaine)
53. Claude Lévi-Strauss (1991), *Histoire de Lynx*, Paris, Plon, p. 248 ; Denys Delâge (1992), « Les premiers contacts selon un choix de récits amérindiens publiés aux XXe et XXe siècles », *Recherches amérindiennes au Québec*, XXII, 2-3, p. 101-116 ; Alan Dundes (1965), « African Tales among the North American Indians », *Southern Folklore Quarterly*, 29, p. 207-219 ; K.M. Morrison (1979), « Toward a History of Intimate Encounters : Algonkian Folklore, Jesuit Missionaries, and Kiwakwe, The Cannibal Giant », *American Indian Culture and Research Journal*, 3, 4, p. 51-80.

Aux XVIe et XVIIe siècles, l'intégration de nouveaux éléments par les cosmologies amérindiennes s'effectue rapidement, mais elle s'accompagne aussi de révoltes contre les nouveaux arrivants. En 1622, sur la côte Est américaine, des groupes algonquins répondent par la guerre aux violences qu'ils subissent. En 1680, des Pueblo du Sud-Ouest américain (Tewa) se réunissent autour de leur leader Popé et repoussent avec succès les conquérants espagnols qui reviendront en force, à partir de 1692[54].

Au cours du XVIIIe siècle, cependant, les Amérindiens subissent de sérieux revers et les révoltes ont tendance à se déplacer du social à l'idéologique. Les mouvements prophétiques connaissent un essor sans précédent. Ils se développent davantage encore sous l'effet des contacts entre les différents groupes. Trois thèmes semblent récurrents: l'attente du salut, la fin du monde et la présentation de voies de salut plus ou moins réformatrices[55]. Un peu partout et souvent par leurs rêves, des visionnaires reçoivent les messages des esprits qui prédisent l'imminence de transformations radicales. Chez les Delaware, les révélations du prophète Neolin, en 1750-1762, décident Pontiac, un leader-chaman de la société Midewiwin ou Grande Société de Médecine, à regrouper de nombreux guerriers contre les Anglais[56]. En 1799, c'est au tour des Sénécas de tenir compte des visions de leur leader, Handsome Lake. Celui-ci prescrit un nouveau code de comportement, appelé la *Longhouse Religion*, dans lequel l'influence du christianisme est manifeste. De nombreuses prédications et prescriptions y sont présentées: interdiction de plusieurs jeux, prohibition de la consommation d'alcool, etc.[57]. En 1805, Lalawethica, qui se nomma ensuite Tenskwatawa (Porte Ouverte), agit comme prophète chez les Shawnee et annonce l'imminence de la rédemption à condition que les Amérindiens cessent immédiatement toutes leurs relations avec les envahisseurs blancs. Il est entendu par son frère Tecumseh, qui lève une armée et multiplie les alliances avec

---

54. J.P. Sando (1979), «The Pueblo Revolt», *Handbook of North American Indians*, 9, A. Ortiz (dir.), Washington, p. 194-197.
55. Wolfgang H. Lindig et Alfons M. Dauer (1968), «Prophétisme et Danse de l'Esprit chez les indigènes d'Amérique du Nord», dans Wilhelm E. Mühlmann, *Messianismes révolutionnaires du tiers monde*, Paris, Gallimard, p. 40-75.
56. A.F.C. Wallace (1956), «New Religious Beliefs among the Delaware Indians, 1600-1900», *Southwestern Journal of Anthropology*, 12, p. 1-21.
57. Arthur C. Parker (1968). *The Code of Handsome Lake, the Seneca Prophet*, Syracuse, Syracuse University Press; Anthony F.C. Wallace (1969), *Death and Rebirth of the Seneca*, New York, Knopf; (1978), «Origins of the Longhouse Religion», dans Bruce G. Trigger (dir.), *Handbook of North American Indians*, 15, Washington, Smithsonian Institution, p. 442-448. Pour une autre interprétation, voir Jay Miller (1997), «Old Religion among the Delawares: The Gamwing (Big House Rite)», *Ethnohistory*, 44, 1, p. 113-134.

d'autres groupes[58]. Ces mouvements prophétiques, parmi lesquels figurent encore celui de Känakûk chez les Kickapoo[59], Pâtheske chez les Winnebago, se développent avec plus de vigueur à partir du milieu du XIXe siècle. En 1855-1860, le guerrier chaman Smohalla des tribus du fleuve Columbia devient un grand prédicateur itinérant. Jadis influencé par le christianisme, il fait part de ses rêves et de ses voyages parmi les défunts, enjoignant aux siens de ne plus malmener la terre-mère. Dans un premier temps, ses révélations aboutissent aux rituels de la célèbre Danse du prophète (*Prophet Dance*), l'un des objectifs visés étant d'éliminer les Blancs et de faire revivre les défunts par les forces spirituelles. Mais le mouvement connaît aussitôt un succès régional en Californie, dans l'Arizona, l'Utah, le Nevada et même jusque dans les régions arctiques chez les Beaver, Sekani et Chipewyan. Gagnant l'ensemble des régions du plateau de la Columbia, le mouvement est relancé par d'autres leaders, comme c'est le cas de Chef Joseph chez les Nez Percés, alors contraints à abandonner plusieurs de leurs territoires[60]. Quelques années plus tard, les prophétismes connaissent une nouvelle expansion. En 1869, chez les Paiute, Wodziwob informe les siens du message qu'il reçoit du Grand Esprit à travers ses visions : tous les Amérindiens doivent pratiquer la grande danse. Ces révélations aboutissent à la naissance du mouvement de la Danse des fantômes (*Ghost Dance*), dans lequel le retour des ancêtres et le rétablissement d'une société idéale sont affirmés avec encore plus de virulence. Le mouvement culmine une première fois entre 1869 et 1872, puis une seconde fois entre 1888 et 1891, après qu'un autre prophète paiute, Wovoka, fit part de nouvelles visions, en 1888. L'influence de la Danse des fantômes se fit sentir sur un territoire immense. Du Nevada, le mouvement atteint la Californie, le Wyoming et le Dakota. Au total, ce sont plus de seize États qui sont touchés, des plaines

---

58. R. David Edmunds (1983), *The Shawnee Prophet*, Lincoln, University of Nebraska Press ; (1984), *Tecumseh and the Quest for Indian Leadership*, Boston, Little Brown and Company ; Gregory A. Dowd (1992), *A Spirited Resistance : The North American Indians' Struggle for Unity, 1745-1815*, Baltimore, Johns Hopkins University Press.
59. Joseph B. Herring (1988), *Kenekuk, the Kickapoo Prophet*, Laurence, Kansas, University of Kansas Press.
60. Voir les synthèses réalisées par Leslie Spier (1935), *The Prophet Dance of the Northwest and Its Derivatives : The Source of the Ghost Dance*, Menasha, Wisconsin ; Weston La Barre (1976), « Mouvements religieux d'acculturation en Amérique du Nord », dans Henry-Charles Puech (dir.), *Histoire des religions*, t. 3, Paris, Gallimard, p. 983-1026 et la bibliographie de Shelley A. Osterreich (1991), *The American Indian Ghost Dance, 1870 and 1890. An Annotated Bibliography*, New York, Greenwood Press.

canadiennes à l'Oklahoma[61]. Chez les Sioux, l'année 1890 marque un premier essoufflement, notamment après le massacre de Wounded Knee, au cours duquel plus de 350 Sioux trouvèrent la mort, pensant être immortels face aux balles américaines. Plus ou moins reliés aux précédents, d'autres mouvements prophétiques firent encore leur apparition. Contrairement à la Danse du prophète, la Earth Lodge Religion insistait sur l'imminence de la fin du monde. Le mouvement devait ensuite se transformer en culte, le « Bole-maru », dans lequel on annonçait la joie du royaume paradisiaque des défunts[62]. Dans les plaines canadiennes et un contexte différent, des révoltes furent organisées en 1869-1870 puis en 1885 par des Métis et des Indiens spoliés, regroupés derrière Louis Riel. Influencés par la Danse du prophète, qui avait eu lieu dans les années 1860-1870, les Salish se regroupèrent autour d'un nouveau prophète, John Slocum. Affirmant être ressuscité après avoir reçu des instructions d'un ange de Dieu, Slocum annonça qu'il fallait dorénavant suivre les prescriptions bibliques et en finir avec tous les maux contemporains (alcoolisme, par exemple). Ce fut surtout en 1882, après la guérison de Slocum, considérée comme miraculeuse et en partie attribuée à des tremblements convulsifs de sa femme Mary, que naquit l'Indian Shaker Church. En 1910, celle-ci se constitua en religion officielle reconnue par l'État. Des années 1883 à 1932, elle se développa surtout dans les régions de l'Ouest américain, des côtes de la Colombie-Britannique à celles de la Californie. Bien qu'elle existe toujours aujourd'hui, cette nouvelle Église s'est subdivisée en différents groupes, parmi lesquels figurent l'Indian Shaker Church et l'Indian Full Gospel Church[63].

À la fin du XIXᵉ mais surtout au début du XXᵉ siècle, la plupart des Amérindiens ne disposaient plus de moyens efficaces ou suffisants pour s'opposer à la présence des Blancs qui continuaient pourtant d'affirmer leurs aspirations dominatrices (extermination des troupeaux de bisons entre

---

61. Voir la description d'un témoin de ces mouvements, James Mooney (1896), « The Ghost Dance religion and the Sioux Outbreak of 1890 », *Fourteenth Annual Report of the Bureau of Ethnology*, part 2, p. 641-1136. Voir aussi les analyses de Weston La Barre (1972), *The Ghost Dance : Origins of Religions*, New York, Dell Publishing Co ; M. Hittman (1973), « The 1870 Ghost Dance at the Walker River Reservation : A Reconstruction », *Ethnohistory*, 20, p. 247-278 ; L.G. Moses (1987), « James Mooney and Wovoka ; An Ethnologist's Visit with the Ghost Dance Prophet », *Nevada Historical Society Quarterly*, 30, 2, p. 131-146 ; Russel Thornton (1986), *We Shall Live Again : The 1870 and 1890 Ghost Dance Movements As Demographic Revitalization*, Cambridge, Cambridge University Press et Alice Beck Kehoe (1989), *The Ghost Dance : Ethnohistory and Revitalization*, New York, Holt, Rinehart and Winston.
62. Clement W. Meighan et Francis Riddell (1972), *The Maru Cult of the Pomo Indians : A Californian Ghost Dance Survival*, Los Angeles, Southwest Museum Papers.
63. Pamela T. Amoss (1990), « The Indian Shaker Church » dans Wayne Suttles (dir.), *Handbook of North American Indians*, 7, Washington, Smithsonian Institution ; Christopher L. Miller (1985), *Prophetic Worlds : Indians and Whites on the Columbia Plateau*, New Brunswick.

1865 et 1885, massacre des Sioux en 1890). Déplacés et parqués dans des réserves (loi sur la déportation des Indiens en 1830, loi Dawes sur la répartition des terres en 1887, etc.), les Amérindiens furent obligés de se soumettre aux nouveaux règlements. Avec les nouvelles lois (Code américain sur les infractions religieuses de 1883, interdiction du potlach et de la Danse du soleil dans les années 1890, création d'écoles et interdiction de l'usage de plusieurs langues vernaculaires, etc.), ils se résignèrent à l'abandon de plusieurs de leurs pratiques. Devant un tel rapport de forces, les stratégies de résistance furent modifiées. Renonçant à la violence, les Amérindiens recoururent à la stratégie de l'alliance. L'adoption d'une politique panindianiste et l'appropriation du christianisme sont deux stratégies reprises avec encore plus vigueur dans ce contexte coercitif. De façon à mieux s'opposer à l'idéologie des Blancs et à leur politique d'assimilation, les Amérindiens tentèrent d'abord de s'unifier. Par des regroupements, ils ne niaient d'aucune façon la diversité des traditions en présence, mais s'efforçaient plutôt de démontrer qu'il existait une unité de la pensée amérindienne qui contrastait avec celle des Blancs[64]. Dans la première moitié du XXe siècle, plusieurs organisations indiennes furent mises en place. Des leaders amérindiens créèrent la Society of American Indians en 1911, l'Indian Association of America en 1932. En 1944 fut fondé le National Congress of American Indians (NCAI), puis, en 1968, l'American Indian Movement. Le christianisme étant déjà à l'œuvre dans plusieurs régions, son adoption et l'appropriation d'éléments chrétiens par les Amérindiens connurent un nouvel élan dans le contexte des violences de la conquête, celle-ci révélant une collusion entre la sphère politique et religieuse (mise sur pied d'écoles par les missionnaires, application des lois fédérales, etc.). Dans plusieurs cas, la conversion au christianisme apparaissait comme l'unique voie salutaire qui permettait à certains groupes de maintenir leurs traditions. Ailleurs, comme chez les Inuits, les Flathead et les Dénés, le contexte s'avérait différent et le christianisme séduisait. Aussi, les missionnaires furent souvent perçus comme de nouveaux chamans auxquels il fallait se mesurer car ces nouveaux pouvoirs suscitaient une certaine fascination. Convaincus des avantages du christianisme, nombre de groupes amérindiens

---

64. Ce n'était pas la première fois que les Amérindiens recouraient à des stratégies basées sur l'alliance. Dans l'Amérique de l'Est, cinq nations iroquoises s'étaient organisées en confédération, dès le XIVe siècle. Chez les Pueblo, une telle stratégie devait porter ses fruits avec la défaite des Espagnols.

et inuits adoptèrent ces nouvelles idées avec leurs propres schèmes[65]. Dans les années 1870, le leader Red Cloud invitait des missionnaires à ouvrir des écoles chez les Lakota. Chez les Inuits, des rituels de conversion furent organisés pour transgresser les injonctions traditionnelles[66], etc. Dans bien d'autres cas cependant, comme chez les Pueblo et les Navajo, par exemple, les systèmes religieux traditionnels restèrent plus fermés à l'influence chrétienne[67].

PAN-INDIANISME ET TRADITIONALISMES CONTEMPORAINS

De nos jours, et bien que cette proposition soit excessivement schématique, les Amérindiens et les Inuits articulent deux stratégies inverses, l'une étant centripète et pan-indienne ou pan-inuite, l'autre centrifuge et plutôt traditionaliste. La première tend à promouvoir l'idée d'une unité de la religion amérindienne ou inuite face à toutes les autres traditions. Quatre différents mouvements s'inscrivent dans cette démarche identitaire qui tend à l'emporter : la pratique des *powwows*, la « religion du Peyote », l'affirmation de l'existence d'une « spiritualité amérindienne » et la revendication d'un christianisme amérindien.

Fort répandue dans toute l'Amérique du Nord, la pratique des *powwows* est l'un des éléments contemporains les plus marquants des traditions amérindiennes. Selon des spécialistes, le terme algonquin de *pauau* désignait initialement « le medicine man », selon d'autres, un « rassemblement de gens ». Les pratiques cérémonielles auxquelles il réfère aujourd'hui

---

65. Sur les mouvements prophétiques dans les régions du Subarctique et de l'Arctique, voir, entre autres : John W. Grant (1980), « Missionaries and messiahs in the Northwest », *Studies in Religion, 9*, 2, p. 125-136 ; (1984), *Moon of Wintertime : The Indians of Canada in Encounter Since 1534*, Toronto, University of Toronto Press ; Clifford E. Trafzer (1986), *American Indian Prophets*, Sacramento, Sierra Oaks ; Xavier Blaisel, Frédéric Laugrand et Jarich G. Oosten (1999), « Shamans and leaders : Parousial movements among the Inuit of Northeast Canada », *Numen, 46*, p. 370-411.
66. F. Laugrand (1997), « Le "siqqitiq": renouvellement religieux et premier rituel de conversion chez les Inuit du nord de la Terre de Baffin », *Études Inuit Studies, 21*, 1-2, p. 101-140 ; (1999), « La conversion au christianisme des Inuit de l'Arctique de l'Est canadien », *L'Homme*, vol. 152, p. 115-142.
67. Sur l'adoption au christianisme par les Amérindiens, voir James P. Ronda et James Axtell (1978), *Indian Missions : A Critical Bibliography*, Bloomington, Indiana University Press. Depuis, voir les analyses de Henry W. Bowden (1981), *American Indians and Christian Missions*, Chicago, Chicago University Press ; E.G. Tinker (1993), *Missionary Conquest : The Gospel and Native American Cultural Genocide*, Minneapolis, Fortress Press ; Joelle Rostkowski (1998), *La conversion inachevée. Les Indiens et le christianisme*, Paris, Albin Michel.

trouveraient leurs origines dans l'*Irushka*, une danse des Pawnee observée au début du XIXe siècle, et dans l'*Hedushka*, une variante de la première pratiquée par les Omaha. Depuis la multiplication des réserves, à partir du milieu du XIXe siècle, la plupart des groupes amérindiens organisent régulièrement des *powwows* à travers le continent. Plus ou moins ouvertes au public, ces cérémonies de fraternisation consistent en des séances de danses, de chants et de prestations musicales étendues sur plusieurs jours. Une multitude d'individus y sont conviés et costumés selon leurs statuts. Depuis les années 1950, le terme intertribal de *powwow* s'est substitué à toutes les appellations locales utilisées jusqu'alors : « Wolf Dance » des Arapaho, « Grass Dance » des Blackfeet, des Cris et des Assiniboine, « Fancy Dance » des Kiowa et des Comanches, « Straight Dance » des Osage, etc. Tribaux ou intertribaux, les *powwows* constituent des moments cruciaux dans la vie cérémonielle des Amérindiens. Ils permettent autant d'assurer la continuité des échanges que d'affirmer la force et la cohésion de l'identité amérindienne[68].

La « religion du Peyote » s'insère également dans l'idéologie panindienne. Particulièrement développé au sein de la Native American Church, ce culte a rapidement été adopté par un grand nombre de tribus amérindiennes. Combinant des éléments issus de traditions précolombiennes (le peyote) avec d'autres tirés du christianisme, cette nouvelle Église fut officiellement institutionnalisée une première fois en 1918, puis en 1950. L'utilisation comme sacrement du peyote, une substance hallucinogène obtenue d'un cactus (*Lophophora williamsii*), est ce qui la caractérise, mais cet élément fut difficile à faire accepter par les autorités américaines. Le peyote ayant été interdit par les conquistadors espagnols dès 1620, la renaissance progressive du culte et sa diffusion rapide des régions du Mexique à celles de l'Ouest américain, entre la fin du XIXe siècle et le milieu des années 1940, comportait une lourde charge symbolique. En 1978, l'« American Indian Religious Freedom Act » reconnaissait finalement aux Amérindiens un usage légal du peyote. À travers les différentes sociétés qui lui sont affiliées, la Native American Church est aujourd'hui présente dans plus de 23 États américains mais également au Canada et au Mexique. De nos jours, cette Église apparaît bien plus

---

68. William K. Powers (1990), *War Dance : Plains Indian Musical Performance*, Tucson, University of Arizona Press. Voir aussi Beverley Cavanagh, M. Sam Cronk et Franziska Von Rosen (1988), « Vivre ses traditions. Fêtes intertribales chez les Amérindiens de l'Est du Canada », *Recherches amérindiennes au Québec*, XVIII, 4, p. 5-21 ; Valda Blundell (1989), « Une approche sémiologique du *powwow* canadien contemporain », *Recherches amérindiennes au Québec*, XV, 4, p. 53-56.

structurée que jadis, mais ce culte s'est toujours réalisé de manière très souple, chaque groupe amérindien pouvant l'adapter à sa guise et selon ses propres traditions[69].

L'affirmation de l'existence d'une « spiritualité amérindienne », en dépit des ambiguïtés du terme, est un troisième élément qui caractérise le pan-indianisme contemporain[70]. À cet égard, les acteurs font ressortir l'unité profonde des univers mentaux des Amérindiens et des Inuits d'Amérique du Nord. Au-delà des particularismes locaux et des différences propres à chaque tradition, plusieurs éléments se retrouvent d'un bout à l'autre de l'Amérique.

L'importance accordée à la notion d'harmonie cosmique constitue une première caractéristique. Assumer la nécessité d'un bon équilibre entre les humains et les forces de la nature implique de maintenir constamment, par des rites collectifs, des prières individuelles et des offrandes, de bonnes relations avec le monde des esprits. Les notions de cercle et de pensée circulaire s'inscrivent dans cette réalité. Chez certains groupes, la préoccupation pour l'harmonie du cosmos apparaît de manière plus diffuse, tandis que chez d'autres elle est mise en relief par les chamans et autres responsables des activités cérémonielles. Deux autres traits récurrents de cette pensée amérindienne sont à souligner, qu'il s'agisse d'une représentation complexe du macrocosme de l'univers avec ses points cardinaux dans la plupart des lieux de cultes microcosmiques (tentes, iglous cérémoniels, huttes, etc.) ou du dualisme cérémoniel qui transparaît de nombreuses pratiques rituelles (jeux, compétitions, etc.). Comme si l'on retrouvait, à ce niveau encore, une mise en scène répétitive de la dynamique bipartite qui caractérise l'ensemble des forces cosmiques : ciel et terre, été et hiver, haut et bas, masculin et féminin, etc. Intermédiaire privilégié entre le monde humain et non humain, le chaman ou « medicine man » n'est-il pas celui qui parvient à chevaucher tous ces espaces symboliques ? Bien qu'elle varie parfois considérablement selon les régions, la place accordée aux rites de purification (bains rituels

---

69. Depuis la monographie classique de Weston La Barre, voir J.S. Slotkin (1956), *The Peyote Religion*, Glencoe, Illinois ; Edward F. Anderson (1980), *Peyote : The Divine Cactus*, Tucson, University of Arizona Press ; David F. Aberle (1982), *The Peyote Religion among the Navajo*, Chicago, Chicago University Press ; Omer C. Stewart (1987), *Peyote Religion : A History,* Norman, University of Oklahoma Press.
70. Voir par exemple Joseph Epes Brown (1990), *The Spiritual Legacy of the American Indian*, New York, Crossroad Publishing Company.

de la « Sweat Lodge[71] », vomissements, confessions collectives, etc.) et de guérison[72] illustre encore cette unité de l'identité religieuse amérindienne. Comme jadis, en effet, toute maladie est présentée comme le résultat d'un déséquilibre entre les éléments, chaque personne s'inscrivant dans un rapport constant avec le cosmos.

Dans un univers encore enchanté par les esprits, tantôt immanents, tantôt transcendants, de nombreuses sociétés amérindiennes placent enfin l'expérience spirituelle au cœur du religieux. Bien que ces traditions disposent aussi de leurs spécialistes des cultes (chamans, prophètes, prêtres, aînés), elles s'éloignent des religions à contenu dogmatique et fortement institutionnalisées[73]. Si elles accordent un rôle essentiel aux grands rites collectifs et à l'unité tribale ou intertribale (voir le symbolisme de la pipe sacrée, par exemple), elles soulignent toujours, pour chaque individu, l'importance des rêves, des révélations, des visions et parfois des confessions. Cette double dimension holiste et individualiste des traditions religieuses amérindiennes inscrit les pratiques contemporaines dans une continuité historique et culturelle différente du projet individualiste moderne. Tandis que les activités collectives l'emportent toujours sur les activités individuelles, celles-ci demeurent fondamentales pour la communication avec les esprits. L'idée d'un cheminement spirituel personnel et celle d'une voie initiatique se retrouvent dans de nombreux récits autobiographiques. L'ordre du monde et de la communauté n'est-il pas potentiellement toujours menacé par les actes de chaque individu? La dimension fondamentale de l'expérience religieuse ressort enfin de certains discours

---

71. La *Sweat Lodge* ou cabane à sudation est une pratique rituelle dont il existe de nombreuses variantes (chez les Crow, les Navajo, les Sioux, les Yurok, etc.). Dans la région des Plaines, les Amérindiens construisaient une hutte arrondie avec des branchages et des peaux. À l'intérieur, plusieurs pierres brûlantes permettaient aux participants de se purifier. Voir Jordan Paper (1990), « Sweat Lodge : A Northern Native American Ritual for Communal Shamanic Trance », *Temenos*, 26, p. 85-94 et Raymond A. Bucko (1998), *The Lakota Ritual of the Sweat Lodge : History and Contemporary Practice*, Lincoln, University of Nebraska Press.
72. Sur ce sujet, voir Wolfgang Jilek (1982), *Indian Healing. Shamanic Ceremonialism in the Pacific Northwest Today*, Surrey-Washington, Hancock House ; (1992), « The Renaissance of Shamanic Dance in Indian Populations of North America », *Diogenes*, 158, p. 87-100 et Ake Hultkrantz (1995), *Guérison chamanique et médecine traditionnelle des Indiens d'Amérique*, Aix-en-Provence, Éditions le Mail.
73. S. Gill (1987), *Native American Religious Action. A Performative Approach to Religion*, Columbia, University of South Dakota Press ; Christopher Vecsey (1991), *Handbook of American Indian Religious Freedom*, New York, Crossroad ; Achiel Peelman (1994), « Danser avec les esprits. Explorations de l'univers amérindien », *Théologiques*, 2, 2, p. 73-90 ; D. Young et Jean-Guy Goulet (1994), *Being Changed by Cross-Cultural Encounters. The Anthropology of Extraordinary Experience*, Peterborough, Broadview Press.

mettant l'accent tantôt sur les *sacra* (offrandes, libations, etc.), tantôt sur les *signa* (paroles, invocations, prières, etc.), dans des contextes *a priori* séculiers : négociations politiques, éducation, etc.

Un autre trait constitutif de cette « spiritualité amérindienne » résiderait dans l'importance attribuée aux danses rituelles qui visent toujours à fêter le renouveau du monde cosmologique, de même que chaque entrée dans les cycles de la vie. Comme auparavant, certains groupes continuent à célébrer les grandes métamorphoses qui ponctuent les cycles reproductifs, que ce soit dans les rites de passage que traverse chaque individu (rites de chasse ou rites de la première fois, etc.) ou à un niveau collectif (rites saisonniers des semailles et des moissons, rites de chasse, etc.). Dans ce contexte, les activités cérémonielles amérindiennes visent moins à commémorer (Wounded Knee) qu'à souligner l'importance de la métamorphose et de la régénération[74]. À plusieurs niveaux, la figure du cercle paraît récurrente.

Le quatrième élément consiste en la revendication d'un christianisme spécifiquement amérindien ou inuit. Certains groupes ont si profondément reçu le christianisme qu'ils s'en sont approprié de nombreux éléments, quitte à rejeter les pratiques jugées incompatibles avec leurs propres traditions[75]. À cet égard, les Amérindiens et les Inuits présentent des visions fort différentes, les premiers n'hésitant pas à intégrer de nombreux éléments traditionnels dans la liturgie. Dans bien des cas aussi, l'adoption du christianisme s'est réalisée en préservant la vénération des grandes forces de l'univers, que celles-ci s'incarnent dans des animaux, comme l'ours ou l'oiseau-tonnerre (*thunderbird*), ou dans les grandes forces cosmiques (la pluie, le feu, le ciel, etc.). Si les sociétés amérindiennes et inuites demeurent donc profondément marquées par plusieurs siècles ou décennies d'influences chrétiennes, le christianisme s'en trouve à son tour modifié par le travail des schèmes culturels. Aujourd'hui, la volonté de concilier des idées chrétiennes avec certaines coutumes ancestrales reste manifeste dans bien des pratiques :

---

74. Robert Lowie (1915), « Ceremonialism in North America », dans Franz Boas (dir.), *Anthropology in North America*, New York ; Alfred L. Kroeber et E.W. Gifford (1949), « World Renewal. A Cult System of Native Northwest California », *Anthropological Records, 13*, Berkeley.
75. Depuis le XVIIe siècle, de nombreux Amérindiens et Inuits ont été missionnaires auprès de leurs nations. Mentionnons, parmi une très longue liste, Samuel Checote (Creek) et George Copway (Ojibwa) pour les méthodistes, Joseph Dukes (Choctaw) et Stephen Foreman (Cherokee) pour les presbytériens, John Hascall (Ojibwa) pour les catholiques, Peter Tulugarjuaq (Inuit) pour les anglicans, John Jumper (Séminole) pour les baptistes, Philip Joseph Deloria (Dakota) pour l'Église épiscopale, etc. Sur le christianisme en milieu amérindien au Canada, voir Achiel Peelman (1992), *Le Christ est amérindien*, Ottawa, Novalis.

pèlerinages, confessions collectives, cercles de guérison, etc.[76]. Une conception non exclusive et résolument ouverte du religieux est vraisemblablement ce qui permit aux Amérindiens d'enchâsser très tôt des éléments initialement présentés comme incompatibles.

Articulée à cette première dynamique centripète et pan-indienne, une stratégie centrifuge est pourtant, elle aussi, parfois perceptible dans les pratiques contemporaines. Pour des raisons diverses (besoin de reconnaissance officielle par les autorités fédérales américaines, revendications politiques et culturelles, aspirations socio-économiques, etc.), de nombreuses « nations » amérindiennes tendent aujourd'hui à se présenter comme de véritables entités autonomes, spécifiques et traditionnelles. Amnésiques des multiples emprunts culturels du passé, elles développent un discours parfois fondamentaliste en quête de légitimation. Diverses publications et sites sur Internet présentent chaque groupe amérindien en identifiant systématiquement ses traditions ancestrales, son histoire propre et ses pratiques religieuses. Les variations régionales et les spécificités de chaque groupe sont mises en évidence. Les différentes traditions deviennent ici de véritables monades indépendantes les unes des autres. L'enracinement respectif de chaque tradition est mis en relief, les particularismes locaux sont accentués et les métissages historiques oubliés. Une telle dynamique apparaît parfois dans la revendication de certains sites (mont Graham par les Apaches, mont Adams par les Yakima, revendications des Navajo et des Arapaho, etc.). Chez les Mohawk, ces mouvements traditionalistes se sont particulièrement développés ces dernières années, reliant plus que jamais religion et politique.

En somme, ces deux stratégies identitaires s'articulent souvent autour de la réception du christianisme par les Amérindiens, l'accent étant tantôt mis sur l'existence d'un christianisme autochtone avec ses solidarités confessionnelles intertribales[77], tantôt sur la particularité de chaque tradition. Les Dakota, par exemple, revendiquent une théologie qui leur est propre.

---

76. Paul Steinmetz (1990), *Pipe, Bible and Peyote Among the Oglala Lakota. A Study in Religious Identity*, Knoxville, The University of Tennessee Press ; Vine Deloria (1973), *God is Red*, New York, Grosset and Dunlap. Sur le pèlerinage, voir Alan Morinis (1992), « Persistent Peregrination : From Sun Dance to Catholic Pilgrimage Among the Canadian Prairie Indians », dans Alan Morinis, *Sacred Journeys. The Anthropology of Pilgrimage*, London, Westport, Greenwood Press, p. 101-113.
77. Aujourd'hui, la plupart des confessions religieuses sont présentes chez les Amérindiens et les Inuits. En 1979 et à l'échelle de l'Amérique du Nord, on comptait : plus de 177 651 catholiques, 36 000 baptistes, 19 000 membres de l'Église épiscopale, 14 300 méthodistes, 8 100 presbytériens et bien d'autres encore (orthodoxes, wesleyens, méthodistes, luthériens, etc.). Chiffres cités dans R. Pierce Beaver (1979), *The Native American Christian Community : A Directory of Indian, Aleut, and Eskimo Churches*, Monrovia.

CONCLUSION

Les religions amérindiennes et inuites de l'Amérique du Nord se caractérisent par une grande diversité. Elles s'inscrivent dans des contextes variés et constituent une véritable mosaïque qui ne saurait être analysée sans d'inévitables réductions schématiques. Entre la compréhension très limitée qu'en possédaient les premiers arrivants européens et les interprétations plus ou moins simplistes qui circulent, un pas considérable a été franchi avec l'application des méthodes structurales et l'émergence d'une anthropologie symbolique. Plutôt que de repérer du sacré partout et de privilégier une vision à la fois substantiviste et ultra-relativiste de ces réalités, le structuralisme s'est employé à mettre un peu d'ordre afin d'identifier les principes sous-jacents à cette diversité, les possibilités actualisées n'étant pas illimitées. Périlleuse, l'entreprise reste cependant réalisable en raison de l'histoire. Comparant l'ancien monde au nouveau, Claude Lévi-Strauss se disait convaincu qu'en vertu du fait que le peuplement de l'Amérique est plus récent les cultures qui s'y sont développées ont eu, selon toute vraisemblance, « moins de temps pour diverger », de sorte qu'elles offrent aujourd'hui « un tableau plus homogène[78] ».

Il faut cependant prendre acte que les religions amérindiennes et inuites restent profondément marquées par une remarquable flexibilité, caractéristique des systèmes chamaniques. Traditions orales vivantes, dynamiques, performatives, elles sont rompues à l'emprunt d'éléments exogènes, y compris dans des traditions fort éloignées. Par ces multiples transformations qui leur sont constitutives, elles contraignent donc l'analyste à l'innovation perpétuelle ainsi qu'à de constantes remises en question.

Bibliographie

Des textes fondamentaux sur les religions amérindiennes et inuites sont accessibles en consultant les *American Reports,* les *Bulletins* du Bureau of American Ethnology et les *Memoirs* de l'American Museum of Natural History ; les *Memoirs* de l'American Folk-Lore Society ; les *Memoirs* de l'American Anthropological Association, les *Publications* de l'American Ethnological Society et des *Dossiers* du Service canadien d'ethnologie. Des textes essentiels apparaissent aussi dans les *Reports of the Jesup North*

---

78. Claude Lévi-Strauss (1973), *Anthropologie structurale II*, Paris, Plon.

Pacific Expedition et dans les *Reports of the Fifth Thule Expedition (1921-1924)*. Plusieurs revues publient des articles sur la mythologie et les pratiques religieuses anciennes et contemporaines des Amérindiens et des Inuits : *Anthropologica, American Anthropologist, American Indian Culture and Research Journal, Anthropologie et Sociétés, Anthropos, Anthropological Papers of the University of Alaska, Arctic Anthropology, Ethnohistory, Études Inuit Studies, Journal of American Folklore, Journal de la Société des Américanistes, Journal of the Royal Anthropological Institute of Great Britain and Ireland, L'Homme, Recherches amérindiennes au Québec, Southwestern Journal of Anthropology*.

BRIGHTMAN, Robert A. (1988). « Toward a History of Indian Religion : Religious Changes in Native Societies », dans Colin G. Calloway (dir.), *New Directions in American Indian History*, Norman, University of Oklahoma Press, p. 223-249.

FOGELSON, Raymond D. (1989). « History of the Study of Native North Americans », dans Lawrence Sullivan (dir.), *Native American Religions*, New York, Macmillan, p. 147-154.

GILL, Sam D. (1981). *Native American Religions : An Introduction*, California, Belmont.

GILL, Sam D. et Irene F. SULLIVAN (1994). *Dictionary of Native American Mythology*, New York, Oxford University Press.

HIRSCHFELDER, Arlene B. (1991). *Encyclopedia of Native American Religions*, New York, Facts on File.

HOXIE, Frederick E. (dir.), (1996). *Encyclopedia of North American Indians*, New York, Houghton Mifflin Company.

HULTKRANTZ, Ake (1993). *Religions des Indiens d'Amérique*, Aix-en-Provence, Éditions Le Mail.

LÉVI-STRAUSS, Claude (1964-1971). *Les mythologiques*, Paris, Plon.

LOWENSTEIN, Tom et Piers VITEBSKY (1997). *Mother Earth, Father Sky : Native American Myth*, Londres, Duncan Baird Publishers.

LYON, William S. (1999). *Encyclopedia of Native American Shamanism : Sacred Ceremonies of North America*, Santa Barbara, CA ; ABC-CLIO.

STURTEVANT, William C. (dir.) (1981). *Handbook of North American Indians*, Washington, Smithsonian Institution Press.

TEDLOCK, Dennis et Barbara TEDLOCK (1975). *Teachings from the American Earth*, New York, Liveright.

UNDERHILL, Ruth (1965). *Red Man's Religion*, Chicago, University of Chicago Press.

VECSEY, Christopher G. (dir.) (1991). *Handbook of American Indian Religious Freedom*, New York, Crossroad.

WALKER, Deward E., Jr. (1989). *Witchcraft and Sorcery of the American Native Peoples*, Moscow, University of Idaho Press.

WAUGH, Earle H. et K. Dad PRITHIPAUL (dir.) (1979). *Native Religious Traditions*, Waterloo, Ont., Wilfrid Laurier University Press.

cartographie

Frédéric Castel

Sur le seul plan de leurs destins spatio-temporels et de leurs poids démographiques, on peut classer les religions en trois grands groupes : les religions premières, les religions nationales et les religions universalisantes.

Les religions premières, parfois dites tribales, se pratiquent encore aujourd'hui à l'échelle de petites sociétés (tribus ou peuples numériquement faibles). C'est à ce groupe qu'appartient la multitude de cultes animistes ou chamanistes que sont les religions amérindiennes, africaines et des autres peuples indigènes de la planète.

Les religions nationales concernent des peuples qui ont un poids démographique plus grand que ceux du premier groupe et dont la religion a pu être plus ou moins associée à l'émergence d'un État national, comme ce fut le cas du judaïsme et du shintoïsme. Le confucianisme et le taoïsme sont proprement chinois, mais ont pu toucher les peuples voisins, comme les Vietnamiens et les Coréens, avec l'extension du territoire chinois.

Les religions universalisantes sont le christianisme, le bouddhisme et l'islam. Elles ont en commun une volonté de conversion d'autrui alliée à une action missionnaire. Aidées à divers degrés par les royaumes et les empires qui les avaient haussées à un rang officiel, ces religions ont connu les succès mondiaux qu'on leur connaît aujourd'hui. Quant à leur poids démographique respectif, il est, bien entendu, sans commune mesure avec celui des deux groupes précédents.

L'hindouisme procède des deux dernières catégories. En réalité, il s'agit d'une véritable religion internationale, puisque qu'elle s'étend à un très grand nombre de peuples de l'Inde et qu'elle rayonna jadis vers l'est, de l'Indochine à l'Insulinde. Il ne lui manqua que la force missionnaire – commune aux trois religions universalisantes – qui aurait pu lui permettre une extension durable hors de l'Inde. Quant au sikhisme, il avait à l'origine un dessein clairement international, mais les aléas de l'histoire l'ont confiné au Pendjab indien.

Il est hors de notre propos d'énumérer ici les caractéristiques communes des religions de chacun des groupes, mais, dans le cadre d'une étude sur les dynamismes spatio-temporels des religions, ce qu'il faut retenir de cette classification schématique, c'est que les cultes primitifs ou tribaux n'ont pu faire autrement que de reculer devant la progression des deux autres groupes. Ils ont été en effet dans l'incapacité culturelle, religieuse, démographique et politico-militaire de leur opposer une résistance à long terme. De nos jours, ils ne sont présents que dans les régions relativement difficiles d'accès, hostiles ou isolées.

Disposant d'une liturgie écrite, d'un clergé hiérarchisé et du soutien de l'État (conséquemment doté d'une armée), les religions nationales ont été en meilleure position pour résister aux atteintes extérieures (conquêtes militaires ou extension des religions universalisantes). Victimes des succès économiques des États (assis sur des plaines fertiles) qui les abritaient, les religions nationales, généralement apparues dans l'Antiquité, sont pour la plupart disparues à la suite de conquêtes militaires ou de la poussée des religions universalisantes, comme ce fut le cas pour la religion des anciens Égyptiens, le mazdéisme des Perses et les religions des Aztèques, des Mayas et des Incas.

Les religions universalisantes ont tout balayé sur leur passage : le bouddhisme a absorbé les cultes primitifs, alors que le christianisme et surtout l'islam ont tout fait pour éradiquer les cultes tribaux ou nationaux antérieurs au fur et à mesure qu'ils les rencontraient. Les religions universalisantes ont certes transcendé les réalités ethniques et les cadres étatiques, mais au prix d'une évolution allant dans le sens de la fermeture et de l'intolérance. À cet égard, les religions premières, souvent plus ouvertes aux influences extérieures, furent, par conséquent, plus vulnérables devant la pénétration puis le balayage des religions universalisantes.

LES RELIGIONS PREMIÈRES

Contrairement aux autres aires religieuses, l'espace des religions premières a ceci de particulier qu'il n'a jamais eu de dynamisme géohistorique d'expansion. Existant depuis le fond des âges, les croyances primitives qui recouvraient jadis la planète n'ont pas fait autre chose que de reculer devant l'émergence des religions nationales et l'expansion des religions universalisantes. Ainsi, dans les endroits du monde où les religions primitives ont survécu, on parle d'espaces religieux résiduels (ou poches) circonscrits au sein d'aires religieuses plus vastes et plus récentes.

Hormis le cas particulier de l'Afrique, les religions traditionnelles sont pratiquées par des peuples (souvent nomadisants) qui, malgré la faiblesse de leur poids démographique, ont mieux résisté que d'autres – plus exposés – aux influences culturelles et religieuses extérieures drainées par les grands courants politiques et culturels régionaux et mondiaux. Cette résistance s'explique par le fait qu'ils ont vécu relativement en marge, isolés dans des zones de forêts équatoriales, de plateaux, de montagnes, de steppes ou dans les régions boréales au climat rigoureux. Ces régions, relativement hostiles et difficiles d'accès, étaient d'autant moins susceptibles de tomber dans l'orbite des royaumes et des empires conquérants qu'elles ne constituaient pas un enjeu économique.

L'Asie boréale chamaniste

Le chamanisme est toujours pratiqué chez certains peuples, nomades, du nord de la Chine, de la Mongolie et de la taïga sibérienne. En comparant avec le reste de l'Asie boréale, on peut dire que le chamanisme est particulièrement vivace en Corée du Nord. Les régimes marxistes mongol et nord-coréen ont sévèrement réprimé le bouddhisme sans trop s'en prendre aux cultes ancestraux qui se sont mieux maintenus dans cette partie de l'Asie.

Asie du Sud-Est

La zone du massif centrasiatique, qui unit l'Himalaya aux montagnes du nord de l'Indochine, abrite un grand nombre de petits peuples indigènes animistes, en particulier dans l'Assam indien. On retrouve d'autres peuples indigènes animistes dans les provinces chinoises du Yunnan et du Guangxi. En Inde, les religions dites tribales sont aussi pratiquées au centre du pays dans certaines forêts du Dekan.

Le massif centrasiatique a non seulement permis à l'animisme de se maintenir devant l'avancée des traditions religieuses venues de l'Inde (hindouisme, bouddhisme theravada), au sud, ou de la Chine (bouddhisme mahāyāna, taoïsme et confucianisme), au nord, mais a départagé leurs sphères d'influences culturelles respectives. Enfin, en Insulinde, plusieurs peuples autochtones pratiquent toujours leurs cultes ancestraux, essentiellement dans les forêts équatoriales denses de l'intérieur des îles.

Océanie

Les croyances traditionnelles sont encore présentes dans une partie, plutôt congrue, des populations aborigènes de Papouasie–Nouvelle-Guinée, des îles Salomon, du Vanuatu et de l'Australie.

Amérique autochtone

En Amérique du Nord, les Amérindiens, relativement peu nombreux par rapport aux Nord-Américains d'origine européenne ou africaine, sont largement christianisés. Au nord et à l'ouest du continent, là où la colonisation européenne fut plus tardive et moins massive, les cultes ancestraux se sont mieux maintenus mais souvent à un degré marginal, bien qu'ils soient actuellement en pleine croissance à mesure que les communautés renouent avec leurs anciennes traditions.

En Amérique latine, les religions amérindiennes sont plus répandues, en particulier chez les peuples des plateaux et des montagnes de l'Amérique andine ou du Mexique. Sont encore fidèles à leurs traditions ancestrales, les peuples des régions forestières du bassin de l'Amazone qui recoupe l'ouest du Brésil et les zones limitrophes de la Bolivie, du Pérou, de la Colombie, du Venezuela et des Guyanes.

Afrique noire

Dites autrefois fétichistes, les religions indigènes du continent africain, tant du point de vue du nombre d'adeptes, de leur vitalité que de leur enracinement géographique, sont dans une position qui est sans rapport avec celle des autres religions premières ailleurs dans le monde. En Afrique noire, on ne compte plus les adeptes en milliers ou en centaines de milliers, mais en millions. Dans plusieurs pays, les cultes ancestraux sont pratiqués par un pourcentage important de la population, un phénomène qu'on ne rencontre nulle part ailleurs sur la planète en dehors de l'Asie boréale (en pourcentage mais pas en nombres absolus).

La vigueur des traditions religieuses africaines et leur résistance relative face aux religions universalisantes tiennent à différents facteurs comme l'importance démographique des peuples du continent ou une colonisation européenne tardive (fin du XIXe siècle et XXe siècle pour l'essentiel) qui s'est butée à un milieu naturel plutôt hostile (forêt équatoriale, zones désertiques). Milieu qui, par ailleurs, a aussi gêné la pénétration musulmane.

Comme le suggèrent les cartes du tome II, le christianisme s'est implanté plus solidement sur les côtes occidentales de l'Afrique, alors que les côtes orientales ont été profondément islamisées. C'est à partir de ces bases géohistoriques que les deux religions monothéistes ont tenté de pénétrer l'intérieur du continent, de telle sorte qu'aujourd'hui les cultes africains sont, pour ainsi dire, pris en tenaille entre les deux. Ironiquement, la concurrence que se livrent les deux religions universalisantes contribue à renforcer localement les cultes africains, en particulier au cœur du continent.

En Afrique de l'Ouest, entre le Sahel musulman et la mince zone littorale chrétienne, se déploie, du sud du Sénégal au centre du Cameroun en passant par le Burkina Faso, une bande géographique où les cultes africains sont prépondérants. La plupart des pays de cette région ont une population qui compte au moins 40 p. 100 d'animistes. Ceux-ci détiennent la majorité absolue au Bénin, en Guinée-Bissau et en Sierra Leone, un phénomène remarquable et unique au monde.

En Afrique de l'Est, du Kenya au Malawi, on observe un schéma analogue mais inversé, soit une bande animiste insérée entre la zone côtière islamisée et l'Afrique centrale (Centrafrique, Zaïre, Angola, ouest de la Zambie) christianisée. Près de 20 p. 100 de la population nationale de ces pays est animiste. Un conflit armé s'éternise au Soudan, mettant aux prises les peuples négro-africains animistes et chrétiens du sud et le régime islamiste répressif qui s'appuie traditionnellement sur le nord arabo-musulman.

En Afrique australe, les animistes forment plus de 40 p. 100 de la population nationale du Botswana, du Zimbabwe et du Mozambique. Enfin, la moitié de la population de Madagascar pratique des cultes animistes. Il faut noter que ces cultes comportent des traits qui rappellent l'Insulinde dont la population est originaire.

Les religions premières et les grandes aires religieuses

En dehors de l'Afrique, on constate que les religions premières se sont mieux maintenues à l'intérieur des mondes bouddhiste et hindouiste que dans les aires chrétienne et musulmane où l'on tenta systématiquement de les anéantir, de telle sorte qu'elles ont disparu de l'Europe et n'existent en Amérique que chez les Amérindiens encore que de façon marginale. Elles ont aussi disparu de l'aire de civilisation musulmane, en dehors de l'Indonésie et de l'Afrique sahélienne. C'est donc dire que dans les mondes chrétien et musulman les religions premières ne sont guère présentes qu'aux marges.

TAOÏSME, CONFUCIANISME ET BOUDDHISME CHINOIS EN CHINE ET EN EXTRÊME-ORIENT

L'histoire des religions en Chine est une des plus complexes de la planète, puisqu'elle implique l'évolution simultanée de trois traditions religieuses : le taoïsme, le confucianisme et le bouddhisme. Non seulement n'ont-elles pas véritablement fait de vainqueur mais, après des siècles d'influences réciproques, ces traditions ont trouvé, au niveau populaire, des applications complémentaires. Le complexe religieux qui en a résulté est appelé *San Jiao* : les Trois Enseignements. Par ailleurs, la courbe historique du confucianisme officiel, en tant que culte impérial et idéologie du pouvoir, s'est dessinée à l'écart de la religion populaire.

L'Antiquité

C'est la dynastie des Han (206 av. J.-C. à 220) qui jeta les fondations de l'organisation centralisée et fonctionnarisée de la Chine impériale. L'empereur Wu di (140-87 av. J.-C.) haussa le confucianisme en doctrine d'État, ce qui amena le peuple à se tourner vers la religion taoïste. Particulièrement forte dans la province du Sichuan, celle-ci devint prépondérante dans l'ensemble du pays au IIe siècle. Le bouddhisme apparut vers 65 à Luoyang, la capitale, d'où il essaima lentement auprès des couches populaires du nord-est de la Chine. À la fin du IIIe siècle, il se répandit le long du Huang He jusqu'à la nouvelle capitale Chang'an, à Jianye (Nanjing), avant de se propager le long du Yangzi au siècle suivant.

Le Moyen Âge (220-907)

Cette période est caractérisée par les invasions étrangères et le morcellement de l'Empire chinois dont la partie nord fut gouvernée, de 317 à 589, par des dynasties turco-mongoles. Cherchant à créer une symbiose avec les Chinois, la dynastie des Wei du Nord (386-534) appuya le bouddhisme sauf sous l'empereur Wu (424-451) qui, préoccupé par la sinisation et l'unification de l'Empire, réprima la nouvelle foi, jugée trop « barbare », c'est-à-dire étrangère. Pour les mêmes raisons, son homonyme Wu (561-577) des Zhou du Nord (557-581) s'en prit au bouddhisme sans épargner toutefois le taoïsme. Malgré ces épisodes de répression, le bouddhisme réussit au milieu du Ve siècle à supplanter le taoïsme et à s'étendre à toute la Chine.

Au sud, des dynasties nationales perpétuèrent les traditions chinoises. Le bouddhisme, installé plus tardivement, bénéficia du soutien décisif de l'empereur Wu Di (502-549) des Liang, qui semble s'être considéré comme le pendant chinois d'Asoka. Cependant, cela n'empêcha pas les croyances taoïstes de rester très vivaces dans cette partie de la Chine.

La dynastie des Sui (v. 581-618), qui réunifia et réorganisa l'Empire chinois, s'associa au confucianisme, doctrine qui devait rappeler le prestige de l'Empire des Han. La dynastie des Tang (618-907) porta la civilisation chinoise à son zénith. Bien qu'étant taoïstes, les Tang se montrèrent tolérants à l'égard de toutes les religions présentes dans l'Empire (dont le manichéisme, le christianisme nestorien et l'islam). Comme les Sui, ils comprirent que le bouddhisme était la religion la plus répandue chez leurs sujets et jugèrent utile de l'appuyer, y voyant là un moyen d'unir les populations du nord et du sud. Au VIIIe siècle, le bouddhisme, qui triomphait partout dans l'Empire, connut son âge d'or, en particulier sous le règne de l'impératrice Wu Zetian (690-705), ce qui lui permit de s'intégrer au culte impérial. Cependant, au IXe siècle, ébranlés de l'intérieur et de l'extérieur, les Tang se sentirent menacés par le pouvoir spirituel et économique du bouddhisme ; craignant de voir surgir un État dans l'État, ils le proscrivirent dans les années 842-845, ce qui eut pour effet de stopper sa progression et de miner sa vitalité.

Les temps modernes

L'Empire chinois fut réunifié par les Song (960-1279), dont la civilisation constitua le deuxième apogée de l'histoire chinoise. L'essor du bouddhisme poussa les penseurs confucianistes à réagir de telle sorte qu'ils permirent la renaissance de la tradition nationale du confucianisme. Confinés au sud du pays depuis 1127 par de nouvelles invasions, les Song élevèrent trois ans plus tard le néo-confucianisme au rang de doctrine d'État qui se posa comme le fondement de l'unité de la civilisation chinoise. À la fin du XIIIe siècle, les Song s'en prirent à l'organisation cléricale taoïste, qui s'effondra. Il reste que le peuple chinois avait de plus en plus recours aux trois doctrines en même temps.

Les Mongols, qui ne cessaient pas d'agrandir leur gigantesque empire, s'emparèrent de la Chine en 1279. En se convertissant au bouddhisme, Kubilay Khan (1269-1294) interrompit la tradition de neutralité religieuse du khanat; cela n'empêcha cependant pas la dynastie mongole des Yuan (1280-1367) de rester libérale à l'égard de tous les cultes (dont l'islam et le christianisme).

Les Mongols furent boutés hors de Chine et la dynastie nationale des Ming (1368-1644) rétablit la puissance de l'Empire chinois. Bien que l'éclectisme religieux fût très présent dans la classe des mandarins, ces derniers cherchèrent à consolider la tradition chinoise par une « confucianisation » de la société, notamment au moyen des rites dominés depuis longtemps par les bouddhistes et les taoïstes. Les religions « étrangères » furent persécutées et le bouddhisme déclina.

Les envahisseurs mandchous de la dynastie des Qing (1644-1911) gouvernèrent comme de véritables empereurs chinois. C'est pourquoi ils renforcèrent, en 1671, la position officielle et orthodoxe du confucianisme.

La valse de l'histoire

Pendant presque tout l'âge impérial (206 av. J.-C.-1911), hormis quelques éclipses, le confucianisme fut la doctrine officielle de l'empereur et des mandarins. Dans les couches populaires cependant, le confucianisme, dès l'Antiquité, perdit du terrain au profit du taoïsme, qui devint majoritaire du IIe au VIe siècle avant d'être devancé à son tour par le bouddhisme, qui culmina au VIIIe siècle. Sous les Song, le confucianisme renouvelé reprit sa position officielle privilégiée. Le bouddhisme, ralenti dans son développement depuis la fin de la période Tang, continua néanmoins de progresser jusqu'aux Ming. L'organisation cléricale des taoïstes fut durement éprouvée sous les Song et celle des bouddhistes sous les Ming. Sous ces derniers, le confucianisme put dominer le système de valeurs éthiques de la société chinoise en se posant comme « censeur » des autres religions.

L'histoire de la Chine oscille entre des périodes d'invasions où l'Empire est menacé, morcelé ou conquis et des périodes où celui-ci se consolide, se dilate et conquiert les pays voisins. Le bouddhisme, souvent perçu comme une doctrine étrangère, se développa dans les périodes de consolidation ou d'extension de l'Empire chinois et pâtit pendant les temps de menaces extérieures. Depuis les Song, la tradition nationale du confucianisme est plus étroitement liée au destin de l'État chinois et elle domine toute la société à partir des Ming.

De Mao Zedong à aujourd'hui

Même si la constitution de la République populaire de Chine garantit la liberté religieuse – comme, du reste, le droit à l'athéisme et à la propagande antireligieuse –, le gouvernement marxiste de Mao Zedong s'efforça d'éradiquer les « superstitions » en démantelant les religions au niveau institutionnel. Depuis la mort de Mao en 1976, les activités religieuses reprennent en douceur, mais sous le contrôle de l'État.

La religion populaire chinoise et sa situation actuelle

Malgré la position officielle qu'a pu avoir l'État chinois en matière religieuse au cours de l'histoire – ce qui ne concerne que la classe dirigeante – et les courbes historiques de chacun des « Trois Enseignements », il est important de saisir que les Chinois se sont forgé, au fil des siècles, une véritable religion populaire qui juxtapose, sans codification ni unité, les éléments les plus divers hérités des croyances primitives ou tirés des trois grandes doctrines. Chaque individu adopte les croyances qui lui conviennent et pratique les rites selon ses besoins et les moments de sa vie. C'est donc dire que depuis longtemps, dans l'histoire chinoise, l'affiliation religieuse des classes populaires était diffuse et pluraliste, alors que les classes dominantes, même si elles s'associaient naturellement au confucianisme, ne s'empêchaient pas de recourir aux croyances et aux rites taoïstes ou bouddhistes. C'est pourquoi il est vain aujourd'hui de chercher à dénombrer chez les Chinois (de Chine ou de la diaspora) le nombre d'adeptes respectifs des trois cultes.

En l'absence de recensements des religions, il est difficile d'évaluer la situation actuelle des différents cultes ou même de connaître la situation exacte de la « religion populaire chinoise » (ou du *San Jiao*) prise comme un tout. Les générations nées depuis 1949 ont subi une éducation antireligieuse de telle sorte qu'il ne resterait aujourd'hui qu'un quart de croyants.

Par contre, la géographie du *San Jiao* n'est pas mystérieuse, puisqu'elle recoupe celle de l'ethnie majoritaire sinophone des Han (92 p. 100 de la population chinoise). Les régions périphériques de la Chine, comme la Mongolie, le Xinjiang et le Tibet, appartiennent à d'autres aires ethniques et religieuses. La présence du *San Jiao* dans ces provinces n'est que le fait de la migration intérieure des Han.

Les Chinois d'outre-mer

Dans l'île de Taïwan, peuplée en majorité de Chinois, on est largement resté fidèle aux traditions du *San Jiao*. Attirés par les Britanniques pour combler les besoins de main-d'œuvre en Malaisie, les Chinois y immigrèrent en masse de la fin du XIXe au début du XXe siècle, au point où ils forment aujourd'hui le tiers de la population de ce pays et les trois quarts de celle de Singapour, ce qui explique l'importance de la « religion chinoise » dans ces deux pays.

Viêt Nam et Corée

Le Viêt Nam, très longtemps sous domination de la Chine (111 av. J.-C. à 939), fut profondément marqué par sa civilisation. Le confucianisme et le taoïsme apparurent dès le premier siècle de l'ère chrétienne et le bouddhisme chinois au siècle suivant. Après la libération du pays, le bouddhisme connut son apogée sous la dynastie des Ly-Trân (1010-1225). Lorsqu'au XVe siècle le pays retomba sous tutelle chinoise, le bouddhisme connut quelques restrictions, alors que le confucianisme et le taoïsme revinrent à l'honneur.

Aujourd'hui, même si la majorité des Vietnamiens se disent officiellement « bouddhistes », leur religion est en fait un complexe religieux pluraliste analogue à celui des Chinois où se mêlent des éléments empruntés au bouddhisme, au confucianisme, au taoïsme et au fond animiste ancestral.

Les trois doctrines chinoises passèrent aussi en Corée pendant le rattachement de celle-ci à la Chine sous la dynastie des Han. Le bouddhisme, introduit au IVe siècle, devint deux siècles plus tard la religion de l'État avant d'être interdit en 1392 lorsque la dynastie confucianiste des Li prit le pouvoir. Aujourd'hui en Corée du Sud, l'appartenance religieuse, apparemment bien définie dans les statistiques, est en réalité fluide et multiple, car les croyances et les pratiques religieuses des Coréens relèvent à la fois du bouddhisme, du confucianisme et beaucoup du chamanisme ancestral.

LE SHINTOÏSME ET LE BOUDDHISME AU JAPON

Le shintō ancien se développa à la cour du Yamato, premier État du Japon antique mis progressivement en place par le clan du même nom au fur et à mesure qu'il évinçait ses rivaux. En 552, l'empereur Kimmei (v. 535-571) accueillit favorablement des moines-ambassadeurs bouddhistes coréens. Les enjeux politiques liés à l'adoption de la religion chinoise provoquèrent la guerre entre les clans familiaux des Mononobe et des Nakatomi, défenseurs du shintoïsme national, et celui des Soga, probouddhistes et sinophiles. Les derniers sortirent vainqueurs en 587 avant d'assassiner le souverain Sushun (587-592), peu favorable à leurs vues.

Le prince Shōtoku Taishi (592-622), fondateur de l'État moderne nippon, croyait que le bouddhisme pouvait servir de support à la pénétration de la civilisation chinoise, plus avancée, de sorte qu'en 594, sans renier le shintō, il en fit le culte officiel de la cour. La Constitution de 604 était imprégnée de principes bouddhiques et confucéens.

L'empereur Shōmu (724-749) fit du bouddhisme une religion établie sans que le shintoïsme perde sa place privilégiée. Du IXe au XIVe siècle, les deux traditions religieuses connurent une phase de fécondation mutuelle, de telle sorte que le bouddhisme, à son sommet, s'assimila à la culture nippone.

Pendant l'ère Edo (1600-1868) la foi bouddhique connut un déclin progressif. Sous l'empereur Meiji (1868-1912) le Japon se modernisa et s'affirma comme la plus grande puissance de l'Extrême-Orient. Dès le début de son règne, Meiji fit du shintoïsme la religion de l'État, bien que le néo-confucianisme continuât d'exercer une influence déterminante sur toute la société. En 1947, suivant la défaite du Japon, le général MacArthur donna l'ordre d'abolir le shintoïsme comme religion d'État.

Le pluralisme religieux japonais

Si un peu plus de la moitié des Japonais s'identifient d'abord comme adeptes du shintoïsme, plus de 90 p. 100 d'entre eux le pratiquent conjointement avec un autre culte, soit le bouddhisme ou une secte syncrétiste. D'autre part, des 40 p. 100 de Japonais qui se disent « bouddhistes », les trois quarts pratiquent en même temps une autre religion, en l'occurrence le shintoïsme ou une secte syncrétiste.

LES SYNCRÉTISMES

La complexité des identités religieuses et l'arbitraire des dénombrements statistiques

Après avoir évoqué le phénomène de la progression mondiale des religions universalisantes qui semble se faire au détriment des religions « tribales », on doit dire que les chiffres des dénombrements statistiques nationaux ne rendent pas exactement compte des identités confessionnelles dans toute leur complexité ni de la réalité religieuse telle qu'elle est vécue en de très nombreux points de la planète.

Ainsi, même si des gens déclarent dans les recensements appartenir à une religion particulière, les études sur le terrain démontrent bien souvent que les croyances et les pratiques religieuses locales sont, en fait, syncrétistes, c'est-à-dire que l'on a fait un amalgame de divers éléments – pas toujours compatibles – tirés d'univers religieux différents.

Il faut donc voir que de nombreux éléments issus des religions premières ou autres transparaissent toujours dans plusieurs régions du monde traditionnellement associées à telle ou telle religion universalisante.

La mise en présence de plusieurs cultes sur un même territoire a souvent entraîné leur fécondation mutuelle (ou leur contamination selon un autre point de vue). Ces mélanges syncrétistes ont pu engendrer des variantes régionales de religions universalisantes, des cultes nouveaux ou encore des complexes religieux (ou pluralismes).

Dans le premier groupe, l'appartenance à une confession est tout à fait théorique et peut cacher une pratique syncrétique, comme c'est le cas chez plusieurs Amérindiens qui se disent « catholiques » ou chez les Indonésiens qui se disent « musulmans ». Il y a donc ici un décalage entre le dénombrement statistique des affiliations religieuses et la complexité du vécu religieux local.

Syncrétismes et pluralismes dans le monde

Un culte proprement syncrétique correspond à une association d'éléments religieux étrangers entre eux à l'origine. Dans le cas de complexes religieux, l'individu puise à même plusieurs cultes les croyances et les rites qui lui conviennent, comme cela se fait en Chine par exemple. Dans les pays de l'Asie du Sud-Est où les Chinois constituent une partie importante de la population, la lecture des statistiques est problématique. Dans certains de ces pays, les allégeances religieuses données (voir « bouddhiste », « taoïste » ou « confucianiste ») par les Chinois sont très arbitraires, alors que dans d'autres pays ces derniers peuvent se dire adeptes de la « religion chinoise ».

Pour leur part, les Vietnamiens et les Coréens, qui déclarent être « bouddhistes », vivent en fait dans un contexte pluraliste analogue à celui que l'on retrouve en Chine. En revanche, au Japon, les recensements permettent de donner plus d'une religion, ce qui traduit plus justement la réalité japonaise.

Pour ajouter à la complexité du tableau, il faut dire que de très nombreuses nouvelles confessions syncrétistes sont nées de ces pluralismes extrême-orientaux (et parfois enrichis d'éléments chrétiens ou autres), comme le Falungong en Chine, la Sōka Gakkai et la Risshō Kōsseikai au Japon, le Ch'ondogyo en Corée ou le Hoa hao et le caodaïsme au Viêt Nam, pour ne nommer que les plus connues.

En Amérique hispanique, un grand nombre d'Amérindiens n'ont de catholique que le nom tant les croyances et les rites traditionnels perdurent sous des formes chrétiennes. Ce type de syncrétisme est largement répandu en Bolivie, au Pérou, en Équateur, au Panama, au Guatemala et en certaines régions du Mexique.

Au Brésil, la mise en présence d'Européens, d'Africains et d'Amérindiens et le brassage ethnique qui s'ensuivit engendrèrent dès le XVIe siècle un indescriptible foisonnement de nouveaux cultes syncrétistes mêlant des éléments appartenant au christianisme à l'animisme indigène et aux cultes africains (d'origine soudanaise et bantoue). Évoquons ici le candomblé, particulièrement fort dans le Nordeste, et l'umbanda qui, après avoir rejoint tous les groupes ethniques, a maintenant franchi les frontières du pays.

Dans les Antilles, le christianisme officiel servit de paravent aux croyances et aux pratiques d'origine africaine, connues sous le nom de vaudou, particulièrement prégnantes à Haïti et en République dominicaine. Les syncrétismes afro-chrétiens sont monnaie courante dans les Petites Antilles, au Belize et dans les trois Guyanes.

Enfin, en Afrique noire, il faudrait repérer la part que prennent les réminiscences religieuses ancestrales dans les nouvelles Églises afro-chrétiennes dont l'existence, qui remonte pourtant à la fin du XIXe siècle, est invariablement ignorée dans les cartes des religions du monde de tous les atlas. L'Église kimbanguiste, d'origine zaïroise, est la plus importante.

Dans les îles du Pacifique Sud, la rencontre du christianisme protestant et de l'animisme a donné naissance aux « cultes du cargo ».

La foi musulmane s'est beaucoup moins prêtée aux syncrétismes. Certes, au Proche-Orient quelques groupes syncrétistes sont nés de la rencontre de l'islam et du christianisme ou d'autres traditions religieuses, comme les Druzes, les Ismaéliens ou les Baha'is. En Indonésie, l'islam est imprégné d'apports hindous, bouddhistes et animistes.

L'aire bouddhiste laisse transparaître presque partout diverses formes de syncrétismes. Ainsi, la pluralité prévaut, sous un fond de bouddhisme mahāyāna, en Chine, au Viêt Nam, en Corée et au Japon. Par ailleurs, le bouddhisme vajrayāna coexiste avec l'animisme chez les Mongols, alors que le lamaïsme des Tibétains doit beaucoup au culte animiste ancestral bōn. En Indochine, le bouddhisme theravada témoigne des influences hindoues.

En somme, la rencontre des divers mondes religieux a donné naissance à une variété infinie de pratiques religieuses pluralistes et de syncrétismes officieux ou déclarés (donnant alors naissance à de nouveaux cultes). C'est vraiment une constante partout dans les aires de civilisation hindoue et bouddhiste. Les syncrétismes sont pratiquement absents de l'Europe et du Moyen-Orient chrétiens, mais il en est autrement dans les régions d'outre-mer christianisées après Colomb : les pratiques syncrétiques sont officieuses chez les Amérindiens, manifestes chez les Afro-Américains et inhérentes dans les Églises afro-américaines. Peu de syncrétismes sont apparus en terre d'islam, si ce n'est en certains points du Moyen-Orient, en Afrique noire et en Indonésie. Enfin, on peut dire que le sikhisme, à cheval entre l'hindouisme et l'islam, est une forme de religion syncrétiste.

L'animisme et le chamanisme dans le monde

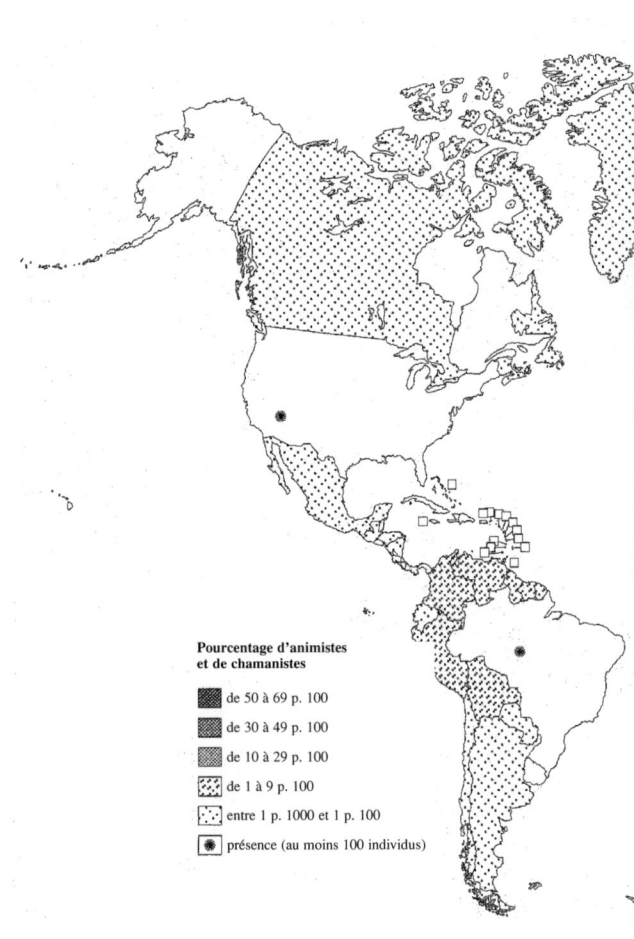

Pourcentage d'animistes et de chamanistes
- de 50 à 69 p. 100
- de 30 à 49 p. 100
- de 10 à 29 p. 100
- de 1 à 9 p. 100
- entre 1 p. 1000 et 1 p. 100
- présence (au moins 100 individus)

CARTOGRAPHIE

Les adeptes du *San Jiao* et des grandes traditions

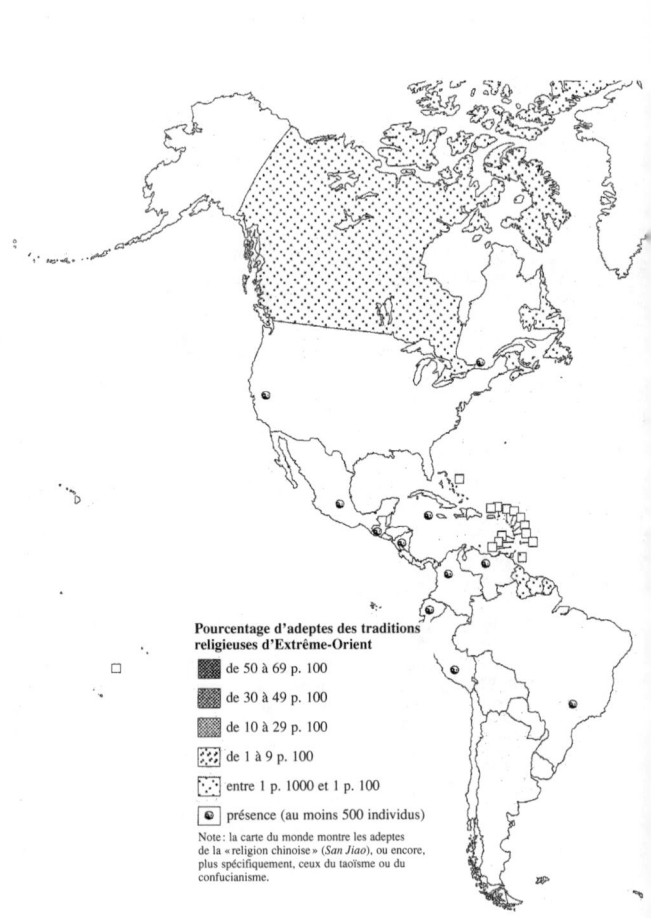

Pourcentage d'adeptes des traditions religieuses d'Extrême-Orient
- de 50 à 69 p. 100
- de 30 à 49 p. 100
- de 10 à 29 p. 100
- de 1 à 9 p. 100
- entre 1 p. 1000 et 1 p. 100
- présence (au moins 500 individus)

Note : la carte du monde montre les adeptes de la « religion chinoise » (*San Jiao*), ou encore, plus spécifiquement, ceux du taoïsme ou du confucianisme.

CARTOGRAPHIE   **233**

de l'Extrême-Orient

Les autres grandes traditions
religieuses nationales

ch'ondogyo

shintoïsme

caodaïsme

notes biographiques sur les auteurs

MATHIEU BOISVERT, spécialiste du bouddhisme, est l'actuel directeur des études de cycles supérieurs en sciences des religions de l'Université du Québec à Montréal. Il possède un baccalauréat en sciences religieuses, un diplôme en pali de l'Université de Mumbaï, une maîtrise en études sud-asiatiques de l'Université de Toronto ainsi qu'un doctorat en études religieuses de l'Université McGill.

FRANCIS BRASSARD, spécialiste du bouddhisme, détient un baccalauréat en littératures française et allemande et un doctorat en histoire des religions de l'Université McGill. Il enseigne actuellement les religions du monde au Berry College en Georgie (É.-U.).

FRÉDÉRIC CASTEL est un géographe qui s'intéresse à la spatialisation historique de certains phénomènes ethno-culturels et religieux. Il a collaboré à l'*Atlas historique du Canada*, volume II, et à l'*Atlas des pratiques religieuses*.

ISSIAKA-PROSPER LALÈYÊ, spécialiste des religions traditionnelles négro-africaines, est docteur en philosophie de l'Université de Fribourg (Suisse) et docteur ès lettres et sciences humaines de l'Université Paris V, René-Descartes. Il est actuellement professeur d'épistémologie et d'anthropologie à l'Université Gaston Berger de Saint-Louis du Sénégal.

FRÉDÉRIC LAUGRAND mène des recherches sur les traditions religieuses inuites et amérindiennes depuis plusieurs années. Il est actuellement professeur en sciences religieuses à l'Université Laval. Il détient un certificat en langues et civilisations amérindiennes (INALCO), un diplôme de l'Institut d'Études politiques de Paris, un diplôme d'études approfondies des sociétés latino-américaines (IHEAL/Sorbonne) ainsi qu'une maîtrise et un doctorat en anthropologie (Université Laval). Ses recherches actuelles portent sur le chamanisme, la réception du christianisme et l'expérience missionnaire dans le Nord canadien.

CHARLES LE BLANC, spécialiste en philosophie chinoise, est actuellement professeur titulaire au département de philosophie à l'Université de Montréal. Il détient une maîtrise en philosophie de l'Université de Montréal et un doctorat en études est-asiatiques (Pennsylvanie).

ROBIN D.S. YATES est spécialiste de l'histoire de la science et de la technologie ainsi que de la pensée ancienne et des anciennes institutions de la Chine. Il détient un baccalauréat et une maîtrise en langues orientales de l'Université Oxford, une maîtrise en études orientales de l'Université de la Californie et un doctorat en histoire de la Chine au Department of East Asian Languages and Civilisations de l'Université Harvard. Il est actuellement professeur en histoire et en études de l'Asie de l'Est à l'Université McGill.

Québec, Canada
2002